T0270208

Crea

Crea

Una guía poco ortodoxa para hacer cosas que marquen la diferencia

TONY FADELL

Traducción de
Noemí Sobregués

CONECTA

Los libros de Conecta están disponibles para promociones y compras
por parte de empresas, con condiciones particulares para grandes cantidades.
Existe también la posibilidad de crear ediciones especiales, incluidas con
cubierta personalizada y logotipos corporativos, para determinadas ocasiones.

Para más información, póngase en contacto con:
edicionesespeciales@penguinrandomhouse.com

Papel certificado por el Forest Stewardship Council®

Título original: *Build*

Primera edición: noviembre de 2022
Primera reimpresión: noviembre de 2022

© 2022, Tony Fadell. Todos los derechos reservados
© 2022, Not Shakespeare LLC.
© 2022, Penguin Random House Grupo Editorial, S. A. U.
Travessera de Gràcia, 47-49. 08021 Barcelona
© 2022, Noemí Sobregués Arias, por la traducción
Créditos de las figuras: p. 23: Marc Porat/Spellbound Productions II; pp. 35, 62, 63, 118, 119, 131,
157, 159, 160, 169, 188, 195, 197, 340: Dwight Eschliman; pp. 52, 54, 123, 167, 180, 276, 277,
278, 305, 308, 311: Matteo Vianello; p. 115: Tony Fadell; p. 128 (arriba): Manual Creative;
p. 128 (abajo): Erik Charlton; p. 170: Will Miller

Printed in Spain — Impreso en España

ISBN: 978-84-17992-31-6
Depósito legal: B-16.643-2022

Compuesto en M. I. Maquetación, S. L.
Impreso en Black Print CPI Ibérica
Sant Andreu de la Barca (Barcelona)

CN 9 2 3 1 6

Para mi abuela, mi abuelo, mi madre y mi padre,
mis primeros mentores

Índice

Introducción 11

PRIMERA PARTE
Créate a ti mismo

1.1. Edad adulta 27
1.2. Consigue un trabajo 37
1.3. Héroes 44
1.4. No mires (solo) hacia abajo 50

SEGUNDA PARTE
Crea tu carrera profesional

2.1. Gestionar 67
2.2. Datos frente a opinión 81
2.3. Gilipollas 90
2.4. Dejo el trabajo 102

TERCERA PARTE
Crea tu producto

3.1. Hacer tangible lo intangible 121
3.2. Por qué contar historias 134
3.3. Evolución frente a disrupción frente a ejecución 142
3.4. Tu primera aventura... y la segunda 154

3.5. Ritmos y esposas 166
3.6. Tres generaciones 178

CUARTA PARTE
Crea tu negocio

4.1. Cómo detectar una gran idea 199
4.2. ¿Estás listo? 209
4.3. Casarse por dinero 219
4.4. Solo puedes tener un cliente 232
4.5. Matarte a trabajar 237
4.6. Crisis 249

QUINTA PARTE
Crea tu equipo

5.1. Contratar 261
5.2. Puntos de inflexión 274
5.3. Diseño para todos 294
5.4. Un método para el marketing 303
5.5. El sentido de los gerentes de productos 314
5.6. Muerte de una filosofía de ventas 325
5.7. Busca un abogado 333

SEXTA PARTE
Ser director general

6.1. Convertirse en director general 357
6.2. La junta 370
6.3. Comprar y que te compren 383
6.4. A la mierda los masajes 395
6.5. Dejar de ser director general 404
CONCLUSIÓN: Más allá de ti mismo 415

AGRADECIMIENTOS 419
BIBLIOGRAFÍA 425
INFORMACIÓN SOBRE LA SOSTENIBILIDAD 427

Introducción

Muchos de mis mentores experimentados y de confianza han muerto.

Hace unos años miré a mi alrededor y las almas sabias y pacientes (en su mayoría) a las que había acribillado con un millón de preguntas, que atendían mis llamadas telefónicas nocturnas, que me ayudaron a montar empresas, a crear productos y a dirigir reuniones de juntas directivas o simplemente a ser mejor persona, habían muerto. Algunas demasiado pronto.

Entonces me acribillaban a preguntas a mí. Las mismas preguntas que yo había hecho, una y otra vez. Preguntas sobre empresas emergentes, claro, pero también cosas más básicas: si dejo un trabajo o no, qué cambios debo hacer en mi carrera, cómo saber si mis ideas son buenas, cómo pensar en el diseño, cómo lidiar con el fracaso o cuándo y cómo montar un negocio.

Y, curiosamente, tenía respuestas. Tenía consejos que dar. Los aprendí de mentores maravillosos y de los increíbles equipos con los que he trabajado durante más de treinta años. Los aprendí en muchas pequeñas empresas emergentes y en empresas gigantes, creando productos que cientos de millones de personas utilizan a diario.

Así que ahora, si me llamas a medianoche, asustado, y me preguntas cómo mantener intacta la filosofía de una empresa en crecimiento o cómo no cagarla con el marketing, puedo darte algunas ideas, algunos trucos y consejos, incluso algunas reglas.

Pero no lo haré. No me llames a medianoche, por favor. He aprendido que es importante dormir bien por la noche.

Basta con que leas este libro.

Contiene gran parte de los consejos que doy a diario a personas que acaban de graduarse y a directores generales, a ejecutivos y a becarios, a todos los que intentan abrirse camino en el mundo de los negocios y avanzar en su carrera.

Estos consejos son poco ortodoxos porque son de la vieja escuela. La religión de Silicon Valley es reinvención y disrupción, hacer estallar viejas formas de pensar y proponer otras nuevas. Pero hay cosas que no puedes hacer estallar. La naturaleza humana no cambia, independientemente de lo que estés creando, dónde vivas, qué edad tengas o de cuánto dinero dispongas. Y en los últimos treinta y tantos años he visto lo que las personas necesitan para alcanzar su potencial, para disrumpir lo que hay que disrumpir y para forjar su propio camino poco ortodoxo.

Así que estoy aquí para escribir sobre un estilo de liderazgo que he visto triunfar una y otra vez. Sobre cómo lo hicieron mis mentores y Steve Jobs. Sobre cómo lo hago yo. Sobre ser un alborotador y un agitador de mierda.

No es la única manera de hacer algo que merezca la pena, pero es la mía. Y no es para todo el mundo. No voy a predicar una teoría organizativa moderna y progresista. No voy a decirte que trabajes dos días por semana y te jubiles pronto.

El mundo está lleno de empresas mediocres e insignificantes que crean mierdas mediocres e insignificantes, pero me he pasado la vida buscando productos y a personas que luchan por la excelencia. He tenido la increíble suerte de aprender de los mejores, de personas audaces y apasionadas que dejaron huella en el mundo.

Creo que todo el mundo debería tener esta oportunidad.

Por eso he escrito este libro. Todo aquel que intente hacer algo significativo necesita y merece un mentor y coach, una persona que conozca el tema, haya trabajado en él y pueda ayudarlo en los momentos más difíciles de su carrera. Un buen mentor no te dará respuestas, pero intentará ayudarte a ver tu problema desde otra perspectiva. Te ofrecerá algunos de los consejos que más le ha costado adquirir para que puedas descubrir la solución por ti mismo.

Y los que merecen ayuda no son solo los emprendedores tecnológicos de Silicon Valley. Este libro es para todo aquel que quiera crear algo nuevo, que busque la excelencia y que no quiera perder su precioso tiempo en este precioso planeta.

Hablaré mucho sobre crear un gran producto, pero un producto no tiene por qué ser un artículo tecnológico. Puede ser cualquier cosa que hagas. Un servicio. Una tienda. Podría ser un nuevo tipo de planta de reciclaje. Y si aún no estás listo para hacer nada, estos consejos también te interesan. A veces, el primer paso es simplemente descubrir qué quieres hacer: encontrar un trabajo que te entusiasme, llegar a ser la persona que deseas ser o crear un equipo con el que puedas hacer cualquier cosa.

Este libro no pretende ser mi biografía: todavía no me he muerto. Es un mentor en una caja. Es una enciclopedia de consejos.

Si tienes la edad suficiente para recordar los tiempos en los que no existía la Wikipedia, recordarás la alegría del muro de enciclopedias, literalmente, en tu estantería, en el estudio de tus abuelos o en lo más profundo de las entrañas de la biblioteca. Te dirigías a ellas si tenías una pregunta concreta, pero de vez en cuando también las abrías y empezabas a leer. En la *A*, 'aabam', el nombre que los alquimistas daban al plomo. Seguías y no sabías dónde ibas a acabar, leías todo seguido o saltando entradas, descubriendo pequeñas instantáneas del mundo.

Así es como deberías acercarte a este libro.

- Puedes leerlo de principio a fin.
- Puedes buscar los consejos y las historias más interesantes o útiles en tu actual crisis profesional. Porque siempre hay una crisis, ya sea personal, organizativa o competitiva.

- Puedes seguir los «Véase también» repartidos por todo el libro como si hicieras clic en la Wikipedia, profundizar en cualquier tema y ver adónde te lleva.

La mayoría de los libros sobre negocios tienen una tesis básica que desarrollan en trescientas páginas. Para encontrar una amplia gama de buenos consejos sobre varios temas, tendrías que leer cuarenta libros o dedicarte a recorrerlos por encima para hallar de vez en cuando una perla de información útil. Así que para este libro solo he recopilado perlas. Cada capítulo contiene consejos e historias que se apoyan en los trabajos, mentores, coaches, gerentes y compañeros que he tenido, y en el sinfín de errores que he cometido.

Dado que mis consejos se basan en mi experiencia, este libro sigue más o menos mi carrera. Empezamos en mi primer trabajo después de la universidad y acabamos donde estoy ahora. Cada paso y cada fracaso me han enseñado algo. La vida no empezó con el iPod.

Pero este libro no trata de mí. Porque yo no he hecho nada. Yo solo he sido una de las personas que formaban parte de los equipos que crearon el iPod, el iPhone, el Nest Learning Thermostat y el Nest Protect. Yo estaba allí, pero nunca estuve solo. Este libro trata de lo que he aprendido, a menudo a palos.

Y para entender las cosas que he aprendido seguramente deberías saber algo de mí. Así que ahí va:

1969

El principio habitual: nací. Y en preescolar empezamos a trasladarnos. Como mi padre era vendedor de Levi's, siempre estábamos de viaje, buscando la siguiente mina de oro de los vaqueros. Fui a doce escuelas en quince años.

1978-1979

Empresa n.º 1: Huevos. Los vendía de puerta en puerta cuando estaba en tercero de primaria. Me reafirmo en esa empresa, que era un negocio sólido. Compraba huevos baratos a un granjero, después mi hermano pequeño y yo los amontonábamos en una carretilla azul, y cada mañana los llevábamos por las calles de nuestro barrio. Me proporcionó calderilla que mis padres no podían decirme cómo gastar. Fue mi primer contacto con la verdadera libertad.

Si me hubiera quedado con ella, quién sabe dónde podría haber llegado.

1980

Encontré el trabajo de mi vida. Fue en el verano de quinto de primaria. Un buen momento para descubrir tu vocación. Asistí a una clase de programación cuando «programar» significaba rellenar agujeros de pequeñas tarjetas con un lápiz del número 2 y obtener resultados en una copia impresa. Ni siquiera había monitores.

Era lo más mágico que había visto jamás.

1981

Primer amor. Un Apple][+. Ocho bits, un magnífico monitor verde de doce pulgadas y un bonito teclado marrón.

Tenía que conseguir esa máquina increíble e increíblemente cara. Mi abuelo hizo un trato conmigo y me prometió que igualaría el dinero que ganara trabajando como caddie de golf, así que me dejé los cuernos hasta que pude comprármelo.

Me encantaba ese ordenador. Era mi pasión permanente y mi salvavidas. A los doce años había dejado de intentar hacer amigos al modo tradicional. Sabía que al año siguiente volvería a trasladarme, así que la única forma de conservar a mis amigos era a través de mi Apple. No había internet, ni correo electrónico, pero había módems de 300 baudios y tablones de anuncios digitales, BBS en la jerga de la época.

Encontraba a bichos raros como yo en las escuelas a las que iba, y después seguíamos en contacto a través de nuestros Apple. Aprendimos a programar y pirateamos a compañías telefónicas para conseguir llamadas de larga distancia gratis y evitar las tarifas de 1-2 dólares por minuto.

1986

Empresa n.º 2: Quality Computers. Un amigo con el que me relacionaba a más de 300 baudios montó Quality Computers en el último año de secundaria. Me uní a él poco después. Éramos una empresa de pedidos por correo que revendía hardware, chips DRAM y software de Apple][de terceros desde su sótano. Y también programábamos nuestro propio software. Las actualizaciones y las tarjetas de expansión que vendíamos eran complejas de instalar y más difíciles de utilizar, así que programábamos software para simplificar todo a los simples mortales.

Se convirtió en un negocio real: un número de teléfono 800, almacenes, anuncios en revistas y empleados. Diez años después, mi amigo vendió la empresa por un par de millones. Pero yo me había marchado hacía mucho. Vender cosas estaba bien. Hacerlas era mejor.

1989

Empresa n.º 3: ASIC Enterprises. ASIC son las siglas de Applications Specific Integrated Circuit. A los veinte años no tenía mucha experiencia en marcas. Pero tenía mucho amor. A finales de los ochenta, mi amado Apple][estaba en apuros. Tenía que ser más rápido. Así que un amigo y yo decidimos que íbamos a salvar a Apple. Creamos un procesador nuevo y más rápido, el 65816. En realidad, yo no sabía hacer procesadores. Asistí a mi primera clase de diseño de procesadores en la universidad un semestre después de que hubiéramos empezado. Pero creamos esos chips y funcionaban ocho veces más rápido que los disponibles —a nada menos que 33 MHz—, e incluso vendimos algunos a Apple antes de que dejaran de diseñar nuevos Apple][.

1990

Empresa n.º 4: Constructive Instruments. Me asocié con mi profesor de la Universidad de Michigan para crear un editor multimedia para niños. Me metí en cuerpo y alma, y estaba constantemente trabajando o localizable. Tuve un busca en la época en que solo tenían busca los médicos y los camellos. Mis compañeros de clase a menudo se preguntaban qué le pasaba a Fadell, por qué no salía de fiesta y a beber en lugar de encerrarse en un sótano con un ordenador.

Cuando me gradué, Constructive Instruments contaba con varios empleados. Una oficina. Un producto. Asociaciones comerciales. Yo tenía veintiún años y era director general. Iba tan a ciegas que no me explico que no me estampara.

1991

Ingeniero de software de diagnóstico en General Magic. Tenía que aprender a montar una empresa de verdad. Así que decidí aprender de las grandes. Conseguí un trabajo en una de las empresas más herméticas y emocionantes de Silicon Valley. Estaba llena hasta los topes de genios. La oportunidad de mi vida.

Íbamos a hacer el dispositivo personal de entretenimiento y comunicaciones más increíble de la historia. Bebí litros y litros de Kool-Aid y dediqué mi vida a esta empresa. Íbamos a cambiar el mundo. No podíamos perder.

1994

Ingeniero jefe de software y hardware en General Magic. Perdimos.

1995

Director de tecnología en Philips. Empecé a hablar con Philips, uno de los socios de General Magic, sobre lo que salió mal. Les presenté mi idea: cambiamos el público, utilizamos software y hardware disponibles y simplificamos, simplificamos y simplificamos.

Y Philips me contrató para hacer ordenadores de bolsillo para ejecutivos que iban de un lado a otro. Me convertí en director de tecnología a los veinticinco años. Fue mi segundo curro después de la universidad.

1997-1998

Lanzamiento de Philips Velo y Nino. Fueron un éxito de crítica.

1997-1998

No vendimos lo suficiente.

1998

Philips Strategy y Ventures Group. Me cambié al equipo de VC de Philips. Empecé a aprender todo lo que podía sobre ese mundo. Pero no dejaba de dar vueltas al error del PC de bolsillo. Quizá no había entendido bien al público. Quizá no teníamos que hacer un PC para ejecutivos. Quizá teníamos que hacer un reproductor de música para todo el mundo.

1999

RealNetworks. Iba a hacer un reproductor de música digital con el equipo correcto, la tecnología correcta y la visión correcta.

1999, seis semanas después

Dejo el trabajo. Entré por la puerta y casi al instante me di cuenta del error que había cometido. Muy mal rollo.

1999

Empresa n.º 5: Fuse Systems. A la mierda. Lo haré yo mismo.

2000

Estalla la burbuja puntocom. La financiación se agotó de la noche a la mañana. Hice ochenta presentaciones de VC. Todas ellas fracasaron. Estaba desesperado por mantener mi empresa en marcha.

2001

Apple me llamó. Al principio solo esperaba ganar suficiente dinero como consultor para mantener abierta Fuse. Después me uní a Apple y me llevé a mi equipo conmigo.

2001, diez meses después

Lanzamos el primer iPod. Fue un éxito de crítica.

2001-2006

Vicepresidente del departamento de iPod. Después de dieciocho generaciones de iPods, al final resolvimos los problemas.

2007-2010

Vicepresidente senior del departamento de iPod y iPhone. Entonces creamos el iPhone. Mi equipo creó el hardware y el software de origen para hacer funcionar y fabricar el teléfono. Después lanzamos dos versiones más. Y después me marché.

2010

Me tomé un descanso. Me centré en mi familia. Salí del país. Me alejé del trabajo y de Silicon Valley tanto como necesitaba.

2010

Empresa n.º 6: Nest Labs. Matt Rogers y yo montamos Nest en un garaje de Palo Alto. Íbamos a revolucionar el producto menos sexy de la historia: el termostato. Tendrías que haber visto las caras de las personas a las que les decíamos lo que iba a fabricar nuestra nueva empresa supersecreta.

2011

Lanzamos el Nest Learning Thermostat. Fue un éxito de crítica. Y, joder, la gente lo compró.

2013

Lanzamos el detector de humo y monóxido de carbono Nest Protect. Empezábamos a crear un ecosistema, un hogar que pudiera cuidar de sí mismo y de las personas que vivían en él.

2014

Google compró Nest por 3.200 millones de dólares. Nuestro hardware, y el software y la infraestructura de Google. Iba a ser una unión increíble.

2015-2016

Google creó Alphabet. Me marché. Nest fue expulsada de Google y entró en Alphabet, que exigió que cambiáramos drásticamente nuestros planes. Después decidieron vender Nest. No era la unión que habíamos firmado. Me marché totalmente frustrado.

2010-actualidad

Future Shape. Después de marcharme de Google Nest, me centré en consultorías e inversiones que llevaba haciendo desde 2010. Ahora asesoramos y apoyamos a unas doscientas empresas emergentes a jornada completa.

Mi vida ha oscilado con gran violencia entre el éxito y el fracaso, increíbles éxitos profesionales seguidos de amargas decepciones. Y tras cada fracaso decidí empezar de cero, quedarme con lo que había aprendido y hacer algo totalmente nuevo, convertirme en alguien totalmente nuevo.

La última versión de mí es ser mentor, coach, inversor y ahora, curiosamente, escritor. Pero ser escritor solo ha sido posible porque las estrellas se alinearon cuando Dina Lovinsky, una brillante escritora con la que trabajé (y discutí) durante una década, estuvo disponible para ayudarme y decirme dónde la estaba cagando. Joven, impetuosa y audaz, Dina estuvo con nosotros desde los primeros días de Nest, lo conoció todo de primera mano y aprendió a escribir como escribiría yo si supiera escribir.

Seguramente a estas alturas ya sabes que soy un pésimo escritor. Sé escribir software, claro, pero ¿un libro? No es lo mío. Armado con solo una hoja de cálculo de lecciones aprendidas al azar, no sabía cómo dar con la primera palabra de la página. Pero en su momento tampoco sabía hacer procesadores de ordenador, reproductores de música, teléfonos inteligentes o termostatos, y parece que funcionaron bien.

Los consejos de este libro no son completos, sino un comienzo. Todavía estoy aprendiendo y revisando lo que pienso cada día. Como todo el mundo. Este libro contiene parte de lo que he aprendido hasta ahora.

PRIMERA PARTE

Créate a ti mismo

Intenté crear el iPhone dos veces.

Todo el mundo está al corriente de la segunda vez. La vez que lo conseguimos. Pocos conocen la primera.

En 1989, un empleado de Apple y visionario intelectual llamado Marc Porat dibujó esto:

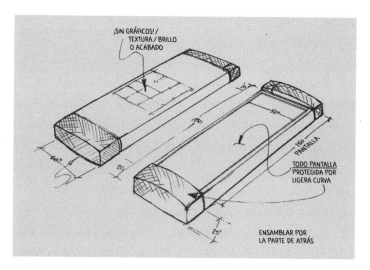

Fig. 1.0.1: Boceto de Marc de 1989 del Pocket Crystal en su gran cuaderno rojo. En la página siguiente escribió: «Este es un objeto muy personal. Debe ser bonito. Debe ofrecer la satisfacción personal que proporciona una joya elegante. Debe parecer valioso incluso cuando no se utilice. Debe ofrecer el consuelo de una piedra de toque, la satisfacción táctil de una concha marina y el encanto de un cristal».

El Pocket Crystal era un bonito ordenador portátil con pantalla táctil que combinaba un teléfono móvil y un fax, que te permitía jugar, ver películas y comprar billetes de avión desde cualquier sitio.

Esta visión profética era mucho más loca por el hecho de que estábamos, como ya he dicho, en 1989. La web no existía, la única manera de jugar con movilidad era llevar una consola Nintendo a casa de un amigo, y casi nadie tenía ni entendía la necesidad de tener un teléfono móvil. Había cabinas de teléfono por todas partes y todos tenían un busca. ¿Por qué cargar con un enorme ladrillo de plástico?

Pero Marc y otros dos genios y exmagos de Apple, Bill Atkinson y Andy Hertzfeld, fundaron una empresa para construir el futuro. La llamaron General Magic.* Leí sobre ella en la sección de rumores «Mac The Knife» de *MacWeek Magazine* (desaparecida hace ya mucho tiempo) justo en la época en la que me di cuenta de que no sabía cómo conseguir que mi empresa funcionara.

Había creado varias empresas relacionadas con la informática en la escuela secundaria y la universidad, pero me había centrado en Constructive Instruments desde mi tercer año en la Universidad de Michigan. La fundé con uno de mis profesores, el angelical Elliot Soloway. Elliot se dedicaba a la tecnología educativa, y juntos creamos un editor multimedia para niños. Y llegamos bastante lejos: un producto, empleados y una oficina. Pero yo aún andaba buscando en la biblioteca la diferencia entre las sociedades anónimas de tipo S y las de tipo C. Estaba verdísimo. Y no tenía a quién preguntar, porque en aquel entonces no había reuniones de emprendedores ni Y Combinators. Faltaban siete años para que existiera Google.

General Magic fue mi oportunidad de aprender todo lo que quería saber, de trabajar con mis héroes, los genios que hicieron el Apple][, el

---

* Si quieres más información sobre esta empresa, ser testigo del fracaso más estrepitoso y ver que no es el fin del mundo, te recomiendo el documental *General Magic Movie* (www.generalmagicthemovie.com). Puede que me reconozcas, pero no me preguntes por el pelo.

Lisa y el Macintosh. Fue mi primer trabajo de verdad y mi primera oportunidad real de cambiar el mundo como lo habían hecho Andy y Bill.

Cuando hablo con personas que acaban de terminar la universidad o están empezando su carrera profesional, me dicen que eso es lo que están buscando. Una oportunidad para causar impacto y colocarse en el camino para hacer algo grande.

Pero todo lo que no te enseñan ni pueden enseñarte en la universidad —cómo progresar en el trabajo, cómo crear algo increíble, cómo tratar con los gerentes y al final llegar a serlo— te golpea en la cara en cuanto sales del campus. Por mucho que aprendas en la universidad, necesitas el equivalente a un doctorado en cómo moverte por el mundo y crear algo significativo. Tienes que intentarlo, fracasar y aprender sobre la marcha.

Y eso significa que casi todos los jóvenes graduados, emprendedores y soñadores me hacen las mismas preguntas:

«¿Qué tipo de trabajo debo buscar?».

«¿Para qué tipo de empresas debo trabajar?».

«¿Cómo creo una red?».

A menudo se supone que si encuentras el trabajo adecuado cuando eres joven, puedes asegurarte cierto nivel de éxito. Que tu primer trabajo después de la universidad te lleva directamente al segundo y al tercero, y que en cada etapa de tu carrera utilizarás tus victorias para impulsarte hacia arriba.

También yo lo creía. Estaba al cien por cien seguro de que General Magic iba a crear uno de los dispositivos más impactantes de la historia. Lo di todo. Todos lo dimos. El equipo trabajó sin descanso, literalmente, durante años. Incluso entregábamos premios al que dormía en la oficina más noches seguidas.

Entonces General Magic se derrumbó. Después de años de trabajo, decenas de millones invertidos y periódicos gritando que estábamos destinados a vencer a Microsoft, vendimos entre tres y cuatro mil dispositivos. Quizá cinco mil. Y casi todos ellos a familiares y amigos.

La empresa fracasó. Yo fracasé.

Y pasé los siguientes diez años recibiendo patadas de Silicon Valley en la barriga antes de lograr hacer algo que la gente quisiera.

En el proceso aprendí muchas lecciones duras, dolorosas, maravillosas, tontas y útiles. Así que todo aquel que empiece o quiera cambiar su carrera profesional aquí tiene lo que necesita saber.

1.1

Edad adulta

Solemos considerar que la edad adulta es el momento en que termina el aprendizaje y empieza la vida. ¡Sí! ¡Me he graduado! ¡He terminado! Pero el aprendizaje nunca termina. La universidad no te ha preparado para tener éxito durante el resto de tu vida. La edad adulta es tu oportunidad de no dejar de cagarla hasta que aprendas a cagarla un poco menos.

La enseñanza tradicional forma a los alumnos para que consideren el fracaso de forma equivocada. Te enseñan una materia, haces un examen y si suspendes, eso es todo. Se acabó. Pero una vez acabada la universidad, no hay libros, ni exámenes ni notas. Y si fracasas, aprendes. De hecho, en la mayoría de los casos es la única forma de aprender, especialmente si estás creando algo que el mundo nunca había visto.

Así que si estás considerando la variedad de carreras profesionales que tienes ante ti, el lugar correcto para empezar es este: «¿Qué quiero aprender?».

No «¿Cuánto dinero quiero ganar?».

Ni «¿Qué cargo quiero tener?».

Ni «¿Qué empresa es lo bastante conocida para que mi madre pueda machacar a las demás madres cuando presumen de sus hijos?».

La mejor manera de encontrar un trabajo que te encante y una carrera en la que al final tengas éxito es buscar lo que te interesa y después asumir riesgos al elegir dónde trabajar. Sigue tu curiosidad en lugar de un manual de la escuela de empresariales sobre cómo ganar dinero. Da por sentado que entre los veinte y los treinta años tus elecciones no funcionarán y las empresas a las que te unas o montes probablemente fracasarán. En los primeros años de la edad adulta se trata de ver tus sueños arder en llamas y aprender todo lo que puedas de las cenizas. Haz, fracasa y aprende. Lo demás vendrá por añadidura.

Me presenté a la entrevista en General Magic con un traje provinciano barato que no me quedaba bien. Todo el mundo estaba sentado en el suelo. Me miraron desconcertados. Sus caras decían: «¿Quién es este crío?». Me dijeron que me sentara y que me quitara la corbata y la americana, por el amor de Dios.

Error n.º 1.

Por suerte fue un error pequeño. Me convertí en el empleado número 29 en 1991. Era un crío, tenía veintiún años y acepté, agradecido, un trabajo como ingeniero de software de diagnóstico. Iba a crear herramientas de software y hardware para verificar los diseños de otras personas, es decir, era el último mono. Pero no me importaba. Sabía que solo necesitaba entrar por la puerta para demostrar quién era y ascender.

Un mes antes era director general de mi propia empresa. Era muy pequeña, de tres o a veces cuatro personas, pero íbamos tirando. En realidad, apenas nos manteníamos a flote, y eso equivale a ahogarse. O creces, o estás acabado. No es posible quedarse inmóvil.

Así que fui a una empresa en la que pudiera crecer. El cargo y el dinero no me importaban. Me importaban las personas. La misión. Lo único que me importaba era la oportunidad.

Me recuerdo empaquetando mis cosas para ir en coche de

Michigan a California, con el estómago lleno de mariposas, cuatrocientos dólares y mis padres intentando entender qué demonios estaba pasando.

Querían que tuviera éxito. Querían que fuera feliz. Pero yo parecía cagarla constantemente desde hacía años. Me encantaban los ordenadores, pero me expulsaban casi todos los días de las clases de informática que empecé en séptimo. Siempre le decía al profesor que se equivocaba, siempre insistía en que sabía más que él y nunca me callaba. Hice llorar al pobre hombre hasta que me sacaron a rastras de esa clase y me metieron a aprender francés.

Después me salté mi primera semana en la Universidad de Michigan para ir al Apple Fest en San Francisco con un stand de mi empresa. Se lo dije a mis padres cuando volví a Detroit. Se enfadaron muchísimo. Pero aprendí desde el principio a pedir perdón, no permiso. Y recuerdo la revelación en mi dormitorio, todavía digiriendo la cena que había comido en el muelle de San Francisco, al darme cuenta de que podía formar parte de dos mundos a la vez. Que ni siquiera era tan difícil.

Y en ese momento renunciaba a la empresa que había fundado, en la que había trabajado día y noche, que siempre había parecido un riesgo increíble, pero que empezaba a dar sus frutos. Y me iba… ¿adónde? ¿A General Magic? ¿Qué demonios era General Magic? Si quería un trabajo normal, ¿por qué no en IBM? ¿Por qué no en Apple? ¿Por qué no hacía algo estable? ¿Por qué no podía elegir un camino que ellos entendieran?

Ojalá hubiera conocido esta cita entonces. Quizá habría ayudado:

«El único fracaso a los veinte años es la inacción. Lo demás es ensayo y error».

Anónimo

Necesitaba aprender. Y la mejor manera de hacerlo era rodearme de personas que supieran exactamente lo difícil que era hacer algo grande y que tuvieran cicatrices que lo demostrara. Y si resultaba ser un paso en falso, bueno, cometer un error es la mejor manera de no volver a cometer ese error. Haz, fracasa y aprende.

Lo fundamental es tener un objetivo. Luchar por algo grande, difícil e importante para ti. Después, cada paso que das hacia esa meta, aunque tropieces, te hace avanzar.

Y no puedes saltarte un paso, no puedes recibir las respuestas y evitar las cosas complicadas. Aprendemos esforzándonos, poniéndonos a prueba, cagándola y haciéndolo de forma diferente la siguiente vez. En los primeros años de la edad adulta tienes que aprender a aceptarlo, a saber que los riesgos pueden no compensar, pero asumirlos de todos modos. Pueden orientarte y aconsejarte, puedes elegir un camino siguiendo el ejemplo de otra persona, pero no aprenderás de verdad hasta que empieces a caminar por ti mismo y veas adónde te lleva ese camino.

De vez en cuando doy charlas en alguna escuela de secundaria, en la graduación de un puñado de criaturas de dieciocho años que van a enfrentarse al mundo solos, por primera vez.

Les digo que probablemente toman el 25 por ciento de sus decisiones. Como mucho.

Desde el momento en que naces hasta que sales de la casa de tus padres, ellos toman, moldean o influencian casi todas tus elecciones.

Y no me refiero solo a las decisiones obvias: qué clases elegir o qué deportes practicar. Me refiero a los millones de decisiones ocultas que descubrirás cuando salgas de casa y empieces a hacer las cosas por ti mismo:

¿Qué pasta de dientes utilizas?

¿Qué papel higiénico?

¿Dónde pones los cubiertos?

¿Cómo ordenas la ropa?

¿De qué religión eres?

Todas estas sutilezas sobre las que nunca tomaste una decisión ya están implantadas en tu cerebro.

La mayoría de los niños no analizan conscientemente ninguna de estas opciones. Imitan a sus padres. Y cuando eres niño, suele estar bien. Es necesario.

Pero ya no eres un niño.

Y cuando sales de la casa de tus padres, hay una ventana —una ventana breve, luminosa e increíble— en la que tus decisiones son solo tuyas. No tienes obligaciones con nadie, ni con tu cónyuge, ni con tus hijos, ni con tus padres. Eres libre. Libre de elegir lo que quieras.

Es el momento de ser audaz.

¿Dónde vas a vivir?

¿Dónde vas a trabajar?

¿Quién vas a ser?

Tus padres siempre te harán sugerencias, pero siéntete libre de aceptarlas o descartarlas. Su juicio está influenciado por lo que quieren para ti (lo mejor, por supuesto, solo lo mejor). Tendrás que buscar a otras personas, otros mentores, que te den consejos útiles. Un profesor, un primo, una tía o el hijo mayor de un amigo de la familia. El hecho de que debas decidir tú no significa que tengas que tomar tus decisiones solo.

Porque así son las cosas. Esta es tu ventana. Es tu momento de asumir riesgos.

Entre los treinta y los cuarenta años, la ventana empieza a cerrarse para la mayoría de las personas. Tus decisiones ya no pueden ser del todo tuyas. También está bien, puede ser incluso genial, pero es diferente. Las personas que dependan de ti moldearán tus decisiones, influirán en ellas. Incluso si no tienes una familia que mantener, cada año acumularás más cosas —amigos, bienes o posición social— que no querrás arriesgar.

Pero cuando estás al principio de tu carrera profesional, y al principio de tu vida, lo peor que puede pasarte si asumes grandes riesgos probablemente sea que tengas que volver con tus padres. Y no es ninguna vergüenza. Lanzarte y que todo te explote en la cara es la mejor manera de aprender rápido y descubrir qué quieres hacer a continuación.

Puede que la cagues. Puede que tu empresa fracase. Puede que tengas tantas mariposas en el estómago que te preocupe haber comido algo en mal estado y haberte intoxicado. Y está bien. Es exactamente lo que debería pasar. Si no sientes esas mariposas, no estás haciéndolo bien. Tienes que esforzarte por subir la montaña, aunque eso signifique arriesgarte a caer por un precipicio.

Aprendí más de mi primer gran fracaso que de mi primer éxito.

General Magic fue un experimento. No solo en lo que hacíamos —y hacíamos algo total, ridícula, casi increíblemente nuevo—, sino también en cómo estructurar una empresa. El equipo era tan impresionante y estaba tan repleto de genios que no se tuvo en cuenta la «gestión». No había procesos definidos. Nos limitábamos a... hacer cosas. Cualquier cosa que pensaran nuestros directores era genial.

Y todo tenía que construirse a mano, desde cero. Era como dar a cien artesanos un montón de láminas de metal, plástico y vidrio, y decirles que construyeran un coche. Uno de mis proyectos fue descubrir cómo conectar varios dispositivos a nuestro aparato, así que construí el precursor del puerto USB. Después me pidieron que construyera una red de infrarrojos que funcionara entre dispositivos (como un mando a distancia se conecta a un televisor), así que reinventé las siete capas de una pila de protocolos. Sorprendentemente, conseguí que funcionara. Los demás ingenieros se emocionaron y crearon con ella un juego de palabras. El juego se convirtió en un éxito en la oficina. Yo estaba eufórico y tocaba el cielo con la punta de los dedos. Pero al final un ingeniero con más experiencia miró lo que había codificado y, desconcertado, me preguntó por qué había construido así un protocolo de red. Le contesté que no sabía que estaba construyendo un protocolo de red.

Error n.º 2.

Pero aunque podría haber leído un libro y haberme ahorrado días de trabajo…, qué bien me sentí. Hice algo que el mundo nunca había visto, algo útil, y lo hice a mi manera.

Era una locura. Pero era divertido. Sobre todo al principio, cuando todo el mundo se centraba en divertirse. No había código de vestimenta. No había reglas para la oficina. Era muy diferente de lo que había conocido en el Medio Oeste. General Magic fue probablemente una de las primeras empresas de Silicon Valley que incorporó la idea de que merecía la pena jugar en el trabajo, de que un lugar de trabajo alegre podía generar un producto alegre.

Y seguramente llevamos la alegría un poco lejos. Una vez estábamos en la oficina en plena noche, trabajando hasta tarde, como de costumbre, y cogí el lanzador de globos de agua para tres personas (¿no tiene todo el mundo un lanzador de globos de agua en su oficina?). Dos cómplices y yo llenamos el globo de barro, disparamos y abrimos un enorme agujero en un ventanal del tercer piso. Me quedé aterrado; igual me despedían.

Todo el mundo se rio.

Fue el error n.º 3.

Durante cuatro años me volqué en General Magic. Aprendía, la cagaba, trabajaba, trabajaba y trabajaba. Noventa, cien, ciento veinte horas por semana. Nunca me ha gustado el café, así que sobrevivía básicamente a base de Coca-Cola Light. Una docena al día (que conste que desde entonces no he vuelto a tocar ese veneno).

(No recomiendo trabajar tanto, por cierto. Nunca debes matarte por tu trabajo, y ningún trabajo debería esperar eso de ti. Pero si quieres ponerte a prueba, aprender y hacer todo lo que puedas, debes dedicarle tiempo. Quedarte hasta tarde. Llegar temprano. Trabajar a veces los fines de semana y los días festivos. No esperes vacaciones cada dos meses. Deja que la balanza se incline un poco hacia el trabajo frente a la vida, y deja que tu pasión por lo que estás construyendo te impulse).

Durante años corrí a toda velocidad en cualquier dirección que me señalaran, e íbamos en todas las direcciones a la vez. Mis héroes me decían que subiera esa colina y, por Dios, la convertía en mi Everest y hacía lo que fuera necesario para impresionarlos. Estaba cien por cien seguro de que íbamos a crear el dispositivo más innovador de la historia. Todos lo estábamos.

El lanzamiento se retrasó. Otra vez. Y otra. Y otra. No íbamos justos de dinero, ni de grandes expectativas, ni nos presionaban, así que el producto seguía creciendo. Nunca era lo bastante bueno ni estaba lo bastante terminado. Empezaron a surgir competidores de la nada. Estábamos creando un sistema de red privado para las principales empresas de telecomunicaciones, como AT&T, justo cuando internet empezaba a generalizarse, abierta a todo el mundo. Nuestro procesador no tenía potencia suficiente para admitir la ambiciosa experiencia de usuario con la que Andy y Bill soñaban ni los gráficos e iconos que había diseñado Susan Kare. Susan es una artista brillante que creó el lenguaje visual original para el Mac y todo un bonito mundo para el Magic Link. Pero cada vez que tocabas la pantalla, el puto trasto se bloqueaba. Los usuarios que lo probaban se quedaban insatisfechos por la espera, los errores y por no saber si habían hecho algo mal o si sencillamente el dispositivo había dejado de funcionar. La lista de problemas aumentaba día a día.

Error n.º 4 a error n.º 4.000.

Cuando por fin lo dimos por concluido, en 1994, no habíamos fabricado el Pocket Crystal. Habíamos hecho el Sony Magic Link.

Tenía muchos puntos débiles y estaba extrañamente suspendido entre el pasado y el futuro. Tenía emojis animados y una pequeña impresora para faxes. Pero aun así era increíble y sin la menor duda estaba adelantado a su tiempo. Un primer paso hacia un mundo diferente, en el que cualquier persona pudiera llevar un ordenador a cualquier parte. Todo el trabajo, la falta de sueño, el peaje que había pagado mi cuerpo y el que habían pagado mis padres merecerían la pena. Estaba

Fig. 1.1.1: El Magic Link se vendía al por menor por 800 dólares, pesaba 680 gramos y medía 19,5 x 14,2 centímetros. Tenía un teléfono, una pantalla táctil, correo electrónico, aplicaciones descargables, juegos, una aplicación para comprar billetes de avión, emojis animados y tecnología revolucionaria. Algo así como el iPhone.

muy orgulloso y emocionado de lo que nuestro equipo había creado. Sigo estándolo.

Y luego nadie lo compró.

Después de haber pasado tantos días y tantas noches en la oficina, me despertaba y no podía levantarme de la cama. Lo sentía en el pecho. Todo lo que habíamos hecho acabó en fracaso. Todo.

Y al final supe por qué.

En el momento en el que General Magic se desmoronaba a mi alrededor, yo ya no era un humilde ingeniero de diagnóstico. Había trabajado en arquitectura y diseño de silicio, hardware y software. Cuando las cosas empezaron a ir mal, empecé a hablar con personal de ventas y marketing, a aprender sobre psicografía y marcas, y al final entendí la importancia de los gerentes, del proceso y de los límites. Después de cuatro años, me daba cuenta de que había que considerar un sinfín de cosas antes de escribir una línea de código. Y esas consideraciones eran fascinantes. Eran lo que quería hacer.

Curiosamente, el enorme puñetazo en el estómago que supuso nuestro fracaso, mi fracaso, que todo por lo que había trabajado se derrumbara, hizo que me quedara claro el camino que tenía por delante. General Magic estaba creando una tecnología increíble, pero no un producto que solucionara problemas reales. Y creía que yo podría hacerlo.

Es lo que buscas cuando eres joven, cuando crees que lo sabes todo y de repente te das cuenta de que no tienes ni idea de lo que estás haciendo: un lugar donde trabajar tan duro como puedas para aprender todo lo que puedas de personas que pueden hacer algo grande. Así que, aunque la experiencia te dé una patada en el culo, la fuerza de esa patada te impulsará a una nueva etapa de tu vida. Y sabrás qué hacer a continuación.

1.2

Consigue un trabajo

Si vas a dedicar tu tiempo, tu energía y tu juventud a una empresa, busca una que no se dedique a mejorar trampas para ratones. Busca un negocio que esté empezando una revolución. Las empresas que pueden provocar un cambio sustancial en el statu quo tienen las siguientes características:

1. Crean un producto o un servicio totalmente nuevo o combinan la tecnología de la que disponemos de una forma novedosa que la competencia no puede replicar ni entender.

2. Este producto resuelve un problema, un punto débil, que muchos clientes experimentan a diario. Debe existir ya un amplio mercado.

3. La nueva tecnología puede cumplir con la visión de la empresa, no solo en el producto, sino también en la infraestructura, las plataformas y los sistemas en los que se apoya.

4. La dirección no es dogmática respecto de las soluciones y está dispuesta a adaptarse a las necesidades de sus clientes.

> 5. Es pensar en un problema o en una necesidad de los clientes de una manera que nunca habías oído, pero que tiene mucho sentido en cuanto la oyes.

No basta con tecnología genial. No basta un gran equipo. No basta una importante financiación. Demasiadas personas se lanzan ciegamente a las últimas tendencias, anticipando una fiebre del oro, y acaban cayendo por un precipicio. Echa un vistazo al recuento de cadáveres de la realidad virtual: empresas emergentes muertas hasta donde alcanza la vista, y miles de millones de dólares dilapidados en los últimos treinta años.

«Si lo consigues, vendrán» no siempre funciona. Si la tecnología no está lista, seguro que no vendrán. Pero incluso contando con la tecnología, hay que encontrar el momento adecuado. El mundo tiene que estar preparado para querer tu producto. Los clientes tienen que ver que resuelve un problema que tienen hoy, no el que puedan tener en un futuro lejano.

Creo que ese fue el problema de General Magic. Intentábamos construir un iPhone años antes de que fuera un destello en el ojo de Steve Jobs.

¿Y sabes qué nos derrotó? El Palm. Porque las PDA Palm te permiten meter los números de teléfono que has anotado en trozos de papel o en el ordenador en un dispositivo que puedes llevar contigo. Eso es todo. Así de sencillo. No podías meterte un fichero en el bolsillo ni en el bolso, así que el Palm era la solución adecuada para ese momento. Tenía sentido. Tenía una razón de ser.

General Magic no la tenía. Empezamos por la tecnología y nos centramos en lo que podíamos crear, en lo que impresionaría a los genios de nuestra empresa, no en la razón por la que las personas corrientes y sin conocimientos técnicos iban a necesitarlo. Así que el Magic Link resolvió problemas que la gente corriente no reconocería hasta más de una década después. Y como nadie más creaba tecnología para problemas inexistentes, las redes, los procesadores y los mecanismos de entrada de los que dependían nuestros productos no eran lo bastante buenos. Tuvimos que hacerlo todo nosotros mismos. El Magic CAP, un revolucionario sistema operativo orientado a objetos. El TeleScript, un nuevo lenguaje de programación cliente-servidor. Creamos servidores con aplicaciones y tiendas online. Y al final, aunque no cumplió nuestras expectativas, construimos algo realmente increíble. Para nosotros los frikis.

Para todos los demás era genial. Quizá. Si es que entendían lo que era. Un juguete de lujo para ricos, o frikis, o frikis muy ricos.

Si no resuelves un problema real, no puedes iniciar una revolución.

Un ejemplo evidente es el Google Glass o el Magic Leap. Todo el dinero y las relaciones públicas del mundo no pueden cambiar el hecho de que las gafas de realidad aumentada son una tecnología en busca de un problema que resolver. Pero no hay razón para que el público en general las compre. Aún no. Nadie se imagina presentándose en una fiesta o en la oficina con esas gafas feas y extrañas puestas y filmando a todo el mundo. Y aunque las gafas de realidad aumentada tengan futuro, la tecnología aún no puede ofrecerlo y el estigma social tardará mucho en desaparecer. Estoy convencido de que sucederá, pero todavía está a años de distancia.

Por otro lado, tomemos el ejemplo de Uber. Los fundadores empezaron con un problema de los clientes, un problema que experimentaban en su vida diaria, y después aplicaron la tecnología. El problema era sencillo: encontrar un taxi en París era casi imposible y contratar conductores privados era caro y se tardaba una eternidad. En los días previos a los smartphones, la solución podría haber sido sencillamente crear un nuevo tipo de empresa de taxis o limusinas. Pero el momento era perfecto. La repentina ubicuidad de los smartphones proporcionó a Uber una plataforma y permitió que los clientes aceptaran su solución. Si puedo pedir una tostadora con una aplicación en mi teléfono, ¿por qué no voy a pedir un coche? Esa combinación de un problema real, el momento adecuado y la tecnología innovadora permitió a Uber cambiar el paradigma y crear algo con lo que las compañías de taxis tradicionales ni siquiera podían soñar, mucho menos competir.

Y no es un fenómeno solo de Silicon Valley. Están surgiendo empresas revolucionarias en todos los ámbitos —en agricultura, descubrimiento y creación de fármacos, finanzas y seguros— y en todo el mundo. Problemas aparentemente imposibles que hace diez años habría costado miles de millones resolver, que habrían exigido enormes inversiones de empresas gigantes, ahora pueden resolverse con una aplicación de smartphone, un pequeño sensor e internet. Y eso significa que hay miles de personas en todo el mundo que encuentran oportunidades para cambiar la forma de trabajar, vivir y pensar.

Acepta cualquier trabajo que te ofrezcan en una de estas empresas. No te preocupes demasiado por el cargo y céntrate en trabajar. Si pones un pie en la puerta de una empresa en crecimiento, también tú encontrarás oportunidades para crecer.

Hagas lo que hagas, no te conviertas en «consultor de gestión» en un mastodonte como McKinsey, Bain o cualquier otra de las ocho consultorías que dominan el sector. Todas ellas tienen miles y miles de empleados y trabajan casi exclusivamente con empresas Fortune 5000. Estas empresas, por lo común lideradas por directores generales provisionales reacios al riesgo, llaman a los consultores de gestión para realizar una gran auditoría, encontrar los fallos y presentar a sus superiores un nuevo plan que lo «arreglará» todo por arte de magia. Menudo cuento de hadas… No me tires de la lengua.

Pero para muchos recién graduados, suena perfecto: te pagan pero que muy bien por viajar alrededor del mundo, trabajar con empresas y ejecutivos poderosos, y aprender cómo conseguir que un negocio tenga éxito. Es una promesa tentadora.

Parte de ello es incluso cierto. Sí, te pagan un buen sueldo. Y sí, consigues mucha práctica para presentarte a clientes importantes. Pero no aprendes a crear ni a dirigir una empresa. Lo cierto es que no.

Steve Jobs dijo una vez sobre la consultoría de gestión: «Consigues una parte amplia en las empresas, pero muy delgada. Es como la foto de un plátano. Puedes hacer una foto muy precisa, pero solo tiene dos dimensiones, y si no tienes experiencia, nunca conseguirás una imagen tridimensional. Así que podrás tener muchas fotos colgadas en la pared, podrás mostrárselas a tus amigos —he trabajado con plátanos, he trabajado con melocotones y he trabajado con uvas—, pero en realidad nunca los pruebas».

Si decides seguir este camino y te encuentras en una de las Big Four o de las otras seis empresas principales, bueno, es tu decisión, por supuesto. Pero antes debes saber lo que quieres aprender y la experiencia que necesitas para tu siguiente capítulo. No te quedes atascado. La consultoría de gestión nunca debe ser tu destino final. Debe ser una estación de paso, una breve pausa en tu viaje para de verdad hacer algo.

Para hacer grandes cosas, para aprender de verdad, no puedes gritar sugerencias desde el tejado y después seguir adelante mientras otra persona hace el trabajo. Tienes que mancharte las manos. Tienes que preocuparte por todos los pasos y cuidar todos los detalles. Tienes que estar ahí cuando se desmorone para volver a montarlo.

Tienes que hacer el trabajo de verdad. Tienes que amar el trabajo.

Pero ¿qué pasa si te enamoras de la cosa equivocada, si encuentras un producto o una empresa demasiado pronto, porque no cuenta con infraestructura en la que apoyarse, los clientes no existen y los que dirigen el cotarro tienen una forma de ver las cosas que es una locura y no van a cambiar de opinión?

¿Qué pasa si te apasiona la informática cuántica, la biología sintética, la energía de fusión o la exploración espacial, aunque no parece que ninguno de estos sectores vaya a dar frutos a corto plazo?

Pues a la mierda. Ve a por ello. Si te apasiona, no te preocupes por mis consejos ni por el momento adecuado.

Pasé la burbuja de las puntocom construyendo dispositivos portátiles. Cuando General Magic empezó a tambalearse, la solución obvia era saltar a Yahoo o eBay y unirse a la fiebre del oro de internet. Es lo que todos me dijeron que hiciera. «¿Estás loco? ¿Por qué ir a Philips? ¡En internet es donde está el dinero! Nadie necesita más dispositivos informáticos».

Pero aun así fui a Philips. Sabía que había espacio para algo asombroso entre los ordenadores de sobremesa y los teléfonos móviles. Lo veía y lo sentía cuando estaba en General Magic. Así que formé un equipo para hacer dispositivos en Philips y después creé mi propia empresa para hacer reproductores de música digital. Me quedé con eso porque me encantaba, me encantaba crear el sistema de principio a fin, los átomos y los electrones, el hardware, el software, las redes y el diseño. Y cuando Apple me llamó para hacer el iPod, sabía exactamente cómo hacerlo.

Si te apasiona algo, algo que algún día podría resolver un gran problema, sigue adelante.

Mira a tu alrededor y busca un grupo de personas a las que también les apasione. Si no hay nadie más en el mundo pensando en ello, es posible que sea demasiado pronto o que vayas en la dirección equivocada. Pero si encuentras personas con ideas afines, aunque solo sea un pequeño grupo de frikis creando tecnología que nadie sabe cómo convertir en un negocio, sigue adelante. Entra en la planta baja, haz amigos y encuentra mentores y contactos que darán fruto cuando el mundo gire lo suficiente como para que lo que haces tenga sentido. Es posible que no estés en la misma empresa que cuando empezaste, la visión puede ser diferente, el producto puede ser diferente y la tecnología habrá cambiado. Puede que tengas que fracasar una y otra vez, y aprender, evolucionar, entender y crecer.

Pero un día, si de verdad resuelves un problema real, cuando el mundo esté listo para quererlo, ya estarás ahí.

Lo que haces importa. Dónde trabajas importa. Pero lo más importante es con quién trabajas y aprendes. Demasiadas personas ven el trabajo como un medio para llegar a un fin, como una forma de ganar suficiente dinero para dejar de trabajar. Pero conseguir un trabajo es tu oportunidad de hacerte un hueco en el mundo, de centrarte y dedicar tu energía y tu precioso tiempo a algo significativo. No tienes que ser ejecutivo de inmediato, no tienes que conseguir un trabajo en la empresa más asombrosa e innovadora nada más terminar la universidad, pero debes tener una meta. Debes saber adónde quieres ir, con quién quieres trabajar, qué quieres aprender y en quién quieres convertirte. Y a partir de ahí, con suerte empezarás a entender cómo crear lo que quieres crear.

1.3

Héroes

Los estudiantes buscan a los mejores profesores en los mejores proyectos cuando quieren hacer un máster o un doctorado, pero cuando buscan trabajo se centran en el dinero, las gratificaciones y los puestos. Sin embargo, lo único que puede hacer que un trabajo sea de verdad increíble o una pérdida de tiempo total son las personas. Céntrate en entender tu campo y utiliza ese conocimiento para relacionarte con lo mejor de lo mejor, con personas a las que de verdad respetas. Tus héroes. Esas estrellas del rock (por lo general humildes) te llevarán a la carrera profesional que deseas.

Si hay dioses del diseño y la codificación de software, Bill Atkinson y Andy Hertzfeld son dos de ellos. Sus caras aparecían en las revistas que leía religiosamente de cabo a rabo desde primaria. Utilizaba todo lo que habían creado: el revolucionario Mac, el MacPaint, la Hypercard y el Lisa.

Eran mis héroes. Cuando los conocí, me sentí como si estuviera conociendo al presidente, a los Beatles o a Led Zeppelin. Me sudaban las palmas de las manos cuando les saludé. Apenas podía respirar. Pero cuando pasó un rato y parpadeé para quitarme las estrellas de los ojos, me di cuenta de que eran accesibles y de que resultaba fácil hablar con ellos, un rasgo poco frecuente en el mundo de los genios.

Y podría pasarme horas hablando con ellos. Sobre codificación, sobre diseño y experiencia del usuario, sobre un millón de cosas por las que sentía curiosidad. Incluso les mostré el producto que había creado mi empresa, Constructive Instruments.

Creo que es la principal razón por la que me dieron el trabajo en General Magic, a pesar de que había gente durmiendo en la puerta para conseguir una entrevista y yo era un friki de Michigan, un don nadie. No porque halagara a los fundadores ni porque persiguiera a la muy paciente y siempre servicial directora de recursos humanos, Dee Gardetti, antes y después de la entrevista (aunque, en aquella época anterior al correo electrónico, la llamé todos los días durante un mes, antes y después de la entrevista), sino porque había adquirido gran cantidad de información práctica y útil a base de fuerza bruta. Pasaba la mayor parte de mi tiempo creando (chips, software, dispositivos y empresas), y el resto leyendo todo lo que encontraba sobre el sector. Y eso era lo que me diferenciaba. Eso es lo que puede diferenciar a cualquiera. Bill Gurley, el inteligente, irónico e inconformista negociador de capital de riesgo de Silicon Valley nacido en Texas, lo expresa así: «No puedo convertirte en el más inteligente o el más brillante, pero es posible ser el más informado. Es posible recopilar más información que otra persona».

Y si vas a dedicar tanto tiempo a recopilar información, aprende sobre algo que te interese, aunque no busques trabajo en ese ámbito. Sigue tu curiosidad. En cuanto poseas esos conocimientos, puedes empezar a buscar a los mejores e intentar trabajar con ellos. Eso no significa que acoses a Elon Musk si te interesan los coches eléctricos. Averigua quién está por debajo de él. Y quién por debajo de este. Y qué empresa competidora mataría por contratarlos. Entiende las subdisciplinas e infórmate de quién dirige la que más te interesa. Busca a los expertos en Twitter o YouTube y mándales un mensaje, un comentario o un enlace de LinkedIn. Os interesan y os apasionan las mismas cosas, así que comparte tu punto de vista, haz una pregunta inteligente o cuéntales alguna minucia fascinante que a tu familia y tus amigos les parece profunda, desesperada e insondablemente aburrida.

Contacta con alguien. Es la mejor manera de conseguir un trabajo en cualquier empresa.

Y si te parece imposible, si sigues a tus héroes en Twitter pero te cuesta imaginar que alguna vez te presten atención, tengo que decirte que es una gilipollez. Dudo que yo sea el héroe de nadie, pero soy un diseñador de productos con experiencia y bien relacionado que ha tenido la suerte de crear tecnología famosa. Casi todo el mundo da por sentado que no prestaré atención a las personas que me envían mensajes en Twitter o correos electrónicos por las buenas. Pero a veces lo hago.

No cuando se limitan a pedirme trabajo o buscan financiación. Pero me doy cuenta de quién se dirige a mí para contarme algo interesante. Algo inteligente. Sobre todo si siguen haciéndolo. Si me enviaron algo genial la semana pasada y envían algo genial esta semana y siguen insistiendo, mandándome noticias, tecnología o ideas fascinantes, empezaré a reconocerlos. Empezaré a recordarlos y les contestaré. Y eso puede convertirse en una presentación, una amistad, una referencia o un posible trabajo en una de las empresas de nuestros clientes.

La clave es insistir y ser útil. No solo pedir, sino ofrecer. Siempre tienes algo que ofrecer si eres curioso y te involucras en lo que haces. Siempre puedes negociar e intercambiar buenas ideas. Siempre puedes ser amable y encontrar una manera de ayudar.

Ahí tienes el caso de Harry Stebbings. Inteligente, auténtico y amable, creó el pódcast *20 Minute VC* en 2015 y empezó a invitar a gente a participar. Lo daba todo. Insistía. Era servicial y cálido. Y comenzó a ganar terreno: primero un director general, luego otro, fundadores, inversores y ejecutivos de alto nivel. Incluyéndome a mí. Fue una de mis entrevistas de pódcast favoritas.

Después de cada pódcast, pregunta en privado a su entrevistado: «¿A qué tres personas conoces y respetas con las que crees que debería hablar ahora? ¿Te importaría presentármelas cuanto antes?».

En 2020 aprovechó su éxito y su red de contactos para crear un pequeño fondo de capital de riesgo. En 2021 ese fondo obtuvo 140 millones de dólares adicionales en financiación.

Mientras escribo esto, Harry Stebbings tiene veinticuatro años.

Y no digo que todo tuit o mensaje de LinkedIn a tus héroes se convierta en un fondo de capital de riesgo de 140 millones de dólares. Pero podría convertirse en un trabajo. Incluso podría convertirse en un trabajo con tus héroes.

Y todo trabajo en el que trabajes con tus héroes es un buen trabajo.

Pero si puedes, intenta entrar en una empresa pequeña. Lo mejor es una empresa de 30 a 100 personas que haga algo que merece la pena, con varias estrellas del rock de las que puedas aprender aunque no trabajes con ellas todos los días.

Podrías ir a Google, Apple, Facebook o alguna otra empresa gigante, pero te resultará difícil maniobrar para trabajar con las estrellas del rock. Y deberías saber que no vas a causar un gran impacto. No por mucho tiempo. Eres una piedrecita que rebota en un elefante. Pero serás una piedrecita bien pagada que come chips de col rizada gratis, así que, si sigues este camino, disfruta de tu sueldo trabajando en tu pequeña parte de un proyecto enorme e interminable. Emplea tu mucho tiempo libre en conocer las estructuras y departamentos, las microdisciplinas, los procesos, la investigación, los proyectos y las ideas a largo plazo a los que una empresa puede dedicarse cuando no necesita resolver el mañana para sobrevivir. Es bueno conocer estas cosas. (Véase también el capítulo 4.2, «¿Estás listo?»). Pero no te quedes atrapado entre los dedos del elefante de forma que nunca puedas ver al animal en su totalidad. Es fácil confundir los esfuerzos por sortear la burocracia, las jerarquías y la política con el crecimiento personal.

Una empresa pequeña tiene menos recursos, menos equipo y presupuestos muy ajustados. Puede que no tenga éxito y que nunca gane dinero. Puede que no ofrezca muchos incentivos (aunque esto podría ser bueno). Las empresas emergentes que gastan todos sus fondos en monitores de ping-pong y cerveza gratis no se centran en las cosas correctas. (Véase también el capítulo 6.4, «A la mierda los masajes»). Pero trabajarás con una gama más amplia de personas con talento en ventas, marketing, productos, operaciones, cuestiones jurídicas, quizá incluso control de calidad o atención al cliente. En las empresas más pequeñas también hay especialización, pero no suele darse en compartimentos estancos. Y la energía es diferente. Toda la empresa aunará esfuerzos para hacer realidad una idea valiosa. Se evita todo lo innecesario y no hay burocracia ni política. Lo que haces tiene más recorrido porque es importante para que la empresa sobreviva. Estáis todos juntos en el bote salvavidas.

Y estar en ese bote salvavidas con personas a las que respetas profundamente es una alegría. Es lo mejor que te puede pasar en el trabajo. Podría ser lo mejor que te puede pasar, y punto. Y no tiene que terminar una vez estés en tierra firme.

Entre las muchas personas increíbles con las que trabajé en General Magic estaban Wendell y Brian Sander, padre e hijo, ambos brillantes, la sal de la tierra, ingenieros de ingenieros. Brian era mi gerente en General Magic, y los dos Sander me ayudaron a descubrir cómo crear el MagicBus, un bus periférico digital para el Magic Link. Las ideas y patentes que creamos juntos son ahora la base de los dispositivos USB en todo el mundo. Fue un sueño hecho realidad.

Cuando General Magic se derrumbó, tomamos caminos diferentes. Pero nunca perdí el contacto con ellos. Y diez años después contraté a Brian para que trabajara conmigo en el iPod. Y después Brian contrató a su padre.

En cierta ocasión, Wendell y yo estábamos entrando al edificio principal de Apple, Infinite Loop 1, y nos encontramos con Steve Jobs.

Steve se entusiasmó. Wendell había sido el empleado número 16 de Apple, pero hacía años que Steve no lo veía. «¡Wendell! ¿Dónde estás ahora mismo?».

Y Wendell le contestó: «Estoy aquí. Trabajando en el iPod con Fadell».

Cuando tienes la oportunidad de trabajar con leyendas, héroes y dioses, te das cuenta de que no tienen nada que ver con la idea que te hacías de ellos. Pueden ser genios en un área y no tener ni idea de otra. Pueden animarte elogiando tu trabajo, pero también puedes ayudarlos, captar cosas que se les escapan y construir una relación no basada en la adoración al héroe, sino en el respeto mutuo.

Y déjame decirte que no hay nada en el mundo que te haga sentir mejor que ayudar a tu héroe en algo importante y ganarte su confianza, ver que se da cuenta de que sabes de lo que hablas, que puede confiar en ti y que eres una persona a la que vale la pena recordar. Y ver cómo evoluciona ese respeto cuando pasas al siguiente trabajo, y al siguiente.

Es lo bueno de los héroes. Puedes inspirarte en ellos para impulsarte. Si lo haces bien y escuchas con atención, compartirán contigo décadas de aprendizaje. Y luego, un día, quizá les devuelvas el favor.

1.4

No mires (solo) hacia abajo

El trabajo de un empleado que no dirige a otros suele ser crear algo que debe terminarse ese día o en una o dos semanas. Su responsabilidad consiste en preocuparse por los detalles, así que la mayoría de los empleados dependen de que los supervisores y el equipo ejecutivo establezcan un destino y les tracen un camino para que puedan centrarse en el trabajo.

Pero si un empleado siempre mira hacia abajo, atiende solo a los ajustados plazos de entrega y a los detalles de su trabajo, puede acabar estampándose contra una pared de ladrillos.

Como empleado, de vez en cuando tienes que hacer dos cosas:

1. **Levanta la cabeza:** Mira más allá de la próxima fecha de entrega o proyecto y avanza hasta los hitos que se avecinan en los meses siguientes. Después mira todo el camino hasta tu objetivo final: la misión. Lo ideal sería que fuera la razón por la que te uniste al proyecto. A medida que avance tu proyecto, asegúrate de que la misión sigue teniendo sentido para ti y de que el camino para alcanzarla te parece factible.

2. **Mira a tu alrededor:** Sal de tu zona de confort y aléjate del equipo en el que estás. Habla con otros departamentos de tu empresa para entender sus perspectivas, necesidades e

inquietudes. Esta red interna siempre es útil y puede permitirte advertir de antemano si tu proyecto no va en la dirección correcta.

Yo solo miré hacia arriba cuando el cielo se me cayó encima. Literalmente. Antes de eso, algún que otro asteroide atravesaba mi cubículo en General Magic —cuando aún no se habían inventado las piezas para construir una buena pantalla táctil, o el software que acababa de programar destrozaba lo que llevaba hecho, o las redes móviles que necesitábamos apenas funcionaban—, pero me limitaba a sacudir los cascotes del teclado y seguía adelante.

Confiaba en que Bill, Andy y Marc dirigían el barco. Lo único que se me pedía era que me pusiera a prueba a mí mismo. Es la única desventaja de trabajar con tus héroes. Te centras tanto en aprender de ellos que das por sentado que ellos controlan la visión general. Das por sentado que verán la pared de ladrillos cuando la tengan delante.

Piensa en un proyecto como una línea recta en el tiempo. Tiene un inicio y (con suerte) un final. Todos caminan al mismo ritmo, día tras día, en líneas paralelas; una línea para ingeniería, otra para marketing, ventas, relaciones públicas, atención al cliente, fabricación, departamento jurídico, etc.

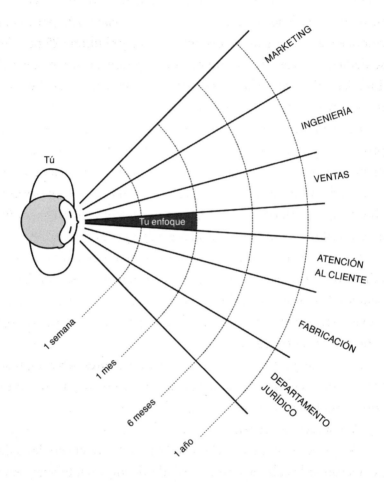

Fig. 1.4.1: Los detalles del proyecto que tienes ante ti están muy claros, pero cuanto más miras, más confuso se vuelve todo. Y diferentes compañeros de equipo miran hacia diferentes puntos de esa línea de tiempo.

El director general y el equipo ejecutivo miran sobre todo hacia el horizonte. Dedican el 50 por ciento de su tiempo a planificar un futuro difuso y lejano, a meses o años de distancia; un 25 por ciento se centra en las metas a uno o dos meses vista, y el último 25 por ciento se dedica a apagar los incendios que se producen sobre la marcha. También miran todas las líneas paralelas para asegurarse de que todos vayan en la misma dirección.

Los gerentes suelen centrarse en un plazo de 2 a 6 semanas, en proyectos que están bastante desarrollados y detallados, aunque todavía tienen partes borrosas. La cabeza de los gerentes debe girar. A menudo miran hacia abajo, a veces miran a lo lejos, y pasan mucho tiempo mirando de un lado a otro, controlando a los equipos y asegurándose de que todos avanzan hacia el siguiente objetivo.

Los empleados más jóvenes pasan el 80 por ciento de su tiempo mirando hacia abajo, quizá a una o dos semanas vista, para ver los detalles de su trabajo diario. En las primeras etapas de tu carrera, así debería ser. Debes centrarte en hacer tu parte de cada proyecto, hacerlo bien, y a otra cosa.

Se supone que tu equipo ejecutivo y tus gerentes deben estar atentos a los obstáculos. Se supone que deben advertirte para que puedas corregir el rumbo o al menos coger un casco.

Pero a veces no es así.

Así que los empleados deben dedicar el 20 por ciento de su tiempo a levantar la cabeza y mirar a su alrededor. Cuanto antes empiecen, más avanzarán en su carrera profesional, y más deprisa.

Tu trabajo no solo consiste en hacer tu trabajo. También es pensar como tu gerente o director general. Tienes que entender el objetivo final, aunque sea tan lejano que no sepas cómo será cuando lleguéis. Te ayudará en tu día a día. Conocer tu destino te permite priorizar y tomar decisiones sobre lo que haces y cómo lo haces. Pero es mucho más que eso. Quieres asegurarte de que tu rumbo sigue pareciéndote correcto, de que todavía crees en lo que estás haciendo.

Y no puedes pasar por alto a los equipos que trabajan a tu lado.

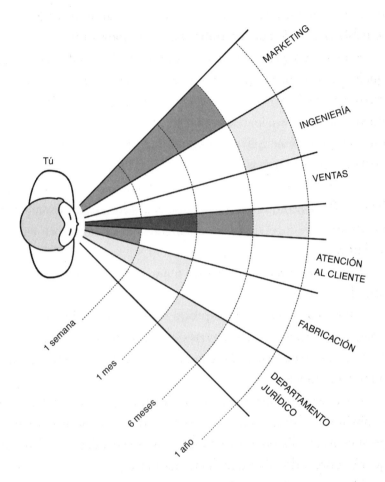

Fig. 1.4.2: Cuando levantas la cabeza y miras a tu alrededor, puedes ver si tus objetivos a medio y largo plazo siguen teniendo sentido y entender las necesidades y las preocupaciones de los equipos que te rodean. Habla con tus clientes, sean quienes sean, y con las personas más cercanas a los clientes, marketing y atención al cliente. Así sabrás si vas por buen camino o si las cosas se han desviado peligrosamente.

La primera vez que un asteroide me golpeó de lleno en la cara fue comiendo con Tracy Beiers. Tracy es una bromista rematada, es única. Como gerente de productos y experta en marketing de Microsoft, lo había visto todo cuando trabajaba en Windows 1.0.

«No sé para qué se necesita el limón», me dijo. Hablaba de un pequeño emoji animado que acabábamos de incorporar. Recorría los correos electrónicos y hacía cosas con las que ni los emojis modernos pueden soñar. Claro, pensé. Ella no era ingeniera. No lo entendía. Así que me apresuré a explicarle lo innovador que era, cómo lo habíamos hecho, lo genial que era. ¿No opinaba lo mismo?

«Sí, supongo que es chulo —me contestó, y se encogió de hombros—. Pero solo quiero un correo electrónico que funcione. Me da lo mismo el limón. A nadie va a importarle un pimiento el puto limón andante».

Vaya. A todo el equipo de ingeniería le encantaba. Así que le dije: «Explícame eso».

Nunca había abordado el producto desde su punto de vista. Me obligó a quitarme mis gafas rosas de ingeniero y experto en tecnología y a mirar lo que estábamos creando desde la perspectiva de un ser humano corriente.

Fue una conversación difícil. Me quedé perplejo, estupefacto. Pero también fue enormemente útil para los dos. Yo quería entender su perspectiva, y ella quería entender cómo se veía desde mi lado. Ella quería sobre todo saber qué demonios hacía yo.

Le preocupaba no solo que las características que estábamos creando fueran bonitas pero inútiles, sino también que al final no las creáramos.

«Hemos acordado con los de marketing de Sony lanzar una campaña publicitaria que diga que el Magic Link podrá hacer todas estas cosas. ¿Es verdad? ¿Podemos hacerlo?».

Creo que era la quinta vez que retrasábamos la fecha de lanzamiento. No habíamos conseguido sacar adelante muchas de las características que habíamos prometido a los inversores y socios. El producto era lento y tenía errores. Y Tracy quería saber qué estaba sucediendo entre bastidores, no solo lo que le decían los directores.

¿Dónde funcionará la mensajería inalámbrica? ¿Dónde no funcionará? ¿Cuál será la experiencia real del cliente? ¿Cuáles son las desventajas?

Se lo conté. Y le pregunté qué pensaba. Y ahí fue cuando sentí que el cielo se me caía encima.

No me había dado cuenta, pero todas esas personas que trabajaban en paralelo a mí veían cosas que yo no veía. Tenían una visión muy distinta de nuestro mundo, una visión que yo quería entender.

Hay diferentes perspectivas en todas partes. No tienes que traer a la fuerza a personas de la calle para que vean tu producto y te digan lo que piensan. Empieza con tus clientes internos. En una empresa todos tienen clientes, aunque no construyan nada. Siempre estás haciendo algo para alguien. El equipo creativo hace cosas para marketing, marketing hace cosas para los diseñadores de aplicaciones, los diseñadores de aplicaciones hacen cosas para los ingenieros… Todo el mundo en la empresa hace algo para alguien, aunque solo sea un compañero de trabajo de otro equipo.

Tú también eres cliente de alguien, así que habla con quien trabaje para ti. Preséntate con algo de valor o una pregunta pertinente. Intenta entender cuáles son sus obstáculos y qué les entusiasma.

Y habla con las personas más cercanas al cliente, como marketing y atención al cliente. Busca equipos que se comuniquen con los clientes día tras día y escucha sus comentarios.

Sé curioso. E interésate de verdad. Cuando levantas la cabeza y miras a tu alrededor, no estás en una misión egoísta para entender si tu empresa fracasará y cuándo dejarlo y salir corriendo. Intentas entender cómo hacer mejor tu trabajo. Buscas ideas para conseguir que tu proyecto y la misión de tu empresa tengan éxito. Empiezas a pensar como tu gerente o director, que es el primer paso para convertirte en gerente o director.

Y al hacerlo, quizá empieces a ver cosas emergiendo de la neblina. Cosas duras. Como paredes de ladrillo.

Cuando por fin levanté la cabeza y miré a mi alrededor, me di cuenta de que estábamos dándonos cabezazos contra una pared que nunca se iba a mover. Nuestra misión seguía siendo inspiradora, pero el camino hacia ella estaba bloqueado. Así que me aferré a la misión, pero busqué otro objetivo al que dirigirme. Me salí del camino y giré a la izquierda. Y así fue como encontré mi siguiente trabajo.

Lo más maravilloso de crear algo con un equipo es avanzar al lado de otras personas. Todas miráis hacia abajo y a la vez oteáis el horizonte. Algunas verán cosas que tú no ves, y tú verás cosas que son invisibles para los demás. Así que no pienses que hacer tu trabajo significa solo encerrarte en una habitación. Buena parte de ese trabajo consiste en avanzar con tu equipo. El trabajo es llegar juntos a vuestro destino. O encontrar un nuevo destino y llevarte contigo a tu equipo.

SEGUNDA PARTE

Crea tu carrera profesional

Quería salvar General Magic.

Cuando tuve claro que solo nuestros amigos frikis iban a comprar el Magic Link, nervioso, propuse una idea a mis héroes: vamos a dar un giro. En lugar de hacer un dispositivo de comunicación y entretenimiento para el público en general, centrémonos en los ejecutivos.

El cliente al que apuntaba General Magic era el ciudadano medio. Haciendo una caricatura despectiva, el típico estadounidense que se despatarra en el sofá a ver el fútbol bebiendo cerveza y no da demasiadas vueltas a nada. Es una manera espantosa de imaginar a tu cliente. Y aunque lo repetíamos una y otra vez, aunque asegurábamos que todo lo hacíamos por él, no tenía sentido. Porque aun suponiendo que ese arquetipo existiera, nunca compraría el Magic Link. Esto era mucho antes de que se pudiera acceder a internet, en un momento en el que casi nadie tenía un ordenador de sobremesa, ni correo electrónico, ni imaginaba juegos o películas en el móvil.

Estábamos en 1992. El estadounidense medio no tenía ninguna razón para llevar un ordenador en el bolsillo.

Pero los ejecutivos quizá sí. Estaban empezando a utilizar el correo electrónico, las notas y los calendarios digitales. Necesitaban todos sus contactos en un dispositivo móvil en lugar de en un ordenador portátil de cuatro kilos y medio. Eran como mi padre, siempre de ciudad en ciudad y bajándose a toda prisa de coches y aviones para ir corriendo a meter monedas de veinticinco céntimos en teléfonos públicos y escuchar sus mensajes de voz, intentar llegar a acuerdos y asistir a reuniones en una época anterior a los móviles. Ellos tenían un problema que nosotros podíamos resolver.

Era deslumbrante y maravillosamente obvio. Hacer un producto para personas que ya veían la necesidad y sufrían su carencia a diario. Coge el Magic Link y ponle un teclado. Elimina las peculiaridades y extravagancias —acaba con los limones andantes— y céntrate en el trabajo. Crea un dispositivo, una interfaz de usuario y una serie de aplicaciones móviles para ejecutivos. Añade procesadores de texto y hojas de cálculo. Empecé a hablar con personas de General Magic intentando que se interesaran. Primero se lo propuse a mis compañeros y después al equipo de dirección.

«Buena idea, pero...», me dijeron. Estuvimos un tiempo dándole vueltas, todos muy amables, pensando en cómo hacerlo. Pero al final la respuesta fue un no rotundo. Era demasiado trabajo y tendríamos que cambiar demasiadas cosas. No podemos hacerlo ahora. Tenemos otras prioridades.

Pero a Philips le interesaba. Como importante socio e inversor de General Magic, ya estaban construyendo semiconductores y partes de procesadores para nosotros, así que no me costó contactar con ellos. Y les gustó la idea de crear un ordenador de bolsillo orientado a los negocios, pero utilizando hardware y software de General Magic. Yo podría mantener vivo mi sueño, y Philips podría mantener su relevancia en el mundo emergente de los dispositivos basados en software.

Así que en 1995 cerré la puerta de la oficina de General Magic, donde organizábamos carreras de coches teledirigidos por los pasillos y nos gastábamos bromas escondiendo perritos calientes en el techo, y entré en un mundo del todo distinto. Sabía que Philips sería diferente, pero el cambio me impactó.

Paneles de madera oscura con manchas de humo de la década de 1970, nada de cubículos, reuniones constantes y gerentes que decían que no a todo. Una vieja guardia de viejos holandeses quejándose de que no había café Douwe Egberts ni frikandel (si no sabes lo que es, no preguntes). Mirara hacia donde mirase veía el mismo traje malo del que me había deshecho después de mi primera entrevista con General Magic.

Tenía veinticinco años y en realidad nunca había dirigido a nadie y nunca había formado un equipo. A partir de ese momento, sería uno de los directores de tecnología de una empresa enorme de casi 300.000 personas. Había fracasado muchas veces, pero este era un nuevo y emocionante conjunto de experiencias en el que fracasar. El síndrome del impostor casi se apoderó de mí.

Entonces me dijeron que todo el que se uniera al equipo tendría que someterse a un test de drogas.

Nada permite ver las cosas tan claras como algo tan absolutamente estúpido. Nadie en Silicon Valley lo toleraría. ¿Hacer pis en un vaso para conseguir un trabajo como ingeniero? No podría contratar a nadie. Así que dije a Philips: «¡Joder, no!». El joder fue silencioso, aunque lo llevaba escrito en la frente. Y les propuse un trato: «Yo haré el test. Y si doy negativo, ninguna de las personas a las que contrate para mi equipo tendrá que hacerlo». Por suerte, di negativo y contratamos a personas increíbles.

Después nos pusimos a negociar con General Magic para conseguir una versión de su sistema operativo que hiciera lo que necesitábamos. Conocía el código y sabía que podíamos hacerlo funcionar. Pero en ese momento General Magic estaba hundiéndose a toda velocidad. Sin ingresos, sin clientes y con mucho pánico. Marc Porat había hecho muchas promesas a muchas personas, y todas estaban quedándose en nada. Tras meses luchando por sacar un sistema operativo de General Magic, recibí la llamada: «Tony, no podemos hacerlo. ¡Lo siento!».

Me quedé con un cargo de director, un equipo en ciernes, un presupuesto y una misión en la que creíamos, pero sin sistema operativo y habiendo perdido medio año. Así que renunciamos al sueño de salvar General Magic, elegimos a regañadientes Windows Microsoft CE como sistema operativo y nos pusimos a trabajar.

Si General Magic era una pizarra en blanco, cien artesanos elaborando con cariño cada elemento desde cero, Philips era un juego de Lego. Aquí están todas las piezas que tenemos. Haz algo con ellas.

Y lo hicimos. En 1997 lanzamos el Philips Velo.

Fig. 2.0.1: Lanzado en agosto de 1997, el Philips Velo medía 17 x 9,3 centímetros, pesaba 374 gramos y costaba 599,99 dólares. Permitía a los profesionales enviar correos electrónicos, trabajar con hojas de cálculo y documentos, y actualizar su calendario. El software del Velo se construyó sobre Windows CE, pero las tripas del hardware eran de General Magic.

El Velo se parecía mucho a lo que había presentado en General Magic: una pantalla táctil y un teclado, una interfaz más simple y un enfoque explícito en herramientas comerciales.

Al año siguiente llegó el Philips Nino, el hermano menor del Velo. El Velo y el Nino ganaron premios y recibieron elogios de la crítica. Eran los más rápidos y cómodos, y la batería duraba más que la de cualquier dispositivo con Windows CE de la época. Puedo decir con seguridad que creamos las mejores herramientas en Windows para ejecutivos.

Lanzamos una campaña de marketing completa, con anuncios en televisión y en prensa, y esperamos a que llegaran los clientes.

Fig. 2.0.2: El Nino se lanzó en 1998. Medía 13,97 x 8,32 centímetros, pesaba 220 gramos y costaba 300 dólares. El Nino tenía un sistema operativo Windows CE y un rudimentario software de control de voz, y fue uno de los primeros dispositivos en adoptar audiolibros descargables de Audible.

Pero en aquel entonces los artículos electrónicos se vendían en tiendas físicas y solo se incluían en dos categorías: TV/audio o equipamiento informático. No había pasillo de «nuevas tecnologías». Había impresoras en un lado del edificio y equipos de música en el otro, y adivina dónde colocar una PDA.

Así que Best Buy puso el Velo en la sección de calculadoras.

Circuit City puso el Nino con los portátiles.

Y los clientes no sabían dónde encontrarlos. Cuando preguntaban a los vendedores, recibían miradas confusas.

Nadie sabía cómo vender nuestros productos. Dónde venderlos. A quién venderlos. Ni los minoristas, ni Philips. Nuestro equipo de ventas solo recibía bonos por vender reproductores de DVD y televisores. El equipo de marketing se dedicaba a las maquinillas de afeitar eléctricas. Así que el Velo y el Nino acabaron detrás de una calculadora TI-89 y un portátil Toshiba.

Lógicamente, las ventas no fueron grandes, aunque tampoco un desastre. Pero fue muy frustrante. Habíamos reunido todas las piezas correctas excepto una: una verdadera colaboración entre el departamento de ventas y los minoristas. Otra lección aprendida mediante un puñetazo en el estómago.

Así que había llegado el momento de hacer algo diferente. Pero no tan diferente como para renunciar a mi contrato de trabajo.

Me cambié a otro equipo: el Philips Strategy & Ventures Group. El trabajo consistía en ayudar a Philips a desarrollar su estrategia digital e invertir en empresas emergentes. Y en ese momento las empresas emergentes surgían como las setas. Yo era un niño en una tienda de golosinas. Invertimos en TiVo, la primera grabadora de vídeo digital, una tecnología revolucionaria en aquel momento que te permitía pausar y guardar TV en vivo, y en Audible, el primer servicio de audiolibros en internet.

De hecho, había conocido Audible cuando estaba creando el Nino. Ellos estaban a punto de lanzar su propio dispositivo, pero no les entusiasmaba especialmente. No querían crear hardware, pero sabían que lo necesitaban para mostrar el mercado de contenido en el que querían convertirse. Lo habrían mostrado encantados en un hardware ajeno, pero nadie más fabricaba dispositivos que pudieran reproducir audio. Ni siquiera para sus diminutos archivos de voz en mono de un solo canal.

Así que el Nino se convirtió en uno de los primeros dispositivos del mundo en adoptar Audible. Funcionó. A la gente le encantó.

Y si podíamos reproducir audiolibros, ¿por qué no música? Solo necesitaríamos más memoria. Estéreo. Mejor calidad de sonido.

Dediqué mucho tiempo a darle vueltas y a hacer pruebas. En 1999, la invitación a mi fiesta por mi trigésimo cumpleaños era un CD personalizado que grabé con el audio de Red Book y MP3: «Gimme Some Lovin'», «Instant Karma» y «Private Idaho». Aunque en aquel entonces casi nadie tenía un reproductor de MP3.

Pero vi el potencial de un nuevo tipo de dispositivo diseñado exclusivamente para audio.

Un día me pasé tres horas hablando del tema con el director general de RealNetworks, una empresa tecnológica de gran popularidad en ese momento, la primera en crear transmisión de audio y vídeo por internet. Organicé una reunión entre los directores generales de nuestras empresas para introducir software de RealNetworks en el hardware de Philips. Pero el director de Philips llegó tarde. Muy tarde.

Cuando apareció, yo tenía otro trabajo.

Me uní a RealNetworks para construirles un nuevo tipo de reproductor de música. Me dijeron que podía crear un equipo en Silicon Valley y utilizar su tecnología para dar forma a una nueva visión. La persona que me entrevistó fue muy convincente y, la verdad, lo mejor que encontré en Real. Cuando conocí a varios jefes de equipo, me di cuenta de que algunos eran ridículamente políticos. Lo digo en sentido literal. Uno de ellos está en el Senado. Intentaron que firmara largas cláusulas de no competencia. Y en mi primer día, se retractaron de su promesa y me dijeron que tendría que trasladarme a Seattle. Entré en mi nuevo despacho, diminuto y escondido, esquivé la enorme columna que había en medio y dos semanas después presenté mi renuncia.

No fue fácil. Decidir si quedarse o marcharse, cobrar tu sueldo o mantener la cordura, quedarte con la gran empresa o lanzarte a la aventura es difícil para todos.

Como el fantasma de la gestión. ¿Cómo gestionas un equipo cuando nunca lo has hecho? ¿Cómo tomas decisiones cuando cada uno quiere hacer una cosa distinta? ¿Cómo estableces un proceso para avanzar hacia un objetivo común? ¿Cómo saber si vas en la dirección correcta? ¿O si deberías dejarlo?

Cuanto antes te plantees estas preguntas, mejor. Todos los que ascienden en su carrera profesional tienen que enfrentarse a ellas en algún momento.

Y seré sincero: la primera vez que te enfrentes a ellas, probablemente la cagues. Todo el mundo la caga. No pasa nada. Aprenderás, crecerás y mejorarás. Pero para que ese primer gran salto hacia el liderazgo no resulte tan desalentador, he escrito algunas cosas que podrían ayudarte.

2.1

Gestionar

Si estás pensando en ser gerente, hay seis cosas que deberías saber:

1. **No es necesario ser gerente para tener éxito.** Muchas personas dan por sentado que el único camino para ganar más dinero y adquirir importancia es dirigir un equipo. Sin embargo, existen alternativas que te permitirán ganar un sueldo similar, tener una influencia similar y probablemente ser más feliz. Por supuesto, si quieres ser gerente porque crees que te encantará, adelante. Pero aun así recuerda que no tienes que ser gerente para siempre. He visto a muchas personas volver a ser empleadas, y después dar un giro y volver a ser gerentes en su siguiente trabajo.

2. **Recuerda que una vez seas gerente, dejarás de hacer lo que te hizo tener éxito.** Dejarás de hacer las cosas que haces muy bien y te dedicarás a ver cómo las hacen los demás y a ayudarlos a mejorar. Tu trabajo será comunicar, comunicar y comunicar, buscar personal, contratar y despedir, elaborar presupuestos, revisar, mantener reuniones individuales, con tu equipo, con otros equipos y con los directores, representar a tu equipo en estas reuniones, establecer objetivos y mantener a tu equipo bien encaminado, resolver conflictos, ayudar

a encontrar soluciones creativas a problemas complejos, hacer frente a las gilipolleces políticas y neutralizarlas, asesorar a tu equipo y preguntar constantemente «¿Puedo ayudaros?».

3. **Convertirse en gerente es una disciplina.** Gestionar es una habilidad que se aprende, no un don. No naces con ella. Tendrás que aprender gran cantidad de nuevas habilidades de comunicación y formarte con sitios web, pódcast, libros, clases o la ayuda de mentores y otros gerentes experimentados.

4. **Ser exigente y esperar un gran trabajo no es microgestión.** Tu trabajo consiste en asegurarte de que el equipo produzca un trabajo de alta calidad. Solo se convierte en microgestión cuando, en lugar de centrarte en el resultado, dictas el proceso que debe seguir tu equipo paso a paso.

5. **La honestidad es más importante que el estilo.** Todo el mundo tiene un estilo: ruidoso, tranquilo, emocional, analítico, entusiasta o reservado. Puedes tener éxito con cualquier estilo, siempre y cuando nunca evites decir al equipo con respeto la verdad incómoda y dura que debe decirse.

6. **No te preocupes por que tu equipo te eclipse.** De hecho, es tu objetivo. Siempre debes preparar a alguien de tu equipo para que haga tu trabajo. Cuanto mejor sea, más fácil te resultará ascender e incluso empezar a dirigir a gerentes.

Eres muy bueno en lo que haces. Un contable increíble, por ejemplo. Y tu equipo quiere a un gerente que entienda en profundidad el trabajo que están haciendo, que pueda ayudarlos y representarlos ante la dirección. Así que trabajas duro para que te asciendan y consigues el trabajo. Felicidades, ahora diriges un equipo de contabilidad.

No hay problema. Eres un contable que dirá a otros contables cómo hacer su trabajo, ¿verdad? Puedes hacerlo. Va a ser un equipo increíble.

Entonces entras en materia, examinas el trabajo de cada uno. Y hacen todo tipo de cosas raras, en absoluto como las harías tú. ¿Y por qué tardan tanto? Te ascendieron porque hacías bien su trabajo, así que ahora les mostrarás a todos cómo hacerlo bien. Les contarás, paso a paso y detalle a detalle, cómo tener éxito.

No va bien. El equipo no siente que confíes en él. Y como aprietas tanto y te centras en todos los detalles del proceso de los demás, nadie sabe en qué debería estar trabajando o qué es lo más importante. La gente empieza a quejarse a ti y de ti. Todo el mundo se cabrea.

Cuantas más cosas salen mal, más vuelves a hacer lo que sabes. Y sabes contabilidad. Así que, en lugar de convertirte en un mejor gerente de contabilidad, te centras en ser el mejor contable del equipo. Empiezas a asumir tareas de las que tu equipo debería ocuparse. Te guardas tus comentarios y preocupaciones porque no quieres desmoralizarlos más. Reúnes al equipo y gritas: «¡Lo superaremos! ¡Os mostraré cómo se hace! ¡Miradme y seguidme!».

Y no se necesita más. Así es como personas corrientes y razonables se convierten en microgestores insoportables. Así es como los proyectos se ralentizan y se desintegran por falta de liderazgo. Es el agujero en el que caen muchas personas cuando se les pone a cargo de un equipo. Y algunas nunca salen de él.

Porque en cuanto eres gerente, ya no eres contable. Ni diseñador. Ni pescador. Ni artista. Ni cualquier otro trabajo del que disfrutabas. Siempre tengo que andar recordándoles a mis clientes que si están haciendo lo que les encantaba de su antiguo trabajo, probablemente algo va mal. Ahora diriges un equipo de personas que hacen aquello en lo que tú eras tan bueno. Por lo tanto, debes dedicar al menos el 85 por ciento de tu tiempo a la gestión. Si no es así, no lo estás haciendo bien. Tu trabajo es gestionar. Y gestionar es difícil.

Cuando era director de tecnología en Philips, mi equipo instaló en la oficina una de esas luces rojas intermitentes que antes llevaban los coches de policía. La encendían cuando había un problema o si creían que yo estaba de mal humor. Es curioso, pero sabían cuándo iba a llamar a mi despacho a alguna persona o grupo para hablar con ellos. A veces a gritos.

La luz de la policía era una broma. Más o menos.

Tenía un equipo de unas ochenta personas. Era vicepresidente y director de tecnología. Tenía veinticinco años. Y era gerente por primera vez.

No me había formado en gestión. Ni siquiera había tenido un gerente. No tenía un modelo de buen gerente que emular.

Aunque mis empresas tenían empleados, en realidad no teníamos estructura organizativa. No había procesos de arriba abajo, ni controles, ni reuniones para aclarar funciones y responsabilidades. Yo era fundador, pero no un verdadero director general. Colaboraba en un equipo de cinco a diez personas, así que todo lo hacíamos juntos. Nadie dirigía a nadie. (Véase también la figura 5.2.1 en el capítulo 5.2).

Sucedió más o menos lo mismo en General Magic. Nuestra filosofía era clara: no necesitábamos gerentes. Todos eran inteligentes y podían dirigirse solos. Así que no hacíamos demasiado caso a todo aquel que intentara hacer de gerente.

Era genial. Hasta que el equipo creció. Hasta que tuvimos que lanzar algo y conseguir que todas esas mentes brillantes convergieran en una sola dirección. Hasta que tuvimos que ponernos de acuerdo en lo que era necesario y lo que se dejaba.

Así que cuando me uní a Philips después de General Magic, sabía que mi equipo necesitaría más estructura, que tendría que definir plazos, trazar un plan y ejercer el liderazgo. Sabía que tendría que ser gerente.

No hay problema, pensé. Soy un ingeniero que va a decir a otros ingenieros cómo hacer su trabajo, ¿verdad?

Añade la luz de la policía. El estrés. Y la frustración, para mí y para el equipo, las incesantes preguntas y presiones. La microgestión.

Cuando eres gerente, ya no eres solo responsable del trabajo. Eres responsable de seres humanos. Y aunque parece obvio —sí, ese es el objetivo del trabajo—, no es fácil manejar la situación cuando de repente ochenta personas te miran esperando que sepas orientarlas.

Así que antes de decidir ser gerente, debes pensar con detenimiento si es el camino correcto para ti. Porque no tienes que serlo. Y menos si en realidad no quieres pero crees que asumir la gerencia es la única forma de ascender en tu carrera profesional. A muchas personas no deberían obligarlas a ser gerentes: si no eres sociable, o quieres centrarte solo en el trabajo, o te gusta tener éxitos y conseguir logros diarios, y el estilo de liderazgo de un equipo que quizá algún día tendrá éxito no te motiva.

Los empleados estrella son de un valor incalculable. Lo bastante valiosos como para que muchas empresas les paguen tanto como a un gerente. Un empleado excelente será líder en su cometido y se convertirá también en líder informal de la filosofía de la empresa, alguien a quien el personal de toda la empresa buscará para que le asesore y oriente. Apple reconoce y recompensa formalmente a los ingenieros estrella en el programa Distinguished Engineer, Scientist or Technologist (DEST). Los ingenieros de Google Level 8 tienen una influencia similar. En ingeniería es más habitual que se reconozca a los buenos empleados, aunque es cada vez más frecuente en otras disciplinas.

Cuando te plantees este camino, asegúrate de tener una visión muy clara de hasta dónde puedes llegar en una empresa como empleado. Las empresas más grandes a menudo tienen niveles bien definidos, así que descubre cuál puede ser la trayectoria de un empleado para saber si valorarán tu trabajo.

Muchas empresas también ofrecen la opción de ser jefe de equipo, o al menos deberían ofrecerla. Es una especie de punto medio entre un empleado y un gerente. Tienes cierta autoridad para criticar, dar forma e impulsar el resultado del equipo, pero nadie responde ante ti y no tienes que lidiar con presupuestos, organigramas ni reuniones de gestión.

Este podría haber sido mi camino. Podría haberme quedado como ingeniero. Quizá como jefe de equipo. Seguro que habría sido más sencillo. Y más tranquilo.

Pero cuando por fin empecé a mirar a mi alrededor en General Magic, me di cuenta de que codificar y diseñar hardware no me interesaba tanto como ver todo el proceso, cómo se llegaba al producto. (Véase también el capítulo 1.4, «No mires (solo) hacia abajo»). Me pareció obvio que siendo solo un buen ingeniero nunca podría garantizar el éxito. La mejor tecnología no siempre gana, como muestra el Windows 95 frente al Mac OS.

Para que todo proyecto tuviera una oportunidad era preciso tener en cuenta tantos otros elementos: ventas, marketing, gestión de productos, relaciones públicas, asociaciones y finanzas. Todos ellos eran extraños, misteriosos y enormemente, a veces desesperadamente, necesarios. Mientras me miraba los pies, trabajaba, trabajaba, trabajaba y aprovechaba al máximo un presupuesto de ingeniería de 5 millones de dólares, el departamento de marketing recibía 10-15 millones de dólares. Necesitaba entender por qué. Así que pregunté.

Y eso lo cambió todo. En cuanto empecé a hablar con diferentes equipos, me di cuenta de mi superpoder.

Muchos ingenieros solo confían en otros ingenieros. Como los economistas solo confían en economistas. A las personas les gustan las personas que piensan como ellas. Por eso los ingenieros suelen mantenerse alejados de ventas, marketing y creatividad, de todas las funciones poco definidas.

Y muchos equipos de marketing, ventas y creatividad no suelen hablar con ingeniería. Demasiados números. Demasiado blanco y negro. Demasiados frikis en una habitación haciendo frikadas.

Pero yo quería entender las cosas poco definidas y las frikadas. Y me gustaban todas ellas. También podía traducir de un lado a otro, explicar lo poco definido a los ingenieros y traducir los unos y los ceros a los creativos. Podía sintetizar todas las piezas y tener toda la empresa en mi cabeza.

Para mí era motivo de emoción, entusiasmo e inspiración. Era lo que quería hacer. Y eso implicaba ser gerente. Me atraía el trabajo, pero lo más importante era que la misión lo requería. El equipo lo necesitaba.

Así que aprendí a retroceder, al menos un poco.

Una de las partes más difíciles de la gestión es delegar. No hacer el trabajo tú mismo. Tienes que moderar el miedo de que ser menos intervencionista haga que el producto se resienta o que el proyecto fracase. Tienes que confiar en tu equipo, darles un respiro para que sean creativos y oportunidades para brillar.

Pero no puedes exagerar, no puedes dar tanto espacio que pierdas la noción de lo que sucede o te sorprenda en lo que se convierte el producto. No puedes permitir que avance hacia la mediocridad por no parecer autoritario. Aunque tus manos no estén en el producto, deberían estar al volante.

Analizar el producto con todo detalle y preocuparte por la calidad de lo que produce tu equipo no es microgestión. Es exactamente lo que deberías hacer. Recuerdo a Steve Jobs sacando una lupa de joyero y mirando píxeles uno a uno en una pantalla para asegurarse de que los gráficos de la interfaz de usuario estaban bien dibujados. Prestaba la misma atención a todas las piezas de hardware, a todas las palabras del texto del embalaje del producto. Así aprendimos el nivel de detalle que se esperaba en Apple. Y es el que empezamos a esperar de nosotros mismos.

Como gerente, debes centrarte en asegurarte de que el equipo produzca el mejor producto posible. El resultado es responsabilidad tuya.

Cómo el equipo consigue ese resultado es responsabilidad del equipo. Cuando profundizas en el proceso de trabajo del equipo en lugar de en el trabajo que resulta de él, te sumerges de lleno en la microgestión. (Por supuesto, a veces resulta que el proceso tiene fallos y produce malos resultados. En ese caso, el gerente debe sentirse libre de intervenir y revisar el proceso. También este es trabajo del gerente).

Es importante ponerse de acuerdo sobre el proceso cuanto antes. Definirlo de antemano: este es nuestro proceso de desarrollo de productos, este es nuestro proceso de diseño, nuestro proceso de marketing y nuestro proceso de ventas. Este es nuestro calendario, cómo trabajamos y cómo trabajamos juntos. Todos, el gerente y el equipo, lo aprueban y, a continuación, el gerente delega, deja que el equipo trabaje.

Después se asegura de que todo vaya en la dirección correcta en reuniones periódicas del equipo.

Estas reuniones deben estructurarse para que el equipo y tú clarifiquéis las cosas al máximo. Debes tomar notas semanalmente que te ayuden a mantener tus prioridades y a recordar las preguntas pertinentes. (Véase también el capítulo 4.5, «Matarte a trabajar»: «Todos creyeron que estaba loco»). Haz una lista de lo que te preocupa de cada proyecto y persona para que puedas ver de inmediato cuándo la lista empieza a ser demasiado larga y tienes que tomar cartas en el asunto o dar un paso atrás.

El otro lugar donde obtendrás datos útiles es en conversaciones individuales con los miembros del equipo. Es muy fácil que estas conversaciones se conviertan en charlas amistosas que no llevan a ninguna parte, por lo que, así como debes tener un proceso para las reuniones con tu equipo, tus reuniones semanales individuales deben tener una orden del día, un propósito claro y deben ser beneficiosas para ambas partes. Debes conseguir la información que necesitas sobre el desarrollo de productos, y los miembros de tu equipo deben recibir información sobre cómo lo están haciendo. Intenta ver la situación desde su punto de vista. Habla con ellos sobre sus miedos y lo que te preocupa, reformula lo que piensas para que acepten tus comentarios, entiendan los objetivos y clarifiquen aspectos ambiguos o que les preocupan.

Y no temas admitir que no tienes respuesta para todo. Puedes decir: «Ayúdame». Si eres gerente por primera vez o eres nuevo en la empresa o en el grupo, dilo.

«Estoy haciendo esto por primera vez. Todavía estoy aprendiendo. Dime qué puedo hacer para mejorar las cosas, por favor».

Eso es todo. Pero es un gran cambio de actitud. He visto a demasiadas personas callarse porque les aterrorizaba que todos se dieran cuenta de que no sabían lo que estaban haciendo. Por supuesto que no sabes lo que estás haciendo. Fingir que lo sabes no engañará a nadie y solo te encerrará más en ti mismo. Si te han ascendido a gerente por primera vez, probablemente estés dirigiendo a personas que eran tus compañeros. Compañeros que te conocen y confían en ti. Así que aférrate a esa confianza. Diles: «Sé que ahora soy vuestro gerente, pero podemos seguir hablando como siempre».

Y sé sincero con ellos. Incluso si las cosas no van bien, no evites decirles la cruda verdad. No pongas tiritas. Si alguno de vosotros está nervioso, puedes empezar la conversación con algo positivo para que os relajéis, pero no pases por alto la verdad incómoda, no pases de puntillas por el tema del que tienes que hablar. Es importante recordar que, aunque tengas que criticar el trabajo de alguien o su comportamiento, no lo haces para hacerle daño. Estás ahí para ayudar. Debes cuidar cada una de tus palabras. Así que diles qué los está frenando. Y después trazad un plan para trabajar en ello juntos.

Lo más probable es que tengas que pasar informes por escrito cada seis meses, o con más frecuencia si estás en una empresa como Google o Facebook, donde te pasas la vida haciendo informes. Pero esos informes formales deberían ser un simple ejercicio de escribir las cosas de las que hablas cada semana. El equipo debería recibir tus comentarios, tanto buenos como malos, en el momento, no esperar a sorprenderlo unos meses después.

Ojalá pudiera darte una fórmula mágica sobre cómo descubrí todo esto, pero, aparte de ensayo y error, trabajé sobre todo por mejorarme a mí mismo. No me convertí en ingeniero chasqueando los dedos y consiguiendo un trabajo. Trabajé en ello. Fui a la universidad. Practiqué durante años. El mismo proceso es necesario para la gestión.*

Empecé con clases de gestión. Ninguna clase te dará todas las respuestas, pero cualquier clase es mejor que nada. Y luego fui mucho más allá de las clases básicas que te imparten en una gran empresa. Seguí profundizando. Empecé a leer libros de gestión y me di cuenta de que gran parte de la gestión se reduce a cómo manejas tus miedos y ansiedades. Eso me llevó a libros de psicología. Y eso me llevó a la terapia. Y al yoga. Empecé con ambos en 1995, mucho antes de que ninguno de los dos fuera ampliamente aceptado. No porque estuviera loco ni porque convertirme en gerente estuviera volviéndome loco. Hice terapia y yoga por las mismas razones, para encontrar el equilibrio, para cambiar mi forma de reaccionar ante el mundo y para entenderme mejor a mí mismo, mis emociones y cómo las percibían los demás.

La clave para mí fue separar los problemas de la empresa de mis problemas personales, identificar cuándo mis acciones provocaban frustraciones en el equipo y aceptar que algunas cosas estaban fuera de mi control. Que es difícil resolverlas por ti mismo. Es complicado escarbar en tu cerebro, como lo es hacer yoga al principio sin instructor. Mi terapeuta era mi coach y mi maestro. Me ayudó a entender por qué estaba siendo tan microgerente. Me mostró qué partes de mi personalidad debía controlar para liderar un equipo de manera efectiva.

---

* Si quieres más información al respecto, en el pódcast *The Tim Ferriss Show* profundizo en la gestión y en mi experiencia.

Antes de haber aprendido a poner cierta distancia entre lo que sentía y lo que necesitaba expresar en el trabajo, dejaba que muchas de mis preocupaciones y de mis miedos se filtraran en mi voz y en mis interacciones diarias. Tu equipo amplifica tu estado de ánimo, así que cuando estaba frustrado, esos sentimientos se extendían por la oficina y volvían multiplicados por diez. Cuanto más molesto estaba porque no avanzábamos, más contagiaba mis frustraciones al resto del equipo. Así que tuve que aprender a modularme. Bajar un par de niveles mi estilo personal para establecer un estilo de gestión eficaz.

Pero no intenté cambiar mi personalidad. Eres quien eres. Si tienes que reajustar tu personalidad por completo para ser gerente, siempre estarás actuando y no te sentirás cómodo en este papel.

Soy una persona ruidosa y apasionada. Nunca seré Sundar Pichai, director general de Google y Alphabet. Sundar es tranquilo, amable, brillante y muy analítico. Siempre lo piensa todo con detenimiento antes de dar una respuesta. Yo solo tengo una configuración de volumen: un poco alto con un rápido crescendo a MUY ALTERADO. Una vez, mi hijo me regaló un medidor de decibelios. Fue una broma, claro, pero resulta que normalmente estoy entre los 70 y los 80 decibelios. Soy un restaurante ruidoso, un despertador o una aspiradora. Aunque todos los libros de negocios del mundo me dijeran que fuera una voz tranquila y tranquilizadora en el equipo, no podría hacerlo todo el tiempo.

Así que mi estilo de liderazgo es ruidoso y apasionado, basado en la misión por encima de todo. Elijo una meta y corro hacia ella a toda velocidad, no permito que nada me detenga y espero que todos corran conmigo.

Pero también me doy cuenta de que lo que me motiva a mí puede no ser lo que motiva a mi equipo. El mundo no está compuesto enteramente por Tony Fadells (y menos mal). También hay personas cuerdas y normales con su vida, su familia y muchas cosas que pueden y necesitan hacer, cada cosa a su tiempo.

Así que, como gerente, debes encontrar lo que te conecta con tu equipo. ¿Cómo compartir tu pasión con ellos y motivarlos?

La respuesta, como siempre, se reduce a comunicar. Tienes que contar a tu equipo por qué. ¿Por qué soy tan apasionado? ¿Por qué esta misión es tan relevante? ¿Por qué este pequeño detalle es tan importante que ahora mismo estoy volviéndome loco cuando nadie más parece pensar que importa? Nadie quiere seguir a una persona que lucha contra molinos de viento sin motivo alguno. Para que se unan a ti, para que de verdad se conviertan en un equipo, para llenarlos con la misma energía y el mismo impulso que hierve dentro de ti, tienes que contarles por qué.

Y a veces tienes que complementarlo con el qué. ¿Qué me pagan? ¿Qué recompensa voy a recibir si lo consigo? Aunque a tu equipo le entusiasme la misión, no olvides la motivación extrínseca. Son seres humanos. Es posible que necesiten un aumento de sueldo, un ascenso o incluso una fiesta. Una palabra amable. Descubre qué hace que se sientan valorados. Entiende lo que los hace felices en el trabajo.

Ayudar a las personas a tener éxito es tu trabajo como gerente. Es responsabilidad tuya asegurarte de que puedan convertirse en las mejores versiones de sí mismos. Debes crear un marco en el que puedan sorprenderte. Y en el que pueden superarte.

Muchas personas se resisten a esta idea. No quieren contratar gente para hacer su trabajo, y contratar a alguien que pueda hacer su trabajo mejor que ellas les aterroriza todavía más. Oigo a nuevos directores generales de empresas emergentes comentándolo una y otra vez: «Bueno, si contrato a alguien que lo haga, ¿qué voy a hacer yo?».

Y la respuesta, por supuesto, es que el trabajo para el que contratas a alguien, sea cual sea, ya no es tu trabajo. Si eres gerente o director general, tu trabajo consiste en ser gerente o director general. Debes dejar de enorgullecerte de tus logros diarios individuales y empezar a enorgullecerte de las victorias de tu equipo.

Kwon Oh-hyun, ex director general de Samsung Semiconductor, compañero increíble, hermano mayor y a veces mi mentor cuando trabajábamos juntos en el iPod, en cierta ocasión lo expresó así: «La mayoría de los gerentes temen que las personas que trabajan para ellos lleguen a ser mejores que ellos. Pero tienes que pensar en ser gerente como si fueras un mentor o un padre. ¿Qué padre amoroso NO quiere que su hijo tenga éxito? Quieres que tus hijos tengan más éxito que tú, ¿verdad?».

Que te superen genera angustia, por supuesto. Lo que se suele pensar es: «A ver, ¿cómo puedo dirigir a Jane si Jane es mejor que yo? Si ella sobresale y yo no, todos pensarán que ella debería estar haciendo mi trabajo».

Y tengo que decirte que podría ser cierto. Y que es bueno.

Porque si una persona que está por debajo de ti hace algo espectacular, eso muestra a la empresa que has creado un gran equipo. Y que deberían recompensarte por ello. Siempre debe haber al menos una o dos personas en tu equipo que puedan ser tus sucesores. Son las personas con las que tienes más contacto personal, las que llevas a las reuniones de dirección y que empiezan a destacar.

Cuanto más destaquen, mejor. Eso hará mucho más fácil que te asciendan, porque no habrá dudas sobre quién podrá dirigir tu equipo cuando cambies de puesto.

Hay una razón por la que todo el mundo felicita a los padres cuando sus hijos hacen algo grande: porque el logro del niño es suyo, pero también refleja la influencia de sus padres. Los padres se enorgullecen de los logros de sus hijos porque saben el tiempo, el esfuerzo, la orientación, las conversaciones difíciles y el trabajo duro que le han dedicado.

Si eres gerente, felicidades, ahora eres padre. No porque debas tratar a tus empleados como a niños, sino porque ahora es responsabilidad tuya ayudarlos a superar el fracaso y a encontrar el éxito. Y emocionarte cuando lo consiguen.

Una de las personas a las que dirigí en Apple fue Matt Rogers. Fue el primer becario del equipo de ingeniería del iPod cuando aún estaba en la universidad. Cinco años después era gerente de software del iPod y del iPhone. Era evidentemente una superestrella, una persona increíble con un talento increíble. Cuando dejé Apple y empecé a pensar en montar otra empresa, me reuní con Matt. Nos convertimos en cofundadores y juntos creamos Nest.

En Nest contratamos a un becario llamado Harry Tannenbaum. Harry es analítico, infatigable y estratega. Cinco años después era director de análisis comercial y comercio electrónico en Google Nest. Y otro año después era director de hardware en Google. Cuando Matt dejó Nest, llamó a Harry. Fundaron su empresa en 2020.

Estoy muy orgulloso de los dos.

Y estoy impaciente por conocer a la próxima generación de talentos a los que encontrarán, asesorarán y con los que fundarán empresas.

Si eres buen gerente y creas un buen equipo, ese equipo despegará. Así que acéptalo. Anímalos cuando los asciendan. Brilla de orgullo cuando lo peten en una reunión de la junta o presenten su trabajo a toda la empresa. Así te conviertes en un buen gerente. Así empiezas a amar el trabajo.

2.2

Datos frente a opinión

Tomas cientos de pequeñas decisiones todos los días, pero además están las importantes, aquellas en las que intentas predecir el futuro y que pondrán muchos recursos en juego. En estos casos es importante saber a qué tipo de decisión te enfrentas:

Basada en datos: Puedes adquirir, estudiar y debatir hechos y números que te permitirán estar bastante seguro de tu elección. Estas decisiones son relativamente fáciles de tomar y defender, y la mayoría de las personas del equipo estará de acuerdo con la respuesta.

Basada en la opinión: Debes seguir tu instinto y tu visión de lo que quieres hacer, sin contar con datos suficientes que te orienten o te apoyen. Estas decisiones siempre son difíciles y cuestionadas. Al fin y al cabo, todo el mundo tiene opinión.

Toda decisión tiene elementos de datos y opinión, pero en última instancia se basan en uno de los dos. A veces tienes que obstinarte en los datos; otras veces tienes que consultar todos los datos y después confiar en tu instinto. Y confiar en tu instinto es aterrador. Muchas personas no tienen buen instinto o la suficiente confianza en sí mismas para seguirlo. Para desarrollar esta confianza se necesita tiempo. Así que intentan convertir una decisión comercial basada en la opinión en una decisión basada en datos. Pero los datos no pueden resolver un problema basado en la opinión. De modo que por muchos datos que tengas, nunca serán concluyentes. Esto conduce a la parálisis del análisis, a la muerte por pensar demasiado.

Si no tienes suficientes datos para tomar una decisión, necesitarás conocimientos para formar tu opinión. Los conocimientos pueden ser cosas clave que has aprendido sobre tus clientes, tu mercado o el espacio de tus productos, algo sustancial que te da una sensación intuitiva de lo que debes hacer. También puedes buscar información externa. Habla con los expertos y consulta con tu equipo. No llegarás a un consenso, pero con suerte podrás formar un instinto. Escúchalo y asume la responsabilidad de lo que viene a continuación.

En General Magic hablábamos siempre de crear un producto para el ciudadano medio, pero nadie sabía quién era ese ciudadano.

Al terminar la ingeniería hicimos pruebas con usuarios, pero estoy seguro de que antes habíamos investigado poco o nada sobre los usuarios. No teníamos ni idea de lo que podría querer el ciudadano medio, así que elaboramos características que nos gustaban y dimos por sentado que el resto del mundo estaría de acuerdo.

En aquel momento yo era empleado. Suponía que los directores sabían lo que estaban haciendo. (Véase también el capítulo 1.4, «No mires (solo) hacia abajo»).

Después fui a Philips. Allí era director. Y el péndulo osciló con fuerza.

Se acabaron las suposiciones. Se acabó crear por intuición. Me había llevado conmigo a un grupo de personas de General Magic, y estábamos recuperándonos del fracaso del Magic Link. Sabíamos que no podíamos volver a cometer los mismos errores. Teníamos que entender a qué cliente apuntábamos y qué quería. Esta vez nuestro producto iba a basarse en datos claros y definitivos. Y en los noventa, esto significaba paneles de consumidores. Estaban de moda.

Así que contratamos a una empresa de consultoría externa y le dijimos que nos dirigíamos a «profesionales que tenían que moverse». Organizaron paneles en diferentes estados y pagaron cien dólares a entre treinta y cuarenta personas para que vinieran a ver nuestra presentación durante unas horas.

Les mostramos todo. Todo.

En determinado momento teníamos diez prototipos diferentes para el diminuto teclado del Velo. ¿Cuál era más cómodo? ¿Cuál parecía más práctico? ¿Cuál parecía más fiable? ¿Mirabas el teclado o la pantalla mientras escribías? ¿Escribías con todos los dedos? ¿Solo con los pulgares? ¿Te gusta el gris? ¿El negro? ¿El azul? ¿El gris azulado?

Vimos con atención las cintas de vídeo de las sesiones. Observamos los rostros y los dedos, y analizamos las respuestas de nuestros pequeños formularios. Después los consultores harían lo mismo, lo recopilarían todo y seis semanas después nos entregarían un informe.

El cliente siempre tiene razón, ¿verdad?

Pero los paneles de clientes no diseñan una mierda. Las personas no pueden articular lo que quieren con la suficiente claridad como para apuntar en una dirección o en otra, y menos si están considerando algo nuevo que nunca han utilizado. Los clientes siempre se sentirán más cómodos con lo que ya existe, aunque sea terrible.

Pero caímos en la misma trampa que todos los demás. Los consultores nos dejaron boquiabiertos, y los números nos entusiasmaron. Y enseguida nos volvimos demasiado dependientes de ellos. Todos querían datos para no tener que tomar decisiones por sí mismos. En lugar de seguir adelante con un diseño, oías: «Bueno, pongámoslo a prueba». Nadie quería asumir la responsabilidad de lo que estaba haciendo.

Así que hacías la prueba. Y volvías a hacerla. El lunes, el panel de clientes elegía la opción X. El viernes, el mismo grupo prefería la opción Y. Entretanto estábamos pagando millones de dólares a consultores que tardaban un mes y medio en ofrecernos su punto de vista.

Los datos no eran una guía. En el mejor de los casos, eran una muleta. En el peor, zapatos de cemento. Eran parálisis por análisis.

Y esto no solo sucede con los paneles de clientes de la vieja escuela. Si hubiéramos estado en 2016 en lugar de en 1996, habríamos optado por las pruebas A/B, la omnipresente herramienta de la era de internet. Las pruebas A/B consisten en llevar a cabo un experimento digital en el que se prueba la opción A frente a la opción B con clientes. Unos ven un botón azul, otros ven un botón naranja, y se observa qué botón recibe la mayor cantidad de clics. Es una herramienta increíble, infinitamente más rápida que los paneles de clientes y mucho más fácil de interpretar.

Pero es probable que incluso con pruebas A/B hubiéramos obtenido los mismos resultados confusos y hubiéramos tenido el mismo miedo a matar el producto por tomar una decisión equivocada.

A pesar de que ahora muchas empresas prueban de manera obsesiva todos los elementos de su producto y siguen los clics sin cuestionárselos, las pruebas A/B y de usuario no son diseños de productos. Son una herramienta. Una prueba. En el mejor de los casos, un diagnóstico. Pueden decirte que algo no funciona, pero no te dirán cómo solucionarlo. O pueden mostrarte una opción que resuelve un problema superconcreto, pero estropea algo más adelante.

Por lo tanto, debes diseñar las opciones y las pruebas para saber lo que estás poniendo a prueba. Tienes que pensar en lo que son A y B, y no dejar que un algoritmo los asigne al azar o que los lancen sin pensar contra una pared para ver qué aguanta. Y eso requiere información y conocimiento de todo el recorrido del cliente. Necesitas una hipótesis, y esa hipótesis debe ser parte de una visión más amplia del producto. Así que puedes realizar una prueba A/B para saber dónde debe ir el botón «Comprar» en una página web o si debe ser azul o naranja, pero no para decidir si un cliente debe comprar en internet o no.

Si estás poniendo a prueba el núcleo de tu producto, si la funcionalidad básica puede cambiar en función de una prueba A/B, entonces no hay núcleo. Donde debería estar la visión de tu producto hay un agujero, y solo estás lanzando datos al vacío.

En nuestro caso, y en el caso de todos los productos de primera generación, podríamos habernos pasado la vida lanzando datos al vacío. Nunca iba a haber suficientes datos para tomar una decisión segura.

Si un producto es realmente nuevo, no hay nada con qué compararlo, nada que optimizar y nada que poner a prueba.

Hicimos bien en definir con claridad al cliente al que apuntábamos, hablar con ellos y descubrir qué problemas tenían. Pero después teníamos que encontrar la mejor manera de solucionar esos problemas. Hicimos bien en pedirles su opinión y que comentaran nuestros diseños. Pero después teníamos que utilizar esa información para avanzar en una dirección en la que creíamos.

Al final nuestro equipo lo solucionó. Dejamos de gastar dinero en consultores, de dar vueltas y más vueltas, y empezamos a avanzar y a confiar en nosotros mismos y en las opiniones de las personas inteligentes que nos rodeaban.

Tomamos decisiones. Tomé decisiones. Esto lo mantenemos. Esto no. Va a funcionar así.

No todo el equipo estaba de acuerdo conmigo. Sucederá a veces, en la última parte del proceso. En estos momentos es tu responsabilidad como gerente o jefe explicar que el equipo no es una democracia, que es una decisión basada en la opinión y que no vas a llegar a la decisión correcta por consenso. Pero tampoco es una dictadura. No puedes dar órdenes sin explicarte.

Así que cuenta a tu equipo cómo has llegado a tomar tu decisión. Enumera los datos que has buscado, la información que has recopilado y las razones por las que al final has tomado esa decisión. Atiende a lo que te dicen. Escucha, no reacciones. Es posible que solo una minoría esté de acuerdo con la decisión o que algunos comentarios pertinentes te hagan modificar tu plan. Si no, dales la charla: Entiendo vuestra posición. Estos son los puntos que tienen sentido para nuestros clientes, y estos son los que no. Tenemos que seguir adelante, y en este caso debo seguir mi instinto. Vamos.

Aunque a algunos miembros de tu equipo no les guste esta respuesta, la respetarán. Y confiarán en ti. Sabrán que tienen libertad para hablar y criticar tus decisiones sin que los eches por tierra. Y después quizá suspiren, se encojan de hombros, vuelvan a su equipo, comuniquen el porqué de la decisión y se suban al tren.

Esto es lo que siempre me ha funcionado. Así es como mi equipo en Philips llegó a aceptar mis decisiones.

Sin embargo, el liderazgo en constante cambio de Philips nunca funcionó. Hasta justo antes del lanzamiento nos pedían datos que demostraran que existía un mercado para nuestros productos. Pero cuando estás haciendo algo nuevo, no hay forma de demostrar fehacientemente que va a gustar. Solo tienes que lanzarlo, colocarlo en el mundo (o al menos frente a clientes indulgentes o usuarios internos) y ver qué pasa.

En esta etapa es importante tener un jefe que entienda las decisiones a las que te enfrentas. Necesitas un jefe que confíe en ti y esté dispuesto a apoyarte.

Pero ese tipo de jefes —ese tipo de seres humanos— es difícil de encontrar.

La mayoría de las personas ni siquiera quieren reconocer que hay decisiones que se basan en opiniones o que tienen que tomarlas. Porque si sigues tu instinto, y tu instinto se equivoca, no puedes echar la culpa a nada más. Pero si lo único que has hecho ha sido seguir los datos y aun así no ha funcionado, está claro que alguna otra cosa estaba mal. Que otra persona la ha cagado.

Suele ser la táctica de las personas que intentan cubrirse las espaldas. ¡No es culpa mía! ¡He hecho lo que indicaban los datos! ¡Los datos no mienten!

Por eso algunos gerentes, ejecutivos y accionistas exigen datos incluso cuando no los hay, y a continuación esos datos imaginarios los llevan al abismo. Son personas que no se cuestionan hacia dónde van y conducen su coche directamente hacia el precipicio. Si es posible, quieren borrar el elemento humano, el juicio humano, de la ecuación.

Son también las personas que en un abrir y cerrar de ojos llamarán a los mejores consultores, que son muy caros (y en mi opinión no sirven de nada). Criticarán alegremente tu decisión, te la quitarán de las manos y se la pasarán a personas sin contexto ni comprensión de tu producto, empresa o filosofía.

Cuando esto sucede, debes descubrir qué está pasando para intentar dirigir la gestión en una dirección diferente. Aquí tienes algunas razones por las que un director puede aceptar tu idea y después llamar a consultores:

1. **Retraso.** Es posible que estén esperando algo —un ascenso o una bonificación— y no quieran correr riesgos hasta que lo consigan.
2. **Temor por su trabajo.** Puede que estén convencidos de que si fracasan perderán ese proyecto, su puesto o, si el fracaso es estrepitoso, su trabajo.
3. **No tienen tiempo o no quieren tomarse la molestia.** No creen que merezca la pena el esfuerzo de profundizar y entender la decisión, elegir entre las diversas opciones y arriesgarse. Solo quieren que otra persona lo haga y quedar como jefes inteligentes.
4. **Saben lo que quieren, pero no quieren herir los sentimientos de nadie.** Quieren que los consideren amables, así que seguirán haciendo pruebas y pidiendo más datos una y otra vez hasta que te agotes y pierdas la paciencia.

¿Y qué haces cuando estás atrapado con un gerente que se empeña en conducir hacia el precipicio y tira todo el dinero por la ventana en consultores? ¿O qué sucede si tienes datos, pero no son concluyentes, y nadie puede decir con certeza adónde conducen? ¿O qué sucede si tienes que convencer a tu equipo de que te siga, aunque no puedes demostrarles que vas en la dirección correcta?

Cuentas una historia. (Véase también el capítulo 3.2, «Por qué contar historias»).

Contando historias consigues que las personas confíen en ti para hacer algo nuevo. Es a lo que al final se reducen todas nuestras grandes decisiones, a creer una historia que nos contamos a nosotros mismos o que alguien nos cuenta. Crear una narrativa creíble a la que todos puedan aferrarse es fundamental para avanzar y tomar decisiones difíciles. Es a lo que se reduce el marketing. Es el corazón de las ventas.

Y ahora mismo estás vendiendo tu visión, tu instinto y tu opinión.

Así que no les vayas con la típica diapositiva: «Esta es Jane, esta es su vida, y así es como cambia su vida cuando utiliza nuestro producto». Ayudar a que vean las cosas desde la perspectiva del cliente es una herramienta fundamental, pero es solo una parte de lo que debes hacer. Tu trabajo en este momento es elaborar un relato que convenza a los directores de que pueden fiarse de tu intuición, de que has buscado todos los datos a vuestra disposición, de que tienes un historial de buenas decisiones, de que entiendes los temores de los que tienen que tomar las decisiones y estás mitigando los riesgos, de que de verdad entiendes a tus clientes y sus necesidades, y, lo que es más importante, de que lo que propones tendrá un impacto positivo en el negocio. Si cuentas bien esta historia, si te llevas a los demás contigo en este viaje, seguirán tu visión, aunque no puedas apoyarte en datos concretos.

Nada en el mundo es cien por cien seguro. Incluso investigaciones científicas con resultados basados absolutamente en datos están llenas de advertencias: «No hicimos este tipo de muestreo», «Se produjo esta variante» o «Debemos hacer un seguimiento de esta prueba». La respuesta puede no ser la respuesta. Siempre existe la posibilidad de equivocarnos.

Así que no puedes esperar a tener datos perfectos. No existen. Tienes que dar un primer paso hacia lo desconocido. Tienes que reunir todo lo que has aprendido y suponer lo que sucederá a continuación. Así es la vida. La mayoría de las decisiones que tomamos se basan en datos, pero no están hechas de datos.

Como ha dicho la brillante, empática, perspicaz y humilde diseñadora Ivy Ross, vicepresidenta de diseño de hardware de Google: «No se trata de datos o intuición. Se trata de datos e intuición».

Necesitas las dos cosas. Utilizas las dos cosas. Y a veces los datos solo pueden llevarte hasta determinado punto. En esos momentos, lo único que puedes hacer es saltar. Y no mirar hacia abajo.

2.3

Gilipollas

A lo largo de tu carrera te encontrarás con auténticos gilipollas. Son (en su mayoría) hombres y (a veces) mujeres que quizá sean egoístas, mentirosos o crueles, pero tienen una característica en común: no puedes confiar en ellos. Pueden joderte a ti y a tu equipo, y lo harán, para conseguir algo o sencillamente para quitarte de en medio y quedar como héroes. Los encontrarás en todos los niveles, como empleados y como gerentes, pero la mayor concentración está en la parte superior. Según el profesor de la Universidad de San Diego Simon Croom, hasta el 12 por ciento de los altos cargos de las grandes empresas presentan rasgos psicopáticos. (Véase también el capítulo 5.1, «Contratar»: «Todos en el equipo sabían para qué entrevistábamos»).

Sin embargo, también te encontrarás con personas con las que puede resultar muy difícil trabajar, que son bruscas, gritonas, mandonas o exasperantes, y que al principio pueden parecer gilipollas, pero cuyas motivaciones y acciones cuentan una historia muy diferente.

Es importante darse cuenta de con qué tipo de persona tratas para que entiendas la mejor manera de trabajar con ellas o, si es necesario, la mejor manera de sortearlas.

Estos son los diferentes gilipollas con los que podrías tener que lidiar:

1. **Gilipollas políticos:** Personas que dominan el arte de la política empresarial pero lo único que hacen es atribuirse el mérito del trabajo de los demás. Estos gilipollas suelen ser muy reacios al riesgo. Su única preocupación es sobrevivir y pasar por encima de los demás para llegar a la cima. No hacen nada por sí mismos, están ausentes cuando se trata de trabajar y de tomar decisiones difíciles, pero son los primeros en gritar con alegría «Te lo dije» cuando el proyecto de otra persona sufre un contratiempo y corren para intentar «arreglarlo». No suelen hablar en grandes reuniones porque no quieren que sus jefes los vean equivocándose. No pueden arriesgarse a parecer idiotas. Pero trabajarán en segundo plano para socavarte a ti y a todos los que no estén en su «equipo». Estos gilipollas suelen formar una coalición de gilipollas en ciernes a su alrededor, imitadores que los ven como su camino hacia el éxito. Y siempre hay una persona a la que odian, contra la que conspiran y a la que quieren apartar del camino.

2. **Gilipollas controladores:** Microgerentes que sofocan por sistema la creatividad y la alegría de su equipo. Nunca se puede razonar con estos gilipollas. Les molesta toda buena idea que no sea suya y se sienten amenazados por cualquier miembro de su equipo que tenga más talento que ellos. Nunca reconocen el trabajo de los demás, nunca lo alaban y a menudo se lo apropian. Son los gilipollas que dominan las grandes reuniones, que no te dejan decir ni una palabra y que se ponen a la defensiva y se enfadan si alguien critica sus ideas o sugiere alternativas. Estos gilipollas a veces son muy buenos en lo que hacen. Perfeccionan sus habilidades y después las utilizan para eliminar a todos los que los rodean.

3. **Gilipollas gilipollas:** Joden el trabajo y todo lo demás. Son los idiotas malvados, envidiosos e inseguros a los que evitarías en una fiesta, pero a los que no te queda otra que aguantar si te toca tenerlos sentados al lado en la oficina. No cumplen y son improductivos, por lo que hacen todo lo posible por desviar la atención de sí mismos. Mienten, chismorrean y manipulan a otros para despistar. Lo único bueno de estos gilipollas es que suelen salir por la puerta bastante rápido. Solo se quedan hasta que todo el mundo empieza a darse cuenta de que no aportan nada de valor. Y a nadie le gusta trabajar con ellos.

Además, los gilipollas pueden actuar de diferentes formas:

Agresiva: Se ponen como locos. Gritan. Te acusan de todo tipo de tonterías. Se burlan de ti en una reunión y te menosprecian delante de tu supervisor. Estos gilipollas son fáciles de detectar.

Pasivo-agresiva: Sonríen. Asienten. Están de acuerdo contigo y actúan amigablemente. Pero por detrás difunden chismes despiadados e intentan joderte a todas horas. Es, con mucho, la variedad de gilipollas más peligrosa. No los ves venir hasta que sientes el cuchillo en la espalda.

En el trabajo también te encontrarás con otro tipo de persona que a menudo se confunde con el gilipollas controlador. Aunque la reacción instintiva es descartarlos como a cualquier otro idiota egoísta, su motivación es muy diferente: siempre es mejorar el trabajo, no sacar beneficio personal ni hacer daño a otras personas. Lo más significativo es que puedes confiar en ellos. Es posible que no siempre te gusten sus decisiones, pero se centran en el bien común y escucharán razones si es lo mejor para el producto y el cliente.

Esto los diferencia de los auténticos gilipollas, pero no hace que resulte más fácil trabajar con ellos.

4. **«Gilipollas» motivados por la misión:** Personas muy apasionadas y un poco locas. Hablan con total franqueza, pisoteando la política de la oficina moderna y aplastando el delicado orden social de «cómo se hacen las cosas aquí». Como con los auténticos gilipollas, no es fácil tratar ni trabajar con ellos. A diferencia de los auténticos gilipollas, a ellos les importa. No se la suda. Escuchan. Trabajan muy duro y presionan a su equipo para que sea mejor, a menudo contra su voluntad. Son implacables cuando saben que tienen razón, pero están abiertos a cambiar de opinión y elogiarán los esfuerzos de otras personas si son realmente buenas. Una buena manera de saber si trabajas con un «gilipollas» motivado por la misión es escuchar los mitos sobre ellos. Siempre circulan historias sobre alguna locura que hicieron, y las personas que han trabajado con ellos siempre dicen a todo el mundo que en realidad no son tan malos. Lo más revelador es que, en última instancia, el equipo confía en ellos, respeta lo que hacen y recuerda con cariño la experiencia de haber trabajado con ellos, porque empujaron al equipo a hacer el mejor trabajo de su vida.

Mucha gente cree que soy gilipollas.

En general porque grito. Pregunto con amabilidad varias veces, y después, si no llegamos a ninguna parte, dejo de preguntar con amabilidad. Me presiono a mí mismo y a las personas que me rodean. No me rindo. Espero lo mejor de mí y de todos los demás. Me preocupo mucho por nuestra misión, nuestro equipo y nuestros clientes. No puedo dejar de preocuparme.

Así que presiono. Si algo parece ir mal, si creo que existe la posibilidad de que lo hagamos mejor, de que el cliente pueda conseguir más, no me rindo. No dejo que las cosas se desvíen. (Véase también el capítulo 6.1, «Convertirse en director general»). Presiono a personas que son expertas, que ya saben cómo se hace, cómo se ha hecho siempre, para encontrar una nueva forma de hacerlo. Y es complicado aceptarlo. No es fácil trabajar conmigo. Nunca afirmaría lo contrario.

Pero presionar por hacer algo grande no te convierte en gilipollas. No tolerar la mediocridad no te convierte en gilipollas. Desafiar lo que se da por sentado no te convierte en gilipollas. Antes de descartar a una persona como «solo un gilipollas» tienes que entender sus motivaciones.

Hay una diferencia abismal entre ser enérgico y apasionado para beneficiar al cliente e intimidar a otras personas para calmar tu ego.

Esta diferencia no siempre es obvia para la persona que tenemos enfrente. Es difícil que te arrolle un huracán y pensar: «Ah, es un huracán apasionado. Solo tengo que dejarlo soplar un rato y después presentar algunos datos útiles».

Pero se puede razonar con algunos huracanes. Con otros no.

Así que la forma de tratar con personas como yo, de calmar un huracán, es preguntarles por qué.

Es responsabilidad de las personas apasionadas, en especial de los jefes, explicar su decisión y asegurarse de que la veas desde su punto de vista. Si te cuentan por qué les apasiona tanto algo, puedes reconstruir su proceso de pensamiento y estar de acuerdo con ellos o señalar posibles problemas.

Así que pregunta. No temas presionar. Te respetarán más si defiendes lo que crees. Los gilipollas motivados por la misión quieren ser mejores en su trabajo y cumplir esa misión tan importante. Quieren asegurarse de que la empresa va en la dirección correcta.

Y si es lo mejor para el cliente, te escucharán y cambiarán de opinión. Al final.

Es lo que decía a mi equipo de Apple cada vez que Steve Jobs se descarrilaba: «Sí, la idea es una locura. Pero la cordura prevalecerá. Incluso si Steve se equivoca hoy, confiad en que tarde o temprano llegará a la respuesta correcta. Solo tenemos que enfocarlo mejor y exponer nuestros argumentos».

Prepárate para que sople el viento y caiga granizo, pero no te preocupes, que la tormenta no te arrastrará. Los «gilipollas» motivados por la misión pueden destrozar tu trabajo, pero no te atacarán personalmente. No te insultarán ni te despedirán por no estar de acuerdo con ellos.

Esta es la diferencia entre un «gilipollas» motivado por la misión y un gilipollas controlador.

Los gilipollas controladores no escucharán. Nunca admitirán que la han cagado. Tampoco los gilipollas políticos. Pasarán por alto problemas obvios y desviarán comentarios razonables, ya sea porque no son útiles políticamente o porque su ego no puede aceptarlos. No protegen el producto, ni al cliente, ni al equipo. Se protegen a sí mismos.

Y que quede claro que Steve Jobs no era uno de estos gilipollas. A veces se pasaba de la raya, por supuesto, era humano, pero yo no lo aprobaba ni lo excusaba, y no era la norma. Steve era un «gilipollas» motivado por la misión, un huracán apasionado.

Al final siempre ganaba lo mejor para el producto, porque el producto era lo único que importaba. Steve siempre se centraba en el trabajo. Siempre.

Los gilipollas que se centran en las personas, en controlarlas, son los que hacen que el trabajo sea horrible. Los auténticos gilipollas siempre se lo llevan todo a lo personal. Su motivación es su ego, no el trabajo. Mientras ganen, no les importa una mierda lo que le suceda al producto ni las dificultades a las que el cliente tenga que enfrentarse. Son los gilipollas que hacen que resulte cada vez más difícil crear algo de lo que te sientas orgulloso.

Como el gerente que le dijo a una amiga mía rotundamente: «¡No hables con el director general!».

Durante el desarrollo del producto, el director solía llamarla para hacerle preguntas, comentarle ideas o cambiar impresiones. No le llegaba la información del gerente con la rapidez que quería, así que se dirigía directamente a ella.

El gerente estaba furioso. ¿Cómo se le ocurría saltarse el orden jerárquico? ¡Aquí no hacemos las cosas así!

Así que le dijo: «No hables con el director general. No lo llames. No le mandes correos. Todo tiene que pasar por mí».

Pero mi amiga no lo llamaba. La llamaba el director a ella. Y ella no era tonta. Si el director quería hablar, ella le contestaría. Se ofreció a contarle a su gerente todo lo que comentaran, pero a este no le parecía suficiente. En lugar de centrarse en el trabajo para tener las respuestas que quería el director, se limitó a prohibirle que hablara con él.

Mi amiga puso los ojos en blanco y no hizo caso de su orden. Pero tenía que lidiar con este tipo para que su proyecto avanzara. Así que hizo lo único que puedes hacer cuando te enfrentas a un gilipollas controlador:

1. Matarlo de amabilidad.
2. No hacerle caso.
3. Intentar esquivarlo.
4. Dejar el trabajo.

En este orden.

Empieza dándole el beneficio de la duda. Quizá haya pasado por malas experiencias o haya tenido mala relación con una persona que trabajaba en tu equipo. Quizá no entienda cómo trabajar contigo. Quizá todo sea un gran malentendido, lo superéis y le muestres que podéis mantener una relación productiva.

Ante todo, asegúrate de que el problema no eres tú, de que no has hecho nada para dar una impresión equivocada o causar un problema sin querer. Habla abiertamente con él y admite que empezaste con el pie izquierdo. Sé cordial. Sé amable. Intenta elogiarlo en público y confía en lo que ha hecho (aunque lo haya hecho mal). A veces con esto basta.

A veces no.

Después de haber dado lo mejor de ti, haber consultado con él, haber recibido su consejo, haberlo tratado de forma justa y haber hablado con él con sinceridad, si no ha servido de nada, te pones a la defensiva. Si tienes un buen jefe, pídele que te proteja del gilipollas. Intenta que reorganice las cosas para que no tengas que lidiar con esta persona y escuchar su opinión.

Si no funciona, lo siguiente es no hacerle caso. Deja de involucrarlo en tus decisiones. Pide perdón, no permiso, y según el caso ni siquiera te molestes en pedirlo. Si estás haciendo algo valioso para la empresa y que sin duda merece la pena, el gilipollas puede gritar o tramar todo lo que quiera, pero tendrá las manos atadas. No seas agresivo ni desagradable. Limítate a ir a lo tuyo.

A veces con eso conseguirás el tiempo necesario para terminar tu proyecto en paz.

A veces no.

Después de semanas de no hacerle caso, después de que intentara ponerme en evidencia en cada reunión, un gilipollas con el que trabajé me llevó a su despacho, con la responsable de recursos humanos presente, me miró a los ojos y me dijo: «Hay dos pollas colgando en esta habitación. Y la mía es la más grande».

Le concederé una cosa: era difícil pasarlo por alto.

Recuerdo estar allí sentado intentando procesar sus palabras. ¿Qué esperaba que dijera? ¿O que hiciera? ¿Quería que le diera un puñetazo? ¿Era ese su objetivo? Fue un momento tan extraño, tan tenso, que hice lo correcto. Me quedé en silencio y lo miré. Siguió adelante.

Sus palabras solo habían sido la salva de apertura. Pero no discutí con él. No me enfrenté a él. Me limité a reorganizar mi visión del mundo. Vale, ya veo quién es este tipo. Este es su juego. No está en mi equipo. No merece mi respeto.

Tenía que pasar al ataque. Y necesitaba refuerzos.

Si tienes problemas con un gilipollas, con toda probabilidad no serás el único al que exaspera. Así que busca a personas que estén de acuerdo contigo en que ese gilipollas tiene que marcharse. Habla con tus compañeros y con recursos humanos. Busca el momento adecuado y habla con su jefe. En general asentirá y te dirá que ya ha tomado cartas en el asunto. Seguramente tardará una eternidad y será muy desagradable, pero con suerte el gilipollas saldrá de tu proyecto o desaparecerá para siempre de tu vida.

Si esto no funciona, puedes intentar cambiar de equipo. Pero si se trata de un auténtico gilipollas, es probable que su reputación sea bien conocida en la empresa. Si otro equipo sabe que aceptarte provocará la ira del gilipollas en cuestión, quizá decida que no merece la pena. Recuerdo el caso de una persona que se convirtió en una paria. Ningún equipo la quería por temor a que el gerente quisiera vengarse.

En ese momento tu única opción podría ser la última de la lista. Dejar el trabajo.

Cuenta a tu jefe, a recursos humanos y a cualquiera que te escuche que lo has intentado todo y que no puedes seguir trabajando con esa persona. (Véase también el capítulo 2.4, «Dejo el trabajo»: «Pero cuando estés al límite»).

Si te valoran y eres útil, seguramente los directores harán lo posible para que te quedes y buscarán la manera de calmar la situación. La clave siempre es entregar un proyecto significativo. Si tú cumples y ellos no, al final todos ven que los gilipollas son gilipollas, se quedan aislados o no pueden actuar. Puede llevar mucho, mucho tiempo, pero en general sus opiniones empiezan a perder fuerza y se desvanecen.

Pero no siempre.

A veces pueden joderte aunque los echen de la empresa.

Así que presta siempre atención a las redes sociales. No te limites a los rumores internos. Recuerda echar un vistazo a Glassdoor, Facebook, Twitter, Medium, LinkedIn, incluso Quora. TikTok. Lo que sea. Las personas cabreadas envenenarán el agua en cualquier lugar. Las redes sociales son una nueva arma del arsenal de los gilipollas. Si no consiguen lo que quieren de ti en el trabajo, quizá recurran a hacer públicas cosas muy personales.

Esto siempre es problemático y muy desagradable, pero si son gilipollas controladores o simplemente gilipollas normales y corrientes, lo más probable es que acaben poniéndose en evidencia y al final la verdad salga a la luz.

Los gilipollas políticos son harina de otro costal.

El problema con los gilipollas políticos es que a menudo forman coaliciones con otros gilipollas políticos. Por otra parte, personas agradables verán cómo ascienden a los gilipollas y pensarán que es el camino correcto. Así que la coalición de gilipollas crecerá y se centrarán casi exclusivamente en maniobrar, por lo que los directores no se darán cuenta de lo que está sucediendo.

Los gilipollas políticos prosperan en grandes empresas, donde pueden dedicarse a gilipolleces maquiavélicas que hacen que parezcas un loco paranoico cuando los describes. Buscan a personas que no son excepcionales en su trabajo y las protegen a cambio de su lealtad. Reúnen información comprometida sobre sus compañeros —¿Quién tiene una aventura con el administrador? ¿Podemos hacer que recursos humanos lo oculte?—, y así esas personas están en deuda con ellos de por vida.

Es como la mafia. Pero en lugar de matar a personas, matan buenas ideas.

Los gilipollas políticos necesitan un ejército para sembrar la discordia o enterarse de chismes y canalizarlos. Así controlan a la gente. Así se salen con la suya.

¿Y cómo luchar contra la mafia?

Reúnes a las personas con las que trabajas y elaboras un plan para mejorar tu juego. Pero no lo haces para protegeros, ni para que os asciendan, ni para conseguir poder, bonificaciones o lo que busquen los gilipollas. Os unís al servicio de vuestros clientes.

Las camarillas políticas son pirámides de tipo *Supervivientes*, de ojo por ojo, en las que todos los gilipollas se pelean y luchan por estar en la cima. Tu grupo debe centrarse en ayudaros mutuamente y proteger a los clientes de las terribles decisiones de los gilipollas. Cuando una alianza de gilipollas empieza a difundir mentiras, a robar ideas o a hacerse cargo de proyectos que no son asunto suyo, repetirán como loros las mismas palabras a los directores. Se asegurarán de contar todos el mismo relato. Se apoyarán unos a otros hasta que sea imposible no hacerles caso.

Aquí es cuando tu equipo debe tener un contrarrelato. Entrará en juego el principio de asimetría de la estupidez, la ley de Brandolini: «La cantidad de energía necesaria para refutar estupideces es un orden de magnitud mayor que la necesaria para producirlas».

Así que tenéis que elaborar una gran historia y asistir a las reuniones listos para apoyaros mutuamente. Llegad a acuerdos de antemano y aseguraos de que todos os sabéis el guion. Reunid datos que os respalden para que no sea solo vuestra palabra contra la suya. Y en cuanto el gilipollas abra la boca, tu tripulación tendrá la munición y la mano de obra para desafiarlo.

Con suerte, podrás neutralizar a la mafia, o al menos conseguir que centre sus esfuerzos en presas más fáciles. Y lo único bueno de este tipo de batallas es que forjarás relaciones duraderas con un grupo de personas maravillosas.

Después de haber evitado que los gilipollas destrozaran el producto y jodieran a los clientes, pudimos dejar de elaborar relatos. Dejar de jugar a juegos idiotas a los que nunca quisimos jugar. Pudimos volver al trabajo que nos encanta.

Lo que pasa con los gilipollas es que son tan desagradables que cuesta olvidarlos. Les dedicas un capítulo entero de tu libro. Pero la mayoría de las personas solo quiere ir a la oficina y hacer algo grande. La inmensa mayoría de las personas que te causan problemas no son malvadas ni maquiavélicas. Tienen dificultades, son gerentes primerizos, están en el trabajo equivocado o simplemente tienen un mal día. Quizá su hijo no duerme por las noches. Quizá se acaba de morir su madre. Incluso las personas más amables del mundo pueden actuar como gilipollas a veces. O quizá son huracanes apasionados que te empujan más allá de lo que creías que podías llegar, porque saben que tienes talento y que te frenas.

La mayoría de las personas no son gilipollas.

Y aunque lo sean, también son seres humanos. Así que no empieces en un puesto de trabajo intentando que despidan a alguien. Empieza con amabilidad. Intenta hacer las paces. No pienses lo peor, sino lo mejor.

… y si no funciona, recuerda que donde las dan, las toman. Aunque nunca las tomen a la velocidad que nos gustaría.

2.4

Dejo el trabajo

La tenacidad es un valor importante. Si te apasiona hacer algo, tendrás que perseguirlo con obstinación, y eso quizá signifique ganar menos dinero durante un tiempo o quedarte en una empresa problemática para poder terminar tu proyecto.

Sin embargo, a veces lo único que tienes que hacer es dejar el trabajo. Lo sabrás en estos casos:

1. **Ya no te apasiona la misión.** Si te quedas por el sueldo o para conseguir el cargo que deseas, pero cada hora que pasas en el trabajo te parece una eternidad, sálvate. La razón por la que te quedes, sea la que sea, no merece la tristeza de un trabajo que te chupa el alma y te quita las ganas de levantarte de la cama por la mañana.

2. **Lo has intentado todo.** La misión sigue apasionándote, pero la empresa te decepciona. Has hablado con tu gerente, con otros equipos, con recursos humanos y con los directores. Has intentado entender los obstáculos y has propuesto soluciones y opciones. Pero aun así tu proyecto no va a ninguna parte, o tu gerente es imposible, o la empresa está desmoronándose. En este caso, deberías dejar el trabajo pero mantener tu misión y buscar otro equipo con un proyecto similar.

En cuanto decidas dejar el trabajo, asegúrate de hacerlo de la manera correcta. Asumiste un compromiso, así que sigue adelante e intenta terminar lo que empezaste hasta donde puedas. Busca un punto de inflexión en tu proyecto, el siguiente paso, e intenta marcharte en ese momento. Cuanto más tiempo lleves en una empresa y cuanto más alto sea tu cargo, más tiempo necesitarás para marcharte. Los empleados pueden dar un plazo de entre unas semanas y un par de meses. Los directores generales pueden necesitar un año o más.

Me marché de Philips después de haber terminado mis proyectos y de haberme asegurado de que había buscado todas las vías para que mi equipo funcionara. Dejé el trabajo porque nunca íbamos a eclipsar a la competencia si todos utilizaban el mismo sistema operativo de Microsoft que dictaba la mayoría de nuestras funciones. Me marché tras cuatro años de trabajo duro, frustración, aprendizaje y crecimiento personal y profesional.

Presenté mi renuncia en RealNetworks a las dos semanas porque tuve clarísimo que iba a odiar ese trabajo.

Aun así, me quedé cuatro semanas más. Redacté opciones para diferentes negocios que podrían iniciar, y esbocé planes y presentaciones de proyectos. Quería asegurarme de dejarlos con algo tangible, un trabajo real basado en buenas ideas, para que nadie pudiera decir que vino, se fue y nos jodió (aunque estoy seguro de que lo dijeron igualmente).

Pero necesitaba salir de allí. En el momento en que se retractaron de su palabra y me dijeron que me trasladara a Seattle, perdí toda mi confianza en la empresa. Y no puedes trabajar con personas en las que no confías. Todo en mi interior gritaba que solo iba a ir de mal en peor.

Casi todo el mundo en el fondo sabe cuándo debe dejar un trabajo, y después pasan meses, o años, convenciéndose a sí mismos de no hacerlo. Pero yo sabía desde el principio que me pagarían bien y sería muy infeliz.

Y quiero que quede muy claro: odiar tu trabajo nunca merece la pena.

Lo repito: el aumento, el cargo o las gratificaciones que te ofrezcan para que te quedes no merecen la pena si odias tu trabajo.

Sé que puede sonar falso viniendo de mí, una persona rica y con suerte. Pero no me he hecho rico aceptando sueldos desorbitados ni cargos por hacer trabajos que sé que voy a odiar. Sigo mi curiosidad y mi pasión. Siempre. Y eso ha significado rechazar dinero, tanto que los que me rodeaban creían que estaba loco. «Mira lo que dejas. ¿Marcharte de Apple y no llevar el iPhone? ¿Y todo ese dinero? ¿A ti qué te pasa?».

Pero todo céntimo perdido ha merecido la pena.

Todo el que haya tenido un trabajo que odiaba sabe lo que se siente. Las reuniones, los proyectos sin sentido y las horas se prolongan infinitamente. No respetas a tu gerente, pones los ojos en blanco ante la misión, sales por la puerta al final del día tambaleándote, agotado, y te arrastras hasta tu casa para quejarte a familiares y amigos hasta que se sienten tan desgraciados como tú. El tiempo, la energía, la salud y la alegría desaparecen de tu vida para siempre. Pero, bueno, el cargo, el nivel y el dinero merecen la pena, ¿verdad?

No te quedes atrapado. El hecho de que no conozcas otras opciones mejores no significa que no existan. Hay dinero en otros lugares. Hay otros trabajos.

En cuanto hagas correr la voz de que estás buscando trabajo o de que has dejado el que tenías, lo más probable es que se te presenten nuevas oportunidades. Lo veo en mis amigos cada dos por tres. Publican una actualización en LinkedIn y se ponen en contacto con ellos de inmediato. ¡Oh! Esta persona está disponible. Qué emocionante.

Por supuesto, como con todo, conocer a las personas adecuadas ayuda.

La clave para encontrarlas es hacer contactos. Con esto no me refiero a ir a una conferencia y dedicarte a conocer gente, repartir tu tarjeta o un código QR y arrinconar a los posibles empleadores mientras intentan comerse su pila de pequeños sándwiches. Solo me refiero a establecer nuevas relaciones, más allá de los negocios. Habla con personas que están fuera de tu círculo. Conoce qué más hay por ahí. Conoce a otros seres humanos. Deberías hacer contactos en todo momento, aunque estés contento con tu trabajo.

Recuerdo que en 2011 comí con un ejecutivo que acababa de dejar Apple e iba a montar una nueva empresa. Había trabajado en Apple desde finales de los noventa, y antes había sido un protegido de Steve Jobs durante años. Cualquiera habría pensado que tendría todas las ventajas del mundo, porque había pasado la década anterior trabajando en los niveles más altos de la empresa más famosa de Silicon Valley, junto a su líder más dinámico. ¿Quién no iba a financiarlo? ¿Quién no iba a aprovechar la oportunidad de trabajar con él?

Pero era como si acabara de salir de la cárcel. Él nunca había hablado con nadie fuera del círculo de influencia de Steve. No sabía a quién dirigirse ni cómo conseguir dinero. Su única relación con el mundo era a través de Apple, y en cuanto se marchó, no supo qué hacer. Al final lo descubrió, por supuesto. Pero tardó mucho más de lo que esperaba.

Así que no te quedes atrapado.

Y no pienses en hacer contactos como un medio para llegar a un fin, como un intercambio de toma y daca en el que, si le haces un favor a alguien, es posible que te haga otro a cambio. A nadie le gusta sentir que lo utilizan.

Debes hablar con personas y hacer contactos porque eres curioso por naturaleza. Quieres saber cómo trabajan otros equipos de tu empresa y qué hacen tus compañeros. Quieres hablar con tus competidores porque todos trabajáis para resolver los mismos problemas, y ellos adoptan un enfoque diferente. Quieres que tus proyectos tengan éxito, así que no solo hablas con tus compañeros inmediatos a la hora de comer, sino que quedas con otros compañeros, con tus clientes, con los clientes de estos y con sus compañeros. Hablas con todos y escuchas sus ideas y sus perspectivas. Al hacerlo, quizá puedas ayudar a alguien, hacer un amigo o entablar una conversación interesante.

Y una conversación interesante puede convertirse en una entrevista. O no. Pero como mínimo será interesante. Al menos puedes sentir la chispa de la posibilidad. Y eso puede llevarte por otro camino y a otra conversación que a su vez te lleve a otros caminos y otras conversaciones, hasta que veas una luz al fondo, una empresa, trabajo o equipo que hace que quieras volver a trabajar, que te ayuda a empezar a sentirte tú mismo otra vez.

Y cuando esto suceda, deja tu antiguo trabajo. Déjalo, déjalo, déjalo.

Pero no entres en el despacho de tu gerente, le tires a la mesa tu renuncia y te alejes de aquello en lo que has trabajado. Aunque no te guste tu trabajo, no lo dejes en una maraña de cabos sueltos. Termina lo que puedas, limpia lo que no puedas y pásaselo a la persona que heredará tus responsabilidades. Puedes tardar semanas, incluso meses. Si eres gerente o director, te parecerá una eternidad. Yo tardé nueve meses en salir de Google Nest. De Apple, veinte meses.

Nadie recordará cómo empezaste. Recordarán cómo te marchaste.

Pero no dejes que eso te impida tomar la decisión y salir.

En cuanto estás en un lugar donde crees en la misión, todo cambia.

Por supuesto, es posible que también tengas que dejar este trabajo. Porque cuando te implicas en una misión, en una idea, es lo que tienes que hacer. La empresa es secundaria. Si encuentras algo que te inspira, aprovecha las oportunidades para conseguirlo. Yo me enganché a la electrónica personal y seguí esta pasión en cinco empresas. Solo llegó a ser realmente lucrativo al final, pero era lo que me encantaba, así que no dejé de buscar oportunidades para hacerlo. Cada trabajo adoptaba un ángulo diferente, una nueva perspectiva sobre el mismo problema, y al final tuve una amplia visión de 360 grados del desafío que quería resolver y todas las posibles soluciones. La idea era mucho más valiosa que la empresa que me pagaba la nómina.

Pero unas veces las cosas van mejor, y otras peor. Con RealNetworks todo fue mal, perdí de inmediato la confianza, pero en las demás empresas trabajé durante cuatro años, cinco años y casi una década. Si has encontrado una buena oportunidad para hacer lo que te apasiona, no debes darte por vencido hasta que hayas intentado que funcione en la empresa en la que estás.

Así que, si algo no funciona, no te limites a quejarte a personas que no pueden solucionarlo, tirar la toalla y marcharte. Ni siquiera hablar con tu gerente basta. Y menos si tu gerente es el problema.

Si la misión que te entusiasma se debilita por política interna, mala administración, cambios en la dirección o simplemente malas decisiones, no seas tímido. Haz contactos. Habla con todo el mundo. Ni charlatanería, ni chismes internos, ni quejas sin solución. Haz sugerencias para solucionar los problemas inextricables a los que os enfrentáis tanto tú como tu equipo. Habla con tu gerente, con recursos humanos y con otros equipos. Busca directores que te escuchen. Con suerte, algunos estarán de acuerdo contigo, pondrán en cuestión tu punto de vista o te ayudarán a matizar tu forma de pensar. Todo es útil. Busca su perspectiva.

Eso incluye la alta dirección. A los ejecutivos. Incluso podrías dirigirte a los miembros de la junta y a los inversores si puedes comunicarte con ellos. Es lo que yo hice en Philips y en Apple. Intenta acceder a los puestos más altos y explícales qué problemas hay. Probablemente dejarás el trabajo de todos modos si estos problemas no se resuelven, así que no tienes nada que perder.

A casi todos los directores les interesa escuchar lo que sucede en los niveles inferiores. Es posible que te recompensen por ponerles al corriente o incluso puede que compartan tus frustraciones (aunque quizá no te lo digan).

Y sí, eso pondrá a tu jefe hecho una furia. Pasar por encima de tu gerente siempre es delicado. Yo saqué de quicio a mis gerentes cada vez que los esquivé para acercarme a algún otro ejecutivo. Así que, si te pregunta, cuéntale a tu jefe lo que estás haciendo y explícale por qué. Es un momento para pedir perdón, no permiso. Explícale que has hablado con ellos (y que deberías haberlo hecho antes), pero que no ha servido de nada. Cuéntale lo que te preocupa y las soluciones que propones. Explícale a quién te has dirigido y qué esperas conseguir.

Pero si tomas este camino, si saltas por encima de tu jefe y empiezas a armar follón en toda la empresa, asegúrate de que los problemas que planteas no tienen nada que ver contigo.

Recuerdo que una vez se convocó una reunión general en Apple, una de esas reuniones que solo se producían dos o tres veces al año. Y durante la sesión de preguntas y respuestas, un tipo se levanta y le pregunta a Steve Jobs por qué no le habían subido el sueldo ni había recibido una buena valoración. Steve lo mira atónito e incrédulo y le contesta: «Te diré por qué. Porque haces esta pregunta ante diez mil personas».

Lo despidieron poco después.

Así que no seas como ese tipo.

Puedes tener problemas personales —no ganas lo suficiente o no avanzas en tu carrera profesional— o puedes tener problemas con el proyecto en el que trabajas. Dejar el trabajo por problemas personales es perfectamente válido, pero quejarte de esos problemas delante de toda la empresa no lo es. Y tampoco tienes que cagarla ante diez mil personas. Quejarte de manera continuada a un solo ejecutivo sobre las acciones que recibes es casi igual de malo.

Si vas a llamar la atención de todo el mundo, asegúrate de que sea para apoyar la misión, no para tu beneficio personal. Piensa en los problemas que están minando tu proyecto. Anota soluciones bien pensadas y perspicaces. Preséntalas a tus superiores. Es posible que estas soluciones no funcionen, pero como mínimo el proceso será educativo. No te quejes constantemente, pero insiste, elige el mejor momento, sé profesional y no pienses en las consecuencias si no lo consigues. Diles que te encantaría que el trabajo funcionara, pero que si no puedes resolver estos problemas, dejarás el trabajo.

Pero tienes que decirlo en serio. No puede ser una estratagema para negociar. Demasiadas personas destrozan su carrera en una empresa por una rabieta. En ningún caso puedes amenazar con dejar el trabajo, y después dudar, cambiar de opinión y quedarte. Todo el mundo te perderá el respeto al instante. Tienes que seguir hasta el final.

La amenaza de marcharte quizá baste para que tu empresa se decida a ponerse seria y hacer los cambios que pides. Pero quizá no. Dejar el trabajo nunca debe ser una táctica de negociación. Debe ser la última carta que juegues.

Y recuerda que incluso si los directores admiten que tienes razón y prometen cambios importantes, que algo cambie puede exigir tiempo. O puede que nunca cambie nada. Pero merece la pena intentarlo. Dejar el trabajo cada vez que las cosas se complican no solo no queda muy bien en tu currículo, sino que además elimina toda posibilidad de que hagas algo de lo que te sientas orgulloso. Lo bueno exige tiempo. Lo grande exige todavía más tiempo. Si saltas de un proyecto a otro, de una empresa a otra, nunca vivirás la experiencia de empezar y terminar algo importante.

Los trabajos no son intercambiables. El trabajo no es un jersey que te quitas cuando hace calor. Demasiadas personas abandonan el barco en el momento en el que lo que tienen que hacer es quedarse y trabajar duro hasta agotarse para conseguir algo. Y cuando echas un vistazo a sus currículos, lo ves al instante.

Un currículo de dos páginas puede contar la historia de una novela de trescientas si sabes lo que estás buscando. Y demasiadas tramas tienen agujeros gigantes.

Así que, antes de dejar el trabajo, mejor que tengas una historia. Una historia buena, creíble y basada en los hechos. Necesitarás una razón para haberte marchado. Y necesitarás una razón que explique por qué quieres unirte a la empresa a la que te dirijas a continuación. Deberían ser dos relatos muy diferentes. Los necesitarás para la entrevista, pero también para ti mismo, para asegurarte de que has pensado bien las cosas. Y para asegurarte de que estás tomando la decisión correcta para el siguiente trabajo.

La historia de por qué te marchaste debe ser honesta y justa, y la historia para tu siguiente trabajo debe ser inspiradora: esto es lo que quiero aprender, este es el tipo de equipo con el que quiero trabajar y esto es parte de la misión que de verdad me entusiasma.

Tenlo en cuenta cuando la nueva empresa se ponga en contacto contigo. Porque si tienes éxito, te llamará. Saber cuándo dejar el trabajo y seguir a otra empresa interesada en contratarte es un proceso en dos etapas: primero debes saber que tu trabajo ya no es para ti, y después tienes que decidir que el nuevo puesto es mejor. Demasiadas personas confunden las dos etapas, quedan deslumbradas por la propuesta de otra empresa y pasan por alto sus oportunidades en la empresa en la que están trabajando. O no han hecho contactos en su empresa, así que ni siquiera son conscientes de sus oportunidades. He visto a muchos abandonar el barco antes de haber investigado y pensado bien las cosas. Suelen volver meses después, con el rabo entre las piernas y avergonzados, a pedir que les devuelvan su antiguo trabajo.

Así que tampoco hagas como ellos.

Pero cuando estés al límite, de verdad al límite, no solo impresionado por una oferta de trabajo, no temas marcharte.

Me marché de Apple tres veces. La primera fue después de haber lanzado el iPod. Nuestro equipo movió montañas para entregarlo meses antes de lo que nadie creía posible, con excelentes críticas. Y lo hicimos a pesar de que mi gerente hacía todo lo posible por atribuirse el duro trabajo de nuestro equipo. (Véase también el capítulo 2.3, «Gilipollas»).

Lo había intentado todo: involucrarlo, ignorarlo, luchar contra él y calmar su ego, pero al fin el proyecto estaba terminado. Mi equipo había trabajado diez meses sin descanso. Así que pedí lo que me habían prometido, el cargo que ya debería haber tenido. «¿Cuándo seré vicepresidente?».

Me contestó: «Vamos a esperar un año. Estas cosas llevan tiempo. Nadie asciende tan rápido».

Él sabía perfectamente que yo merecía un cargo más alto desde el principio, que me había engañado (si te interesa, puedes leer la historia completa en *Steve Jobs*, de Walter Isaacson). Pero yo ya había cumplido. Y de sobra.

Intenté mantener la calma. Le expliqué mis razones. Se limitó a encogerse de hombros y sonreír. «Lo siento. Ahora no».

La última pizca de respeto que le tenía saltó por la ventana.

Seguía creyendo en la misión. Estaba orgulloso de lo que habíamos hecho. Me entusiasmaba seguir adelante. Pero no había forma de evitar a ese tipo. Iba a joderme por bueno que fuera mi trabajo. Era una herida que no iba a cicatrizar.

Hasta aquí habíamos llegado. Así que dije lo único que me quedaba por decir: «Me marcho».

A veces la única forma de salvarte es salir por la puerta.

Dos semanas después, mientras recogía mis cosas en el despacho, recibí una llamada de Cheryl Smith, la jefa de recursos humanos que supervisaba nuestro equipo de iPod. Era una compañera increíble que me había contado cómo funcionaba Apple y me había ayudado a abrirme camino cuando era novato. «Me he enterado de lo sucedido —me dijo—. No tiene ningún sentido. ¡No puedes marcharte! Vamos a dar un paseo».

Cuanto más paseábamos por el campus de Apple y le contaba los detalles de lo que había pasado, más levantábamos la voz y gesticulábamos. Fue empática conmigo, me dijo que intentaría solucionarlo y que me mantuviera firme, pero yo creía que era demasiado tarde. Veinticuatro horas después iba a dejar Apple para siempre.

Al día siguiente, unas horas antes de que me acompañaran a la puerta, recibí una llamada de Steve Jobs.

«No vas a ninguna parte. Te daremos lo que quieres».

Me dirigí al despacho de mi gerente. Cheryl estaba esperándome fuera con una amplia sonrisa.

Mi gerente se acercó a la mesa de mala gana y con una mueca en la cara. Era evidente que aquello no le gustaba nada. «Aquí no hacemos las cosas así», murmuró mientras firmaba el papeleo de mi ascenso.

Esa noche llegué a mi fiesta de despedida y dije: «¡Me quedo!».

Con el paso del tiempo tuve que volver a dejar el trabajo. Esta vez para proteger el producto y al equipo. Y después una vez más, en esta ocasión para proteger mi cordura y a mi familia. Y fue un drama, por supuesto. Un drama tremendo. Dar la espalda a mi equipo y a Steve no fue fácil.

Pero sabía que era el movimiento correcto. Tras diez años dedicando toda mi energía a Apple, había llegado el momento de marcharme.

A veces los cálculos, las negociaciones, las discusiones con tu gerente y las reuniones con recursos humanos no tienen ningún sentido. A veces sencillamente ha llegado el momento de marcharse. Y cuando llegue ese momento, lo sabrás.

Deja el trabajo y ve a hacer algo que te encante.

TERCERA PARTE

Crea tu producto

La tecnología básica del primer iPod no se diseñó en Apple.

Ni siquiera se diseñó para un dispositivo portátil.

A finales de los noventa empezamos a llenar los discos duros de archivos de audio MP3. Por primera vez se podía almacenar música de (la suficiente) calidad en archivos lo bastante pequeños como para descargar gran cantidad de canciones en el ordenador.

Pero aunque tuvieras un equipo de la hostia para escuchar esa música, no podías utilizarlo. Los equipos eran para cintas y CD, así que nos limitábamos a reproducir nuestra música recién descargada en la mierda de altavoces del ordenador.

En 1999 vi la posibilidad de algo mejor. No un reproductor de MP3, sino una máquina de discos de audio digital.

Permitiría convertir todos los CD a MP3 para poder escucharlos, además de lo que te hubieras descargado, en el televisor y en el equipo de música. Antes del famoso eslogan del iPod «1.000 canciones en tu bolsillo», intentábamos hacer «1.000 CD en tu home cinema».

El caso es que eso fue lo que propuse a RealNetworks. Pero era el lugar equivocado, las personas equivocadas y todo equivocado. Así que pensé: A la mierda. Lo haré yo mismo.

Las palabras que han dado inicio a mil empresas.

Llamé a la mía Fuse Systems.

La inspiración procedía de un proyecto de Philips. Intentaron crear un reproductor de home cinema + DVD que funcionara con Windows para poder navegar por internet en el televisor y transmitir audio desde la web (como se podía transmitir cualquier cosa antes del Wi-Fi).

Era la semilla de una buena idea. Las conexiones a internet domésticas se habían acelerado, de 56 kbps a 1 mbps, lo que hacía posible descargar audio e incluso vídeos granulados del tamaño de un sello. Estaba claro que las colecciones de música y películas se trasladarían a los ordenadores. Pero nadie quería escuchar música en los tristes y grises ordenadores Windows de los años noventa. Los home cinema eran mucho mejores, porque tenían HDTV y sonido envolvente. Pero solo los frikis de lo audiovisual más refinados podían instalarlos.

Philips lo veía, pero no pudo capitalizarlo. Se metió de cabeza en Microsoft para crear un PC con la ilusión de ser un equipo de música. Se centró en lo que podía hacer, no en por qué alguien lo querría. Lo analicé y pensé: No. Nonono. No se puede utilizar Windows. Llevaba años dándome cabezazos contra un sistema operativo de Microsoft y sabía que era un callejón sin salida para la electrónica doméstica. ¿Quién está dispuesto a esperar dos minutos a que se encienda el televisor? Y había que simplificar el home cinema para los que no eran frikis. Hacer algo que cualquiera pudiera enchufar y utilizar.

Quería crear un componente que se conectara a internet, pero que no pareciera un ordenador. Fuse iba a brindar una experiencia electrónica doméstica. Se podría configurar un home cinema completo, incluido un reproductor de CD/DVD que guardaría la música en un disco duro integrado. Después se conectaría a la primera tienda online del mundo para descargar más canciones y, algún día, películas y programas de televisión. El TiVo era lo último en aquel momento, pero yo quería que Fuse fuera más allá.

Conseguí algo de capital inicial y me puse en marcha. Tenía que montar una empresa. No una empresa de universitarios de poca monta trabajando en sus ratos libres, sino una empresa de verdad. Un negocio serio.

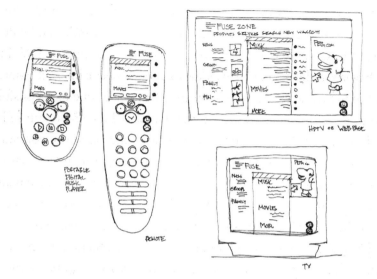

Fig. 3.0.1: Utilizamos estos dibujos en las presentaciones de Fuse para ilustrar cómo podían conectarse internet, música y televisores. El reproductor de MP3 me hace sonreír. El anuncio de pets.com hace que me ría a carcajadas.

Esta vez lo haría bien. Íbamos a por los mejores jugadores del mundo. Íbamos a desafiar a Sony.

Pero antes tenía que convencerlos de que vinieran a trabajar conmigo. Me había alejado de la enorme infraestructura de Philips, de sus montañas de procedimientos y dinero, y me dirigía hacia una pizarra en blanco. Tenía una gran idea, pero no mucho más. Y todas las personas a las que quería reclutar esperaban cobrar. Esperaban cobertura médica. Esperaban un departamento de RRHH, un control de las cuentas por pagar y todo lo que se da por sentado cuando se trabaja en una empresa de verdad.

Así que me puse a trabajar. Sin descanso.

Contraté a doce personas y formé el equipo. Nos asociamos con Samsung, en ese momento una marca coreana poco conocida que intentaba introducirse en el mercado estadounidense. El plan era que nosotros lo diseñaríamos todo, Samsung lo fabricaría, le pondríamos nuestra marca y lo venderíamos. El cliente personalizaría su home cinema con nuestros componentes digitales, incorporaría televisores, altavoces y demás de Samsung, y lo pediría todo por internet. Después se lo enviarían a su casa en un paquete fácil de montar.

Estábamos en 1999. Silicon Valley estaba a rebosar de dinero, talento e ideas, y estábamos en marcha. Iba a compensar el fracaso de General Magic y el potencial desperdiciado del Velo y el Nino. Estaba motivado. Decidido.

Nada podría detenernos.

Y, por supuesto, estas son las palabras que lanzaron a miles de empresas emergentes por un precipicio.

En abril de 2000 estalló la burbuja de internet. Justo cuando empezaba a buscar financiación, la constante cascada de dinero que había estado llegando a Silicon Valley se secó de la noche a la mañana. (Véase también el capítulo 4.3, «Casarse por dinero»: «El mundo de las inversiones es cíclico»).

Hice ochenta presentaciones a diferentes entidades de capital de riesgo. Ochenta. Todas fracasaron. Los inversores luchaban por salvar las empresas en las que ya habían invertido (demasiado), y nadie estaba interesado en financiar caros productos electrónicos domésticos cuando el mercado de valores se desplomaba, las empresas se hundían y miles de millones de dólares se iban por el desagüe. El momento adecuado lo es todo, y mi momento no podría haber sido peor. No pude conseguir ni un céntimo.

Un día, cuando más desesperado estaba intentando financiar mi empresa, comí con un viejo amigo de General Magic. Le conté en qué estaba trabajando y los problemas a los que me enfrentaba, la turbulenta mezcla de emoción por lo que estábamos creando y horror a tener que cerrarlo todo. Se compadeció de mí, se comió su sándwich y me deseó lo mejor.

Al día siguiente comió con un compañero que trabajaba en Apple y que le comentó que estaban iniciando un nuevo proyecto. ¿Por casualidad conocía a alguien con experiencia en la creación de dispositivos portátiles?

Recibí una llamada de Apple al día siguiente.

Como has elegido este libro, el resto de la historia seguramente te resulte familiar. Al principio acepté un trabajo de consultoría en Apple con la única esperanza de ganar suficiente dinero para pagar a mis empleados o quizá aprovechar mi trabajo para que compraran Fuse. Poner mis esperanzas en Apple era una posibilidad muy remota. Steve Jobs volvía a estar al mando, pero durante la década anterior Apple había estado en caída libre, lanzando una serie de productos mediocres que llevaron a la empresa al borde del colapso. El Macintosh luchaba por superar el dos por ciento de participación en el mercado en Estados Unidos, y sus ventas de ordenadores estaban estancadas. En ese momento, la capitalización de mercado de Apple era de alrededor de cuatro mil millones de dólares. La de Microsoft era de doscientos cincuenta mil millones.

Apple estaba muriéndose. Pero Fuse se moría más deprisa.

Así que acepté el trabajo.

- La llamada de Apple se produjo la primera semana de enero de 2001.
- Un par de semanas después me convertí en el consultor al mando de la investigación del iPod. Aunque aún no era el iPod. El nombre en clave era P68 Dulcimer, y no había equipo, ni prototipos, ni diseño, ni nada.
- En marzo, Stan Ng y yo presentamos la idea del iPod a Steve Jobs.
- La primera semana de abril me convertí en empleado a jornada completa y me llevé al equipo de Fuse conmigo.
- A finales de abril, Tony Blevins y yo encontramos a nuestro fabricante, Inventec, en Taiwán.
- En mayo contraté a DJ Novotney y Andy Hodge, las primeras incorporaciones al equipo original de Fuse.

- El 23 de octubre de 2001, diez meses después de haber empezado, el iPod, nuestro gordo bebé de plástico y acero inoxidable, apareció en el mundo.

Tuve la suerte de liderar el equipo que creó las primeras dieciocho generaciones del iPod. Después tuvimos otra oportunidad increíble: el iPhone. Mi equipo creó el hardware —el metal y el vidrio que tenías en la mano— y el software básico para fabricar y hacer funcionar el teléfono. Programamos el software para la pantalla táctil, el módem, el teléfono móvil, Wi-Fi, Bluetooth, etc. Después volvimos a hacerlo para el iPhone de segunda generación. Y una vez más para la tercera.

Cuando quise darme cuenta estábamos en 2010.

Pasé nueve años en Apple. Es el lugar donde al final crecí. Ya no dirigía solo un equipo. Dirigía a cientos, miles de personas. Fue un cambio importante en mi carrera y en mí mismo.

Tras una década de fracasos, por fin había hecho algo —en realidad dos cosas— que la gente realmente quería. Al final lo había hecho bien.

Fig. 3.0.2: Este es el modelo de espuma de poliestireno que hice en marzo de 2001 para convencer a Steve de dar luz verde al proyecto del iPod.

Fig. 3.0.3: Este fue el primer iPod, lanzado en octubre de 2001 con el famoso eslogan «Mil canciones en tu bolsillo». Medía 4,02 x 6,12 centímetros, costaba 399 dólares y estaba bastante cerca del modelo de espuma que había realizado siete meses antes.

Pero al principio no lo sentí como un éxito. Ni siquiera al final. Seguía siendo trabajo, un paso en el camino.

En Apple aprendí dónde trazar la línea: ¿Hemos hecho lo suficiente? ¿Es lo bastante bueno?

Aprendí lo que significaba de verdad el diseño.

Y aprendí a organizar mi cerebro y a mi equipo frente a una presión intensa, agotadora e incesante.

Así que si vas a empezar una nueva fase de tu carrera profesional, si asciendes a niveles cada vez más altos, formas equipos, estableces contactos, intentas encontrar un punto de apoyo cada vez más lejos de lo que estás haciendo, pero siendo responsable de mucho más que antes, y te estresas más allá de lo imaginable, aquí estoy para compartir contigo lo que he aprendido.

3.1

Hacer tangible lo intangible

Las personas nos distraemos con facilidad. Estamos programadas para centrar la atención en cosas tangibles que podemos ver y tocar hasta el punto de que pasamos por alto la importancia de las experiencias y los sentimientos intangibles. Pero cuando estás creando un producto nuevo, tanto si está hecho de átomos como de electrones, para empresas o para consumidores, lo que en realidad creas es solo una pequeña parte de un recorrido del usuario amplio, intangible y desconocido que empieza mucho antes de que un cliente toque tu producto y termina mucho después.

Así que no te limites a hacer un prototipo de tu producto y a creer que has terminado. Haz un prototipo que abarque la mayor experiencia del cliente posible. Haz tangible lo intangible para que no puedas pasar por alto las partes menos llamativas pero muy importantes de ese recorrido. Deberías poder mapear y visualizar con exactitud cómo un cliente descubre, considera, instala, utiliza, repara e incluso devuelve tu producto. Todo importa.

Cuando yo era niño, pasaba mucho tiempo con mi abuelo construyendo cosas, como pajareras y coches de carreras. Arreglábamos cortadoras de césped y bicicletas o trabajábamos ampliando la casa.

Me sentía bien. Gran parte de mi vida de niño era confusa y estaba fuera de mi control, pero en los objetos físicos no había ambigüedad. Los construías, los sostenías en las manos y se los tendías a otras personas. Satisfactorio. Limpio.

Incluso después de zambullirme de cabeza en la programación, no cuestionaba mi creencia innata de que el ordenador en sí mismo era la clave de todo. Los electrones no eran nada sin átomos.

Por eso me entusiasmó tanto unirme a General Magic después de la universidad. Había programado mucho, pero en ese momento iba a hacer algo material. Un dispositivo, un objeto físico o un ordenador como el que me había cambiado la vida.

Pero cuantas más cosas hacía —en General Magic, en Philips y en Apple—, más cuenta me daba de que muchas cosas no era necesario hacerlas.

Después del iPod, un montón de gente empezó a presentarme sus dispositivos. Decían: «Tony es el del hardware. Le encantará tu idea». Y lo primero que yo hacía cuando alguien me entregaba muy orgulloso su reluciente prototipo era dejarlo a un lado. «¿Cómo puedes resolver tu problema sin esto?».

Se quedaban pasmados. ¿Cómo era posible que «el del hardware» no quisiera ver sus geniales dispositivos?

Las personas suelen entusiasmarse con la idea de hacer algo con átomos —profundizar en el diseño, la interfaz, los colores, los materiales y las texturas—, y al instante dejan de ver soluciones más simples y fáciles. Pero hacer algo con átomos es muy difícil, no es una aplicación que copias y actualizas con un clic. El quebradero de cabeza de fabricar el hardware, empaquetarlo y enviarlo solo merece la pena si es muy necesario y transformador. Si no es absolutamente necesario que exista hardware para posibilitar la experiencia general, no debería existir.

A veces se necesita hardware, por supuesto. Es inevitable. Pero cuando sucede, sigo pidiendo que lo guarden. Digo: «No me digas qué tiene de especial este objeto. Dime qué cambiará para el cliente».

EL RECORRIDO DEL CLIENTE Y PUNTOS DE INTERACCIÓN

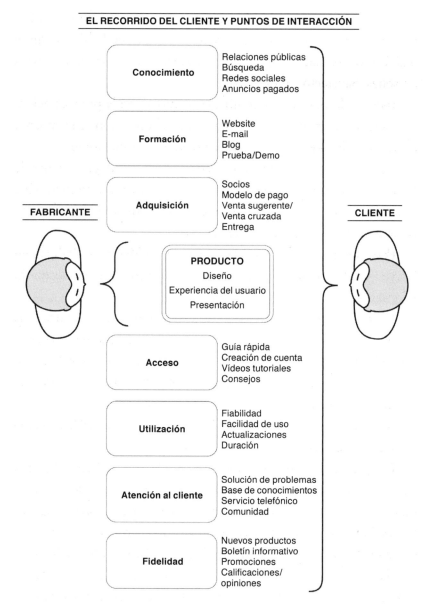

Conocimiento
Relaciones públicas
Búsqueda
Redes sociales
Anuncios pagados

Formación
Website
E-mail
Blog
Prueba/Demo

FABRICANTE

Adquisición
Socios
Modelo de pago
Venta sugerente/
Venta cruzada
Entrega

CLIENTE

PRODUCTO
Diseño
Experiencia del usuario
Presentación

Acceso
Guía rápida
Creación de cuenta
Vídeos tutoriales
Consejos

Utilización
Fiabilidad
Facilidad de uso
Actualizaciones
Duración

Atención al cliente
Solución de problemas
Base de conocimientos
Servicio telefónico
Comunidad

Fidelidad
Nuevos productos
Boletín informativo
Promociones
Calificaciones/
opiniones

Fig. 3.1.1: Los fabricantes suelen centrarse en el objeto —el producto que fabrican— y olvidan el resto del viaje hasta que están casi listos para entregarlo al cliente. Pero los clientes lo ven todo y lo experimentan todo. Son ellos los que emprenden el recorrido, paso a paso. Y pueden tropezar y caerse fácilmente cuando falta un escalón o está mal colocado.

Tu producto no es solo tu producto.

Es toda la experiencia del usuario, una cadena que empieza cuando alguien oye hablar de tu marca por primera vez y termina cuando tu producto desaparece de su vida, devuelto o tirado, vendido a un amigo o borrado por una explosión de electrones.

El cliente no diferencia entre la publicidad, la aplicación y la atención al cliente. Todo forma parte de tu empresa. De tu marca. Todo es uno.

Pero lo olvidamos. Con demasiada frecuencia, los fabricantes solo conciben la experiencia del usuario como ese momento en el que el cliente toca un objeto o una pantalla. El momento en el que utiliza el objeto, esté hecho de átomos, bits o ambos. El objeto siempre es primordial.

Es lo que sucedió en los primeros días de Nest. Todo el mundo estaba obsesionado con el termostato: crear el diseño, la inteligencia artificial, la interfaz de usuario del dispositivo, la electrónica, las partes mecánicas, los colores y las texturas. Pensaron con todo detalle en todos los elementos de la instalación, en la sensación al girar el dial y en el brillo al utilizarlo. Trabajaron incansablemente en el hardware y el software, y se aseguraron de que el dispositivo en sí fuera perfecto.

Pero no prestábamos suficiente atención a lo que probablemente era la parte más importante de la experiencia del cliente: la aplicación del teléfono.

El equipo pensó que era sencilla, que solo era una aplicación. Hicimos un primer prototipo en 2011, cuando empezamos a pensar en la experiencia, pero no lo retomamos ni lo revisamos a medida que el termostato evolucionaba.

El equipo pensó que ya lo resolvería. Al final. Había muchas cosas en las que trabajar y era solo una aplicación móvil. Lo resolveremos en muy poco tiempo.

Esta fue una de las veces que grité un poco. Vale, mucho.

La aplicación no era un elemento descartable o algo que pudiéramos añadir después. Era tan importante como el termostato. Los clientes tendrían que poder controlarla desde cualquier parte del mundo. O desde el sofá. Era decisiva para que tuviéramos éxito y una de las cosas más difíciles de hacer bien.

El termostato era importante, por supuesto, pero ocupaba solo una pequeña parte del recorrido del cliente.

- Un 10 por ciento de la experiencia de nuestros clientes era el sitio web, la publicidad, el embalaje y la exposición en la tienda: primero teníamos que convencerlos de que lo compraran o al menos lo consideraran e investigaran.
- Otro 10 por ciento era la instalación: seguir las instrucciones para colocarlo con el mínimo nerviosismo y sin cortar la luz.
- Otro 10 por ciento era mirar y tocar el dispositivo: tenía que ser bonito para que lo quisieran en su casa. Pero transcurrida una semana había aprendido lo que les gustaba y cuándo no estaban en casa, así que en realidad no era necesario tocarlo mucho. Si hacíamos bien nuestro trabajo, los clientes solo interactuarían con el dispositivo de vez en cuando, durante olas de calor o de frío inesperadas.
- El 70 por ciento de la experiencia del cliente estaba en los teléfonos o en los ordenadores portátiles: abría la aplicación para subir la calefacción de camino a casa, miraba cuánto tiempo llevaba encendido el aire acondicionado en el historial o modificaba el horario. Después revisaba su correo electrónico y veía un resumen de la luz que había consumido durante el mes. Y si tenía un problema, entraba en nuestro sitio web y utilizaba el solucionador de problemas en línea o leía un artículo informativo.

Si no hubiéramos ejecutado bien cualquiera de estas partes de la experiencia del cliente, Nest habría fracasado. Todas las etapas del recorrido tienen que ser excelentes para que los clientes pasen con toda normalidad a la siguiente y para que superen los momentos de fricción entre ellas.

Hay baches entre el conocimiento y la adquisición, entre el acceso y la utilización, entre todas las etapas del recorrido, y debéis ayudar a los clientes a superarlos. En cada uno de estos momentos, el cliente pregunta: «¿Por qué?».

¿Por qué debería importarme?

¿Por qué debería comprarlo?

¿Por qué debería utilizarlo?

¿Por qué debería quedármelo?

¿Por qué debería comprar la siguiente versión?

Tu producto, tu marketing y tu atención al cliente tienen que engrasar los patines, comunicarse y mantenerse en contacto directo con los clientes y brindarles las respuestas que necesitan para que sientan que su recorrido es tranquilo, sin interrupciones e inevitable.

Para hacerlo bien, debes crear un prototipo de toda la experiencia y dar a cada parte el peso y la realidad de un objeto físico. El proceso es el mismo tanto si tu producto está hecho de átomos como de bits o de ambos. Dibuja. Haz modelos. Cuelga gráficos con los conceptos principales. Traza el esquema del proceso. Escribe posibles comunicados de prensa. Crea maquetas detalladas que muestren el recorrido de los clientes desde un anuncio hasta el sitio web y la aplicación, y qué información verían en cada punto de contacto. Anota las reacciones que te gustaría recibir de los primeros usuarios, los titulares que te gustaría ver en las críticas y las sensaciones que quieres provocar en todos. Hazlo visible. Físico. Sácalo de tu cabeza y colócalo en algo que puedas tocar. Y no esperes a que tu producto esté terminado para empezar. Planifica todo el recorrido a medida que planificas lo que hará tu producto.

Así es como hackeas tu cerebro. Como hackeas el cerebro de todos los miembros de tu equipo.

Empieza por el primer momento del recorrido del cliente. Deberías crear modelos de marketing mucho antes de tener algo que comercializar.

En Nest esto significaba centrarnos en la caja.

El paquete lo llevaba todo. El nombre del producto, el eslogan, las características principales, el orden de prioridad y los accesorios más valiosos. Estaban literalmente impresos en una caja de cartón que cogíamos, mirábamos, modificábamos y revisábamos una y otra vez. Las limitaciones físicas de la caja nos obligaron a centrarnos en lo que queríamos que se entendiera en primer lugar, en segundo y en tercero. Para adaptarse al pequeño espacio, el equipo creativo elaboró descripciones claras que después utilizábamos en los vídeos, la publicidad, el sitio web y en entrevistas con la prensa. Para evocar la marca Nest, cubrieron la caja con fotos que permitían que el cliente imaginara el objeto en su casa y en su vida.

Convertimos la caja en un microcosmos de todo nuestro marketing para que alguien que entrara en una tienda pudiera cogerla y captar de inmediato todo lo que queríamos que supiera.

Pero para hacer un prototipo de este momento correctamente, para entender de verdad el medio segundo que transcurre entre que se ve la caja y se extiende la mano para cogerla, no puedes llamar a esa hipotética persona «alguien».

Teníamos que conocerlas. ¿Quiénes eran? ¿Por qué cogerían la caja? ¿Qué querrían saber? ¿Qué era lo más importante para ellas?

Reunimos todo lo que habíamos aprendido sobre la industria y los posibles clientes de Nest, sobre datos demográficos y psicográficos, y creamos dos personajes distintos. Uno era una mujer y el otro un hombre. Al hombre le interesaba la tecnología, le encantaba su iPhone y siempre estaba buscando nuevos dispositivos. La mujer era la que decidía, dictaba lo que entraba en la casa y lo que se devolvía. También le gustaban las cosas bonitas, pero se mostraba escéptica ante la tecnología supernueva y no probada.

Fig. 3.1.2: Casi un año antes de que lanzáramos el Nest Learning Thermostat, incluso antes de estar seguros de cómo iba a llamarse, ya teníamos este primer prototipo de embalaje, que utilizábamos para perfeccionar nuestros mensajes de marketing.

Fig. 3.1.3: Así es como lo lanzamos en octubre de 2011. El texto se centró en el aprendizaje y el ahorro de energía. El diseño lo hacía parecer sencillo y de primera calidad.

Les pusimos nombre y cara. Hicimos un gráfico de su casa, sus hijos, sus intereses y sus trabajos. Sabíamos qué marcas les gustaban, qué les crispaba los nervios de su casa y cuánto dinero gastaban en calefacción en invierno.

Teníamos que mirar con sus ojos para entender por qué el hombre cogería la caja. Y así convenceríamos a la mujer de que se la quedaran.

Con el tiempo, a medida que entendíamos mejor a nuestros clientes, añadíamos a más personas (parejas, familias y compañeros de piso). Pero al principio empezamos con dos, dos seres humanos que todos podían imaginar y cuyas fotos podían tocar.

Así funciona la creación de prototipos. Así conviertes conceptos abstractos en representaciones físicas. Conviertes la arquitectura de los mensajes en palabras e imágenes en una caja. (Véase también la figura 5.4.1 en el capítulo 5.4). Conviertes a alguien que entra en una tienda en Beth, de Pennsylvania.

Y sigues adelante. Paso a paso hasta recorrer todos los eslabones de la cadena.

Cuando tuvimos prototipos del termostato, los enviamos a personas para que lo probaran. Sabíamos que el hecho de que tuvieran que instalarlo ellas mismas podía ser un gran obstáculo, así que todos esperamos con gran expectación a ver cómo iba. ¿Se electrocutaban? ¿Prendían fuego a la casa? ¿Dejaban el proyecto a medias porque era demasiado complicado?

No tardaron en informarnos de que todo había ido bien. ¡Todo funciona! Aunque habían tardado casi una hora en instalarlo.

Hicimos una mueca. Mierda. Una hora era demasiado. A Beth de Pennsylvania no iba a gustarle tener que cortar la luz, agujerear la pared y trastear con cables durante una hora. Tenía que ser un bricolaje fácil, una mejora rápida.

Así que revisamos los informes. ¿Por qué tardaban tanto? ¿Qué se nos escapaba?

Resulta que no se nos escapaba nada, pero a los que lo probaban sí. Pasaban la primera media hora buscando herramientas: el pelacables, el destornillador plano; no, espera, necesitamos uno de estrella. ¿Dónde lo dejé?

En cuanto lo tenían todo, la instalación era muy rápida. De veinte a treinta minutos como máximo.

Sospecho que la mayoría de las empresas habrían suspirado aliviadas. En realidad, la instalación exigía veinte minutos, así que eso dirían a los clientes. Genial. Problema resuelto.

Pero iba a ser el primer momento en el que los clientes interactuaran con nuestro dispositivo. Su primera experiencia con Nest. Habían comprado un termostato de 249 dólares y esperaban una experiencia diferente. Y teníamos que superar sus expectativas. Cada minuto, desde abrir la caja hasta leer las instrucciones, colgarlo en la pared y encender la calefacción por primera vez, tenía que ser absolutamente fluido. Una experiencia sin interrupciones, cálida y alegre.

Y conocíamos a Beth. Buscar un destornillador en el cajón de la cocina —después en la caja de herramientas del garaje, no, espera, quizá sí esté en el cajón— no sería una experiencia cálida y fluida. Pondría los ojos en blanco en el minuto cinco. Se sentiría frustrada y molesta.

Así que cambiamos el prototipo. No el del termostato, sino el de la instalación. Añadimos un nuevo elemento: un pequeño destornillador. Tenía cuatro opciones de puntas diferentes y cabía en la palma de la mano. Era elegante y bonito. Pero lo más importante es que era práctico.

Así que ahora, en lugar de rebuscar en cajas de herramientas y armarios intentando encontrar el destornillador adecuado para retirar de la pared el viejo termostato, los clientes metían la mano en la caja Nest y sacaban justo lo que necesitaban. El momento de frustración se convertía en un momento de placer.

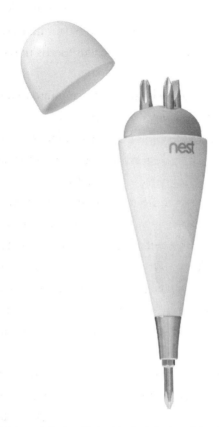

Fig. 3.1.4: Fabricar el destornillador Nest original costaba alrededor de 1,5 dólares, por lo que incluirlo en todas las cajas fue muy controvertido en un equipo que se centraba en ser eficiente y rentable. Pero la forma del destornillador hacía que instalar el termostato no pareciera tan desalentador, y era tan práctico que funcionaba como herramienta de marketing mucho después de la venta.

Y después se convertía en mucho más que eso.

El destornillador no era solo para la instalación. Tenía efectos en cadena en todo el recorrido del cliente.

Una parte fundamental de la experiencia del cliente es la posventa. ¿Cómo te mantienes en contacto con tu cliente de forma útil? ¿Cómo sigues maravillando a las personas en lugar de limitarte a hacer publicidad y venderles cosas hasta que se cansen de ti?

Nuestro termostato estaba pensado para estar diez años en las paredes. Por diseño, se convertiría en algo parecido a una obra de arte, que de vez en cuando admirarían y ajustarían, pero que en la mayoría de los casos se desdibujaría en el fondo.

Pero cada vez que abrieran el cajón de la cocina, verían el bonito destornillador Nest. Y sonreirían.

Cada vez que tuvieran que cambiar las pilas del coche de juguete de sus hijos, cogerían nuestro destornillador. Y de repente el destornillador se convertía en el juguete, y el coche quedaba en el olvido.

Sabíamos que no era solo una herramienta de hardware. Era una herramienta de marketing.

Ayudaba a los clientes a recordar Nest. Les ayudaba a enamorarse de Nest.

Y ayudaba a descubrirnos. Se escribieron artículos sobre el destornillador. Apareció en todas las reseñas de cinco estrellas. Era relaciones públicas gratuitas e impulsaba el de boca en boca. En el vestíbulo de Nest, en lugar de un cuenco con caramelos teníamos uno lleno de destornilladores. Se convirtió en un símbolo de toda la experiencia del usuario: bien pensado, elegante, duradero y de gran utilidad.

Por eso no permitía que nadie lo eliminara.

Era una batalla constante en cada nueva generación de termostatos. El destornillador era caro. Cada uno de ellos se comía una parte de nuestro margen de beneficio. Así que siempre había un escuadrón de empleados que solicitaba eliminarlo. No entendían por qué añadíamos ese gasto a nuestros costes de ventas.

Pero no entendían que no era un coste de ventas directo. Era un gasto de marketing. Y un gasto de atención al cliente. El destornillador nos ahorraba mucho dinero en atención telefónica. En lugar de recibir llamadas indignadas, teníamos a clientes satisfechos que decían maravillas en internet sobre su gran experiencia.

Si no hubiéramos pensado en la instalación con el mismo cuidado y la misma atención que prodigamos al termostato, nunca se nos habría ocurrido incluir un destornillador en cada caja.

Y si no hubiéramos pensado en todo el ciclo del cliente, desde el descubrimiento del producto hasta la atención al cliente y la fidelidad, habríamos creado un destornillador pequeño y de un solo uso como el que viene con los muebles de IKEA. Pero incluimos cuatro puntas, más de las que se necesitaban para instalar el termostato, para que los clientes pudieran utilizarlo casi para todo. Para que siguieran pensando en Nest mientras el destornillador seguía en su cajón. Durante más tiempo.

Cuando una empresa brinda este tipo de cuidado y atención a todas las partes del recorrido, las personas lo notan. Nuestro producto era bueno, pero al final fue todo el recorrido lo que definió nuestra marca. Lo que hizo especial a Nest. Lo que hace especial a Apple. Es lo que permite a las empresas ir más allá de su producto y crear una conexión, no con usuarios y consumidores, sino con seres humanos. Y así es como creas algo que a la gente le encantará.

3.2

Por qué contar historias

Todo producto debe tener una historia, un relato que explique por qué tiene que existir y cómo resolverá los problemas de tu cliente. Una buena historia de producto incluye tres elementos:

- ✓ Apela a la parte racional y emocional de las personas.
- ✓ Simplifica conceptos complicados.
- ✓ Recuerda el problema que se está resolviendo y se centra en el «por qué».

Este «por qué» es la parte más importante del desarrollo del producto y tiene que ser lo primero. En cuanto dispongas de una respuesta sólida de por qué tu producto es necesario, puedes centrarte en cómo funciona. Pero no olvides que las personas que vean tu producto por primera vez no tendrán el contexto que tienes tú. No puedes lanzar a los clientes el «qué» antes de contarles «por qué».

Y ten en cuenta que los clientes no son los únicos que escucharán esta historia. Contando una historia atraes a personas a tu equipo o a inversores a tu empresa. Es lo que tu vendedor incluye en su presentación con diapositivas y lo que incluyes tú en los gráficos de tu presentación.

La historia de tu producto, tu empresa y tu visión debe impulsar todo lo que haces.*

Recuerdo estar sentado en las gradas viendo a Steve Jobs contando al mundo la historia del iPhone en 2007.

Llevo dos años y medio esperando este día.

De vez en cuando aparece un producto revolucionario que lo cambia todo y Apple ha tenido..., bueno, ante todo, uno tiene mucha suerte si en toda su carrera consigue trabajar en uno solo de estos productos. Apple ha tenido mucha suerte. Ha podido introducir varios de estos productos en el mundo.

En 1984 presentamos el Macintosh. No solo cambió Apple. Cambió toda la industria informática.

En 2001 presentamos el primer iPod. Y no solo cambió nuestra forma de escuchar música. Cambió toda la industria musical.

Bueno, hoy presentamos tres productos revolucionarios de este tipo. El primero es un iPod con una gran pantalla táctil. El segundo es un teléfono móvil revolucionario. Y el tercero es un innovador dispositivo de comunicación por internet.

Así pues, tres cosas: un iPod con una gran pantalla táctil, un teléfono móvil revolucionario y un innovador dispositivo de comunicación por internet. Un iPod, un teléfono y un comunicador por internet. Un iPod, un teléfono..., ¿lo pilláis? No son tres dispositivos, es uno solo, y lo llamamos iPhone. Hoy Apple va a reinventar el teléfono, y aquí está.

---

 * Si te interesa el tema del diseño y el relato que lo sustenta, te recomiendo que busques mi conversación con Peter Flint en su pódcast NFX.

Esta es la parte del discurso que todos recuerdan. El ascenso gradual y la sorpresa, el brillante planteamiento. Todavía se escriben artículos al respecto. Celebraron su décimo aniversario.

Pero el resto del discurso fue igual de importante. Después del planteamiento, recordó al público el problema que Apple resolvía. «Llamamos inteligentes a los teléfonos más avanzados. Eso dicen. Pero el problema es que no son tan inteligentes ni es tan fácil utilizarlos». Habló durante un rato sobre los teléfonos móviles, los teléfonos inteligentes y los problemas de cada uno de ellos antes de sumergirse de lleno en las características del nuevo iPhone.

Empleó una técnica que luego llamé el virus de la duda. Es una forma de meterse en la cabeza de los demás, recordarles una frustración diaria y hacer que vuelvan a sentirse molestos. Si consigues inocularles el virus de la duda —«Quizá mi experiencia no sea tan buena como creía, quizá podría ser mejor»—, los preparas para tu solución. Haces que se enfaden por cómo funciona ahora para que puedan entusiasmarse con una nueva forma de hacer las cosas.

Steve era un maestro en esta técnica. Antes de decirte qué hacía un producto, siempre se tomaba un tiempo para explicarte por qué lo necesitabas. Y hacía que todo pareciera muy natural y muy fácil.

Había visto a otros directores generales haciendo presentaciones, y apenas sabían qué era ese producto supuestamente revolucionario. A veces ni siquiera sabían cogerlo de manera adecuada. Pero los clientes y la prensa siempre se quedaban asombrados con las presentaciones de Steve. «Es un milagro —decían—. Es tan tranquilo, tan sereno. Sin discursos preparados, con diapositivas casi sin palabras… Sabe de lo que está hablando y todo encaja».

Nunca parecía un discurso. Parecía una conversación. Una historia.

Y la razón es muy sencilla: Steve no se limitaba a leer un guion para la presentación. Mientras se desarrollaba el producto, había contado una versión de esa misma historia todos los días durante meses y meses… a nosotros, a sus amigos y a su familia. Trabajaba constantemente en la historia e iba puliéndola. Cada vez que su público involuntario lo miraba con perplejidad o le pedía que aclarara algo, la lijaba y la retocaba hasta que quedaba pulida y sin imperfecciones.

Era la historia del producto. E impulsaba lo que creábamos.

Si parte de la historia no funcionaba, parte del producto tampoco iba a funcionar y había que cambiarla. Esta es la razón por la que el iPhone tenía una cara frontal de vidrio en lugar de plástico y por la que no tenía un teclado de hardware. Porque la historia del «Teléfono de Jesús» no se sostendría si se rayaba la primera vez que te lo metías en el bolsillo o si tenías que ver películas en una pantalla pequeña. Contábamos la historia de un teléfono que lo cambiaría todo. Así que eso es lo que tuvimos que crear.

Y cuando digo «historia» no me refiero solo a palabras.

La historia de tu producto es su diseño, sus características, imágenes y vídeos, citas de clientes, consejos de reseñistas y conversaciones con personal de atención al cliente. Es la suma de lo que se ve y se siente respecto de lo que has creado.

Y la historia no solo existe para vender tu producto. Está ahí para ayudarte a definirlo, entenderlo y entender a tus clientes. Es lo que cuentas a los inversores para convencerlos de que te den dinero, a los nuevos empleados para convencerlos de que se unan a tu equipo, a tus compañeros para convencerlos de que trabajen contigo y a la prensa para convencerla de que le presten atención. Y al final es lo que les cuentas a los clientes para convencerlos de que quieren lo que les estás vendiendo.

Y todo empieza con un «por qué».

¿Por qué tiene que existir este objeto? ¿Por qué importa? ¿Por qué se va a necesitar? ¿Por qué encantará a todo el mundo?

Para encontrar ese «por qué» tienes que entender el núcleo del problema que estás intentando resolver, el problema real al que se enfrentan tus clientes habitualmente. (Véase también el capítulo 4.1, «Cómo detectar una gran idea»: «Las mejores ideas son analgésicos, no vitaminas»).

Y debes aferrarte a ese «por qué» incluso mientras creas el «qué»: las características, la innovación y la respuesta a todos los problemas de tus clientes. Porque cuanto más tiempo trabajas en algo, más domina el «qué». El «por qué» se vuelve tan obvio, una sensación instintiva, una parte de todo lo que haces, que ya ni siquiera necesitas expresarlo. Olvidas lo mucho que importa.

Cuando te centras en el «qué», te adelantas a los demás. Crees que todo el mundo ve lo que tú ves, pero no es así. No han trabajado en ello durante semanas, meses o años. Así que tienes que hacer una pausa y articular con claridad el «por qué» antes de intentar convencerlos de que se preocupen por el «qué».

Es así hagas lo que hagas, incluso si vendes software de pagos B2B. Incluso si creas complicadas soluciones tecnológicas para clientes que aún no existen. Incluso si vendes lubricantes a una fábrica que lleva veinte años comprando el mismo.

Hay competencia por la cuota de mercado y por la notoriedad de la marca. Si tus competidores cuentan mejores historias que tú, si juegan al juego y tú no, no importa si su producto es peor. Llamarán la atención. Todo cliente, inversor, socio o talento que haga una búsqueda superficial los considerará líderes en ese sector. Cuanta más gente hable de ellos, mayor será la notoriedad de su marca y más gente hablará de ellos.

Así que debes buscar una oportunidad para crear historias que enganchen a los clientes y que les hagan hablar de ti. Incluso si tus clientes te conocen y conocen tu producto, o si son muy técnicos, puedes eliminar fricciones. Puedes explicarles por qué necesitan una versión de lubricante más que otra u ofrecerles información de la que no disponían. O explica por qué comprar el mismo producto de tu empresa es mejor que comprar el de un competidor. Puedes ganarte su confianza mostrándoles que sabes lo que haces o que entiendes sus necesidades. O puedes ofrecerles algo útil. Relaciónate con ellos de manera que estén seguros de que toman la decisión correcta con tu empresa. Cuéntales una historia con la que puedan conectar.

Una buena historia es un acto de empatía. Reconoce las necesidades de su público. Y combina datos y sentimientos para que el cliente obtenga suficiente de ambas cosas. De entrada, necesitas conocimientos e información concreta para que tu argumento no parezca ligero e insustancial. No tienen que ser datos definitivos, pero tienen que ser los suficientes para que resulte sustancial y convenza de que te basas en hechos reales. Aunque puedes añadir más. Si tu historia es solo informativa, es muy posible que todo el mundo esté de acuerdo contigo, pero decida que no es lo bastante convincente como para actuar en este momento. Quizá el mes que viene. Quizá el año que viene.

Así que tienes que apelar a sus emociones y conectar con algo que les importe, sus preocupaciones o sus miedos. O muéstrales una visión convincente del futuro con un ejemplo. Explica cómo una persona experimentará este producto: su día, su familia, su trabajo y el cambio que experimentará. Pero no cargues tanto las tintas en lo emocional que lo que argumentes parezca novedoso, pero no necesario.

Contar una historia convincente es un arte. Pero también es una ciencia.

Y recuerda que el cerebro de tus clientes no siempre funciona como el tuyo. A veces tu argumento racional conectará con ellos a nivel emocional. A veces tu historia emocional les dará la munición racional para comprar tu producto. Algunos clientes de Nest miraban el bonito termostato que habíamos diseñado con cariño para atraer su corazón y su alma, y decían: «Sí, vale. Es bonito», y después reaccionaban de forma emocional y emocionada ante la posibilidad de ahorrar veintitrés dólares en la factura de la luz.

Cada persona es diferente. Y cada una interpretará tu historia de manera diferente.

Por eso las analogías pueden ser una herramienta muy útil para contar una historia. Resumen conceptos complicados y crean un puente que lleva a una experiencia común.

Es otra cosa que aprendí de Steve Jobs. Siempre decía que las analogías otorgan superpoderes a los clientes. Una gran analogía permite que un cliente capte al instante una característica difícil y después la describa a otros. Por eso «1.000 canciones en tu bolsillo» fue un eslogan tan potente. Todos tenían CD y cintas en grandes reproductores que solo te permitían escuchar de 10 a 15 canciones, un solo álbum cada vez. Así que «1.000 canciones en tu bolsillo» supuso una diferencia increíble. Permitía visualizar algo intangible, toda la música que les gustaba en un solo lugar, fácil de encontrar y fácil de guardar, y les ofreció la manera de contar a los amigos y a la familia por qué ese nuevo iPod era tan genial.

Todo en Nest estaba lleno de analogías. Llenaron nuestro sitio web, nuestros vídeos, nuestros anuncios e incluso nuestros artículos informativos y nuestras instrucciones de instalación. Tenía que ser así. Porque para entender de verdad muchas de las características de nuestros productos, había que conocer en profundidad los sistemas de calefacción, ventilación y aire acondicionado, las redes eléctricas y cómo el humo se refracta a través de un láser para detectar incendios, conocimientos que casi nadie tenía. Así que hacíamos trampa. No intentábamos explicar todas estas cosas. Nos limitábamos a hacer una analogía.

Recuerdo una característica compleja diseñada para aligerar la carga de las centrales eléctricas en los días más calurosos o más fríos del año, cuando todos encendían la calefacción o el aire acondicionado a la vez. En general se reducían a unas pocas horas por la tarde, unos días al año. Una o más centrales eléctricas de carbón se ponían en funcionamiento para evitar apagones. Así que diseñamos una función que predecía cuándo llegarían estos momentos, y el Nest Thermostat encendía el aire acondicionado o calentaba más antes de las horas punta y lo bajaba cuando todos los demás lo subían. Todo el que se inscribía en el programa obtenía un descuento en la factura de la luz. A medida que más personas se unían al programa, el resultado era beneficioso para todos. Los consumidores estaban cómodos y ahorraban dinero, y las compañías eléctricas no tenían que encender las plantas más contaminantes.

Y está muy bien, pero se necesitaban ciento cincuenta palabras para explicarlo. Así que, después de horas pensando en las soluciones posibles, decidimos dejarlas en tres: Premios Hora Punta.

Todo el mundo entiende el concepto de hora punta: el momento en que demasiadas personas se juntan en la carretera y el tráfico no avanza. Lo mismo sucede con la energía. No necesitábamos explicar mucho más. Las horas punta son un problema, pero en una hora punta de energía puedes sacar provecho. Puedes conseguir una recompensa. De hecho, puedes ahorrar dinero en lugar de quedarte atrapado con todos los demás.

Hicimos una página web al respecto con el gráfico de un coche y pequeñas plantas eléctricas echando humo. Seguramente insistimos demasiado en este punto y estiramos la metáfora, pero sabíamos que la mayoría de las personas no ahondaría tanto.

Para la inmensa mayoría de los clientes lo simplificamos. Con tres palabras y una analogía les ayudamos a entender que, en horas punta de energía, el Nest Thermostat puede ahorrarte dinero.

Es una historia. Una historia breve, pero esas son las mejores.

Las historias breves son fáciles de recordar. Y, aún más importante, fáciles de repetir. Alguien que cuente tu historia siempre llegará a más personas y hará más por convencerlas de que compren tu producto que horas hablando de ti mismo en tus plataformas. Siempre debes esforzarte por contar una historia tan buena que deje de ser tuya, para que tu cliente la aprenda, le encante, la interiorice y se apropie de ella. Y se la cuente a todos sus conocidos.

3.3

Evolución frente a disrupción frente a ejecución

Evolución: Un pequeño paso gradual para hacer algo mejor.

Disrupción: Una bifurcación en el árbol evolutivo, algo básicamente nuevo que cambia el statu quo, por lo general adoptando un enfoque novedoso o revolucionario ante un antiguo problema.

Ejecución: Hacer realmente lo que prometiste hacer y hacerlo bien.

Tu primera versión (V1) del producto debe ser disruptiva, no evolutiva. Pero la disrupción por sí sola no garantizará el éxito. No puedes pasar por alto los fundamentos de la ejecución porque creas que lo único que necesitas es una disrupción brillante. E incluso si ejecutas bien tu idea, puede que no baste. Si estás revolucionando un sector importante y arraigado, es posible que también tengas que revolucionar el marketing, el canal, la fabricación, la logística, el modelo comercial o alguna otra cosa que nunca se te había pasado por la cabeza.

Suponiendo que V1 ha sido al menos un éxito de crítica, la segunda versión de tu producto suele ser una evolución de la primera. Perfecciona lo que has hecho en V1 utilizando datos e información de clientes y duplica tu disrupción original. La ejecución debería mejorar un poco. Ahora sabes lo que estás haciendo y lo ideal sería que proporcionaras un producto significativamente más funcional.

Puedes seguir desarrollando este producto durante un tiempo, pero busca siempre nuevas formas de disrupción. No puedes empezar a pensar en ello cuando la competencia amenaza con alcanzarte o tu negocio empieza a estancarse.

Si vas a dedicarte en cuerpo y alma a crear algo nuevo, ese algo debería ser disruptivo. Debería ser audaz. Debería cambiar algo. No tiene que ser un producto. Amazon era un servicio disruptivo mucho antes de que empezara a fabricar su propio hardware. Puedes ser disruptivo en la manera en que se venden, entregan, mantienen y financian las cosas o en cómo se comercializan o reciclan.

La disrupción debería ser importante para ti como persona —¿quién no quiere hacer algo emocionante y significativo?—, pero también para la salud de tu negocio. Si de verdad has hecho algo disruptivo, es muy probable que tus competidores no puedan replicarlo enseguida.

La clave es encontrar el equilibrio correcto: no tan disruptivo que no puedas ejecutarlo, y no tan fácil de ejecutar que a nadie le importe. Tienes que elegir tus batallas.

Pero asegúrate de tener batallas.

Si fallas, si creas algo que es solo evolutivo, un paso más en un camino muy transitado, cuando lo presentes a las personas más inteligentes que conozcas en diversas disciplinas, se limitarán a encogerse de hombros. «Pues vale».

Y el silencio será elocuente.

Necesitas algo que los haga pararse en seco y decir: «Uau. Sigue contándome». Lo que disrumpas será lo que defina tu producto, aquello en lo que se fijarán los demás.

Y será lo que les hará reír. Si tu incursión disruptiva es en sectores grandes y arraigados, casi seguro que al principio tus competidores te descartarán. Dirán que lo que haces es un juguete, no una amenaza. Se reirán en tu cara.

Sony se rio del iPod. Nokia se rio del iPhone. Honeywell se rio del Nest Learning Thermostat.

Al principio.

En las etapas del duelo, es lo que llamamos «negación».

Pero pronto, a medida que tu producto, proceso o modelo comercial disruptivo vaya ganando fuerza entre los clientes, tus competidores empezarán a preocuparse. Empezarán a prestar atención. Y cuando se den cuenta de que podrías robarles su cuota de mercado, se cabrearán. Se cabrearán mucho. Cuando las personas alcanzan la etapa del duelo de la ira, atacan y dan golpes. Cuando las empresas se enfadan, bajan los precios, intentan avergonzarte con publicidad, recurren a prensa negativa para socavarte y llegan a nuevos acuerdos con canales de ventas para dejarte fuera del mercado.

Y podrían demandarte. Si no pueden innovar, litigan.

La buena noticia es que una demanda significa que oficialmente has llegado. Celebramos una fiesta el día que Honeywell demandó a Nest. Estábamos encantados. Aquella ridícula demanda (nos demandaron porque nuestro termostato era redondo) significaba que éramos una amenaza, y ellos lo sabían. Así que sacamos el champán. Así es, cabrones. Vamos a desplumaros.

No teníamos intención de retirarnos. Sabíamos que Honeywell llevaba décadas demandando a pequeñas empresas innovadoras, que quebraban. Les ponía la soga al cuello hasta que los advenedizos no tenían más remedio que venderse a Honeywell por una miseria. Eliminaba rápidamente toda amenaza. Pero el asesor general de Nest, Chip Lutton, y yo habíamos pasado por estas guerras juntos desde la época de Apple y no estábamos dispuestos a asustarnos para llegar a un acuerdo. (Véase también el capítulo 5.7, «Busca un abogado»: «La primera vez que tuve que lidiar con una demanda»).

Si tu empresa es disruptiva, tienes que estar preparado para reacciones fuertes y emociones aún más fuertes. A algunas personas les encantará lo que has hecho. Otras lo odiarán de manera violenta e implacable. Es el peligro de la disrupción. No es bienvenida por todos. La disrupción hace enemigos.

Ni siquiera empezar algo nuevo en una gran empresa te protegerá. Tendrás que lidiar con política, celos y miedo. Intentas cambiar las cosas, y el cambio asusta, sobre todo a los que creen que dominan su ámbito y no están preparados para que el suelo se mueva bajo sus pies.

Lo único que se necesita para que el suelo se mueva es una cosa nueva y aterradora. Quizá dos.

Pero no exageres. No intentes alterar todo a la vez. No hagas el Amazon Fire Phone.

Recuerdo cuando Jeff Bezos mencionó la idea por primera vez. Nos habíamos reunido durante el desayuno para hablar de mi posible incorporación a la junta directiva de Amazon. Jeff habló de planes de fabricar una nueva línea de dispositivos con la marca Amazon, en especial un teléfono. Sería espectacularmente disruptivo: todo se vería en 3D, permitiría radiografiar cualquier medio, se podría escanear cualquier cosa y después comprarla en Amazon. Lo cambiaría todo.

Le dije que ya había revolucionado el hardware con el Kindle. Era una maravilla de innovación y tenía una plataforma única que nadie podía duplicar. Para llevar Amazon a los teléfonos y cambiar la forma de comprar en internet no era necesario crear un dispositivo nuevo. Solo se necesitaba una buena aplicación que funcionara en los dispositivos de todos los demás.

Le dije: Yo no haría el teléfono.

Hizo el teléfono.

No conseguí el puesto en la junta.

Cuando se lanzó, el Fire Phone hacía todo lo que había prometido, pero nada bien. Intentaron hacer demasiado y cambiar demasiado. Así que las disrupciones se convirtieron en trucos, y el proyecto fracasó. Fue una lección dura y dolorosa que no han repetido. Haz. Falla. Aprende.

Pero es lo complicado de las disrupciones. Son un acto de equilibrio extremadamente delicado. Cuando se desmoronan, suele ser por una de estas tres razones:

1. Te centras en hacer algo increíble, pero olvidas que debe ser parte de una experiencia única y fluida. (Véase también la figura 3.1.1 en el capítulo 3.1). Así que pasas por alto los millones de pequeños detalles que no son tan emocionantes de construir —en especial en V1— y terminas con un pequeño modelo que en realidad no encaja en la vida de nadie.

2. Por el contrario, empiezas con una visión disruptiva, pero la dejas de lado porque la tecnología es demasiado difícil, demasiado costosa o no funciona lo bastante bien. Así que ejecutas maravillosamente todo lo demás, pero lo único que habría diferenciado tu producto se marchita.

3. O cambias demasiadas cosas demasiado rápido, y la gente corriente no puede reconocer o entender lo que has hecho. Es uno de los (muchos) problemas que tuvo Google Glass. Todo (el aspecto, la tecnología) era tan nuevo que nadie sabía qué hacer. No se entendía de manera intuitiva para qué era. Es como si Tesla decidiera construir coches eléctricos con cinco ruedas y dos volantes. Puedes cambiar el motor y el salpicadero, pero tiene que seguir pareciendo un coche. No puedes alejar demasiado a las personas de su modelo mental. Al menos al principio.

La tercera razón explica por qué el iPod de primera generación no tenía la tienda de música iTunes. No había mercado de música, el término «pódcast» estaba a meses de distancia y los usuarios se limitaban a copiar sus CD con iTunes o los pirateaban en internet.

Y no fue porque no lo hubiéramos pensado. Soñábamos con varias características de iTunes mientras creábamos el iPod. Pero no tuvimos tiempo para ejecutarlas y ya habíamos alterado suficiente. Queríamos pasar de los CD a los MP3, y eso ya era un gran salto. Solo tendríamos éxito si los usuarios tenían tiempo para recuperar el equilibrio antes de pedirles que volvieran a saltar.

Cuando empezamos a trabajar en V2 y V3, añadir un mercado digital se convirtió en el siguiente paso lógico. Estábamos maximizando y capitalizando nuestra disrupción inicial. Había mucha fruta al alcance de la mano, así que seguimos perfeccionando y evolucionando. V4, V5 y V6.

Cuanto más evolucionábamos, más queríamos cambiar. En determinado momento llevamos a Steve diseños radicalmente nuevos que nos entusiasmaban. Eran más pequeños y ligeros, innovadores y bonitos. Y habíamos eliminado la rueda de clic. Steve los miró y dijo: «Son geniales. Pero habéis perdido lo que significa ser un iPod».

El mundo veía la rueda de clic y pensaba «iPod». Así que eliminarla no era una evolución, era una disrupción que no tenía sentido en ese momento. Si hubiéramos seguido adelante, habríamos hecho un reproductor de música más pequeño y ligero, pero habríamos debilitado nuestra marca.

Lección aprendida.

Cuando evolucionas, tienes que entender lo esencial que define tu producto. ¿Cuál es la clave de tus características y de tu marca? ¿Qué has enseñado al cliente a buscar? Con el iPod era la rueda de clic. Con el Nest Learning Thermostat, la pantalla redonda y nítida con la temperatura en números grandes en medio.

Para mantener la esencia de tu producto, suele haber una o dos cosas que deben seguir ahí mientras todo lo demás gira y cambia a su alrededor.

Y es una limitación útil. Necesitas limitaciones que te obliguen a profundizar y a ser creativo, a abrir sobres que nunca habías pensado abrir.

En Apple nos esforzábamos todo el tiempo. Sabíamos que teníamos que lanzar un iPod nuevo con mejoras significativas cada año, listo para que lo regalaran en las fiestas. Era la primera vez que Apple marcaba este ritmo, ya que los productos Mac siempre se habían basado en actualizaciones de procesadores de ordenador de nuestros proveedores. (Véase también el capítulo 3.5, «Ritmos y esposas»: «Durante mucho tiempo, los Macintosh estuvieron a merced de IBM»). Pero oíamos mentalmente el sonido de Sony y otros competidores pisándonos los talones. Íbamos en cabeza, pero teníamos que seguir evolucionando y ejecutando de forma impecable para mantener la posición. El iPod de cada año tenía que ser mejor que el del año anterior, ya fuera el hardware, el software o ambos. Teníamos que mantener a raya a la competencia y dar a los clientes una razón para actualizarlo.

Así que aprendimos a prometer poco y a darlo todo. Seríamos conservadores con características clave como la duración de la batería. Durante todo el desarrollo nos aseguraríamos de haber alcanzado una cifra con la que Steve estuviera satisfecho. Trece horas, catorce horas. Pero entre bastidores intentábamos constantemente mejorarla, ganar un minuto aquí y otro allá.

Después lanzaríamos el último iPod con las últimas especificaciones: catorce horas de duración de la batería.

El nuevo iPod llegaría a los reseñistas y no solo cumpliríamos nuestra palabra, sino que la superaríamos. Duraría más horas de las que esperaban.

Lo hicimos una y otra vez, año tras año, pero por alguna razón nadie se daba cuenta. Cada vez se sorprendían. Una maravilla. Y eso contribuyó tanto a consolidar la reputación de excelencia de Apple como el diseño y la experiencia del usuario del iPod.

Este avance incesante contribuyó en buena medida a definir la marca iPod y mantener la atención en Apple. Y desanimó muchísimo a nuestros competidores. Tenía amigos en Philips que me decían que cada vez que se les ocurría una gran idea para superar el iPod, a los pocos meses salíamos con una característica similar y tenían que volver a empezar. Les hundía la moral. Avanzábamos tan deprisa que cuando nos alcanzaban, ya se habían quedado atrás.

Pero solo puedes evolucionar durante un tiempo.

Al final los competidores empezaron a acercarse. El iPod había superado a todos los demás reproductores de MP3, teníamos más del 85 por ciento del mercado mundial, pero los ultracompetitivos fabricantes de teléfonos móviles empezaron a entender cómo hacerse con una parte de nuestro pastel. Empezaron a incluir MP3 en sus teléfonos, porque veían el potencial de tenerlo todo en un solo dispositivo: llamadas, mensajes de texto, el juego de la serpiente y música.

Al mismo tiempo, todo el mundo adoptaba teléfonos móviles como locos y las redes de datos eran cada vez mejores, más rápidas y más baratas. Era obvio que no se tardaría mucho en reproducir música en streaming en lugar de descargarla. Eso cambiaría todo el sector del iPod.

Así que o el paisaje cambiaba, o nosotros cambiábamos el paisaje.

Teníamos que disrumpirnos a nosotros mismos.

El iPod era el único producto de Apple, aparte de los Mac, que había tenido éxito en quince años. En ocasiones supuso más del 50 por ciento de las ganancias de Apple. Era muy popular y seguía creciendo a buen ritmo. Definía la empresa para millones de clientes que no utilizaban el Mac.

Pero decidimos devorarnos a nosotros mismos. Teníamos que hacer el iPhone, aunque sabíamos que podría, y probablemente lo haría, acabar con el iPod.

Era un riesgo enorme. Pero en toda disrupción, los competidores solo se regodean en la negación y la ira durante un tiempo. Al final llegan a la aceptación, y si les queda algo de vida, empezarán a trabajar a toda marcha para alcanzarte. O puedes inspirar a toda una avalancha de nuevas empresas que utilicen tu disrupción inicial como trampolín para superarte.

Cuando ves que tus competidores te pisan los talones, tienes que hacer algo nuevo. Tienes que cambiar en esencia quién eres como empresa. Tienes que seguir avanzando.

No puede darte miedo cambiar drásticamente lo que hizo que tuvieras éxito. Aunque ese éxito fuera enorme. Mira Kodak. Mira Nokia. Empresas que se hacen demasiado grandes, que se acomodan y que se obsesionan por preservar y proteger la primera gran innovación que las colocó en el mapa, se derrumban. Se desmoronan. Mueren.

Si tienes mayor cuota de mercado que nunca, significa que estás a punto de calcificarte y estancarte. Ha llegado el momento de profundizar y mover el culo. Google, Facebook, todos los gigantes de la tecnología deben cambiar drásticamente en cualquier momento o se verán obligados a hacerlo por la regulación.

Tesla habría podido caer en la misma trampa. Empezaron con una enorme disrupción: revolucionar la industria automovilística y conseguir que por primera vez los coches eléctricos fueran atractivos para los consumidores. Pero, como todos los fabricantes de coches del mundo siguieron su ejemplo, Tesla corría el riesgo de convertirse en un coche eléctrico más en un mercado lleno de ellos. Así que empezaron a electrificar diferentes tipos de vehículos y a innovar las redes de carga, las ventas al por menor, el mantenimiento, las baterías y las cadenas de suministro. Se aseguran de que sus competidores tendrán que disrumpir todas sus operaciones incluso para participar en la carrera. En cuanto todos los fabricantes de coches tengan un vehículo eléctrico, el cliente se centrará en los demás aspectos que Tesla ya ha cambiado y llevado al mercado.

La competencia es un hecho, tanto la directa como la indirecta. Siempre hay alguien observando e intentando aprovechar cualquier grieta en un competidor con más éxito.

Durante años, la principal fuente de ingresos de Microsoft fue vender Windows a empresas enormes. Era una filosofía impulsada por las ventas, no por el producto. Por eso el producto apenas cambió durante años, hasta mucho después de que apareciera internet y empezara a cambiar todo lo demás. Hasta mucho después de que estuviera claro que el modelo de Microsoft agonizaba. Hasta mucho después de que la filosofía de la empresa se hundiera en un profundo malestar y el sector la descartara por ser un dinosaurio.

Pero al final, después de años de agitación, el nuevo director general, Satya Nadella, dio un cambio radical a su filosofía y la obligó a buscar otros productos y modelos comerciales. Se ramificó. Y tuvo muchos comienzos en falso y muchos productos fallidos. Muchas ramas se rompieron, pero varias dieron frutos: los productos Surface y los servicios de informática en la nube Azure. Dejó de considerar Windows su fuente de ingresos y convirtió Office en una suscripción online. Salió de su agujero, de su pantano estancado, y ahora Microsoft ha vuelto a fabricar productos innovadores e imaginativos, como Hololens y sus productos Surface.

Por supuesto, la mayoría de los fundadores mataría por crear una empresa que creciera tanto que corriera el riesgo de estancarse. Casi nadie llega tan lejos.

En su mayoría se estancan en el primer paso, en la primera disrupción. Es fácil decir «cambiar algo significativo», pero infinitamente más difícil tener una gran idea y ejecutarla de forma que conecte con los clientes. (Véase también el capítulo 4.1, «Cómo detectar una gran idea»).

Sobre todo porque una disrupción sorprendente puede no bastar. Es posible que tengas que cambiar drásticamente cosas en las que ni siquiera habías pensado.

Si Nest solo hubiera cambiado el hardware, si solo hubiéramos construido el Nest Learning Thermostat, habríamos fracasado. Rotundamente.

Tuvimos que disrumpir también el canal de ventas y la distribución.

En aquel momento, la gente corriente no salía a comprar termostatos. Los encontrabas en las ferreterías, pero los habían complicado a posta para que no pudieras instalarlos tú mismo. Y no se vendían por internet, así que no podías comparar precios y ver el gran incremento que los técnicos iban a cobrarte. Si se estropeaba el termostato, te limitabas a llamar a un técnico para que lo cambiara. Y si la calefacción o el aire acondicionado se averiaba, te venderían también un nuevo termostato (lo necesitaras o no).

Por cada venta adicional de un elegante termostato Honeywell, el técnico se llevaba una pequeña comisión por el trabajo bien hecho. Vendías suficientes termostatos y Honeywell te enviaba de vacaciones a Hawái.

Era un mercado arraigado en el que los jugadores habían hecho todo lo posible por mantener alejados a los competidores. No había ningún incentivo para que los técnicos vendieran o instalaran el Nest Learning Thermostat. No ofrecíamos comisiones. De hecho, ganaban menos dinero vendiendo nuestros dispositivos que los antiguos. Y sin duda nosotros no íbamos a enviar a nadie a Hawái. Éramos una empresa pequeña, y Honeywell llevaba años comprando la fidelidad de los instaladores.

Así que teníamos que rodear el canal disponible. Teníamos que crear un nuevo mercado y vender directamente a los propietarios de viviendas en un mundo en el que los propietarios de viviendas no compraban termostatos. Y teníamos que vender en lugares donde nunca se habían vendido termostatos. Nuestro primer socio minorista fue Best Buy, y no sabían dónde colocar Nest. No tenían un pasillo con termostatos.

Pero me aseguré de no repetir los errores de Philips. No íbamos a permitir que las tiendas dejaran Nest en cualquier sitio, detrás de los equipos de música. Así que dijimos a Best Buy que no queríamos un pasillo con termostatos, queríamos un pasillo de Hogar Conectado. Por supuesto que tampoco lo tenían. Así que lo inventamos juntos.

No me había metido en el negocio de los termostatos para disrumpir Best Buy. Pero es lo que tuvimos que hacer para vender termostatos.

Si lo haces bien, una disrupción impulsará la siguiente. Una revolución creará un efecto dominó sobre otra. Se reirán de ti y te dirán que es ridículo, pero eso solo significa que empiezan a prestarte atención. Has encontrado algo que merece la pena hacer. Sigue haciéndolo.

3.4

Tu primera aventura... y la segunda

Cuando lideras un equipo o proyecto para lanzar V1, la primera versión de un producto que es nuevo para ti y tu equipo, es como ir a la montaña con amigos por primera vez. Crees que tienes todo lo necesario para acampar y escalar, pero nunca lo has hecho. Así que dudas. Y eres lento. Pero intentas adivinar lo que necesitas y adónde vas, y te adentras en la naturaleza.

Al año siguiente decides repetirlo. Esta vez es V2. Y es totalmente distinto. Sabes adónde vas, sabes lo que necesitas para llegar y conoces a tu equipo. Ahora tienes la seguridad en ti mismo para ser más audaz, asumir mayores riesgos y llegar más lejos de lo que jamás habías pensado.

Pero en el primer viaje no tendrás estas ventajas. Deberás tomar muchas decisiones basadas en la opinión sin contar con datos ni experiencia que te orienten. (Véase también el capítulo 2.2, «Datos frente a opinión»).

Aquí tienes las herramientas que necesitas para tomar estas decisiones, por orden de importancia:

1. **Visión:** Saber lo que quieres hacer, por qué lo haces, para quién y por qué lo comprarán. Necesitarás a un líder fuerte o un grupo pequeño para asegurarte de que la visión se cumple íntegramente.

2. **Conocimiento de los clientes:** Lo que has aprendido en estudios de mercado o de clientes o poniéndote en el lugar de tus clientes: qué les gusta, qué no les gusta, qué problemas suelen tener y a qué soluciones responderán.

3. **Datos:** Para todo producto realmente nuevo, los datos fiables serán limitados o inexistentes. Esto no significa que no debas hacer un intento razonable de recopilar información objetiva: el alcance de la oportunidad, cómo se utilizan las soluciones actuales, etc. Pero esta información nunca será definitiva. No tomará decisiones por ti.

Cuando empieces a hacer una nueva versión de un producto, V2, tu segunda aventura, dispondrás de experiencia, clientes y el lujo de muchas decisiones basadas en datos. Sin embargo, el enfoque miope en los números puede ralentizarte o desviarte. Así que seguirás necesitando las herramientas anteriores, aunque en un orden distinto.

1. **Datos:** Podrás hacer un seguimiento de cómo los clientes utilizan tu producto y probar nuevas versiones. Puedes confirmar o refutar corazonadas con datos concretos de clientes reales que pagan. Estos datos te permitirán arreglar las cosas que cagaste cuando solo seguías tu instinto.

2. **Conocimiento de los clientes:** En cuanto hay personas que pagan por tu producto, son mucho más fiables para conseguir información útil. Pueden decirte lo que no funciona y lo que quieren ver a continuación.

3. **Visión:** Suponiendo que hayas acertado más o menos en 1.0, esa visión original pasa a segundo término tras los datos y la perspectiva que puedes conseguir de los clientes. Pero al

hacer nuevas versiones no deberías dejar totalmente de lado la visión original. Siempre debes tener en cuenta tus objetivos y tu misión a largo plazo para que el propósito fundamental de tu producto no se pierda.

También debes tener en cuenta que no solo estás haciendo V1 o V2 de tu producto, sino que estás creando la primera o segunda versión de tu equipo y tus procesos.

Equipo V1: La mayoría o todos los nuevos jugadores trabajan juntos. Aún os estáis tanteando, intentando entender si podéis confiar unos en otros y quién se quedará cuando las cosas se pongan difíciles. Tendréis que poneros de acuerdo sobre un proceso, que a menudo es más difícil que ponerse de acuerdo sobre un producto. Algunos no estarán de acuerdo por experiencias pasadas y la confianza puede desmoronarse rápidamente. El riesgo de hacer algo nuevo siempre se ve agravado por la falta de confianza en el equipo.

Equipo V2: Puede que tengas que mejorar partes de tu equipo a medida que te vuelves más ambicioso, pero muchos de los compañeros de equipo que capearon la tormenta de V1 estarán listos para volver a batallar en V2. Con suerte, confiaréis los unos en los otros, os habréis asentado en un proceso de desarrollo que funciona y tendréis una comunicación que acelerará todo. Esta confianza mutua os permitirá asumir mayores riesgos y crear productos más entusiasmantes.

El equipo de marketing peleó con dureza contra Steve Jobs por el teclado del iPhone. Pero muchos de nosotros nos rebelamos. En 2005, el teléfono «inteligente» más popular con diferencia era el BlackBerry, conocido cariñosamente como Crackberry. Todo el mundo se había enganchado a él. BlackBerry poseía el 25 por ciento del mercado y crecía deprisa. Y los fanáticos de BlackBerry siempre te decían que lo mejor de su dispositivo favorito era obvio: el teclado.

Fig. 3.4.1: Aquí el BlackBerry, cariñosamente llamado Crackberry por sus seguidores. Este es el BlackBerry 7290, lanzado en 2004. Tenía navegación web y correo electrónico, un teclado QWERTY retroiluminado y una pantalla en blanco y negro con capacidad para quince líneas de texto.

Estaba construido como un tanque. Tardabas un par de semanas en acostumbrarte, pero después podías escribir mensajes de texto y correos electrónicos a toda velocidad. La sensación en los pulgares era agradable. Sólida.

Cuando Steve contó al equipo su visión del primer teléfono de Apple —una enorme pantalla táctil, sin teclado de hardware—, casi se oyó un grito ahogado. Se susurraba en los pasillos: «¿De verdad vamos a hacer un teléfono sin teclado?».

Los teclados de pantalla táctil eran una mierda. Todos sabían que eran una mierda. Yo sabía que eran una mierda. Los había construido dos veces, primero en General Magic y después en Philips. Tenías que utilizar un lápiz óptico, tocar una y otra vez una pantalla sin flexibilidad, sin retroefecto, que resbalaba, y todo era de una lentitud frustrante. Nunca resultaba natural. Así que era escéptico respecto de que existiera la tecnología para conseguir que una pantalla táctil cumpliera nuestras expectativas. No se habían producido muchos avances técnicos en este ámbito desde que empecé a trabajar en él, en 1991. El más importante fue Graffiti de Palm, que te obligaba a escribir en taquigrafía jeroglífica para que un ordenador pudiera entenderlo.

Al equipo de marketing le preocupaba menos la tecnología que las ventas. Sabían que todo el mundo quería teclados de hardware. Después de un largo periodo en el que en Apple solo se autorizaban los BlackBerry a los vendedores, los de marketing se hicieron con ellos para ver a qué venía tanto alboroto. Y también se enamoraron. Así que estaban seguros de que no podríamos competir con los teléfonos inteligentes que había en el mercado sin un teclado de hardware. Los profesionales no lo comprarían, porque eran adictos a sus Crackberries.

Steve no cedía.

El iPhone iba a ser nuevo. Totalmente distinto. Y no sería para profesionales que se desplazaban. Sería para personas corrientes. Pero nadie podía saber cómo reaccionarían las personas corrientes porque el mercado de consumo llevaba una década intacto. Cuando el «teléfono inteligente» de primera generación de General Magic implosionó, absorbió la voluntad de toda la industria de construir dispositivos personales para el ciudadano medio.

En la década de 1990 y principios de 2000 la mayoría de los fabricantes de hardware hicieron lo mismo que yo: se volvieron hacia las herramientas de negocios. Philips, Palm, BlackBerry. Todos se dirigían a empresarios que en su mayoría necesitaban escribir correos electrónicos, enviar mensajes y actualizar documentos. No ver películas. Ni escuchar música. Ni hacer el tonto en internet, ni hacer fotos, ni contactar con amigos.

Y el iPhone iba a ser muy pequeño. Apple no lo quería mucho más grande que un iPod para poder llevarlo en el bolsillo. Al final la pantalla medía 8,89 centímetros en diagonal. Y Steve no estaba dispuesto a sacrificar la mitad de este espacio por un teclado de plástico que era imposible cambiar sin volver a la mesa de dibujo, literalmente.

Fig. 3.4.2: El iPhone original lanzado en 2007 era muy pequeño, más que cualquier iPhone actual. Medía 11,50 x 6,09 centímetros, pesaba 135 gramos y tenía una pantalla de 8,89 centímetros. Como comparación, el iPhone 13 mini mide 14,73 x 6,42 centímetros, pesa 141 gramos y cuenta con una pantalla de 13,71 centímetros.

Un teclado de hardware te encierra en un mundo de hardware. ¿Qué pasa si quieres escribir en francés? ¿O en japonés? ¿O en árabe? ¿Qué pasa si quieres emojis? ¿Qué pasa si necesitas añadir o eliminar una función? ¿Y si quieres ver un vídeo? No se puede girar un teléfono horizontalmente si la mitad es teclado.

Yo estaba de acuerdo con Steve. En principio. Pero no creía que pudiéramos lograrlo con ninguna de las tecnologías que había visto hasta entonces. Necesitaba suficientes datos para saber que podría hacer realidad su visión. Así que para sentirnos cómodos y dejar de discutir opiniones, establecimos desafíos semanales para que los equipos de hardware y software crearan una demo mejor. ¿En qué plazo podríamos conseguirlo? ¿Cuál era la tasa de error? Las teclas iban a ser más pequeñas que los dedos, por lo que los errores eran inevitables. ¿Cómo íbamos a sortear y corregir esos errores? ¿Y a qué velocidad? ¿Cuándo se activaban las teclas, cuando se apoyaba el dedo o cuando se levantaba? ¿Cómo iba a sonar? Necesitábamos respuestas de audio si no se respondía a la fuerza. Y luego estaba la prueba de calidad: ¿Resultaba cómodo? ¿Quería utilizarlo? ¿Me ponía de los nervios? Tuvimos que cambiar los algoritmos en todos los niveles del sistema muchísimas veces.

Ocho semanas después estaba lejos de ser perfecto, pero iba acercándose. Teniendo en cuenta lo mucho que habíamos mejorado en solo un par de meses, decidí que, aunque no sería tan bueno como un teclado de hardware, sería lo bastante bueno. Me convencí a mí mismo.

Fig. 3.4.3: Es fácil ver lo que planteaba Steve cuando comparas el BlackBerry Curve 8310 (lanzado en agosto de 2007) con el iPhone original (lanzado en junio de 2007). La pantalla del BlackBerry medía solo 6,35 centímetros. El teclado era tan grande que casi no quedaba pantalla.

Pero el equipo de marketing no cambió de opinión.

Tras semanas y semanas de discusiones, Steve se puso firme. No había datos que demostraran de manera definitiva que funcionaría. Tampoco había datos que demostraran que no funcionaría. Era una decisión basada en la opinión, y la opinión de Steve era la que más contaba. «Así que os subís al carro ahora mismo, o estáis fuera del equipo», les dijo Steve. Y se acabaron las discusiones con el equipo de marketing.

Al final se demostró que Steve tenía razón, por supuesto. El iPhone lo cambió todo. Y solo fue posible porque se aferró a su visión.

Pero eso no quiere decir que aferrarte a tu visión siempre te conducirá al éxito.

Ni siquiera para Steve Jobs.

Casi nadie se da cuenta de para qué se creó originariamente el iPod. Su propósito no era solo reproducir música. Se hizo para vender ordenadores Macintosh. Esto es lo que Steve Jobs tenía en mente: Vamos a hacer algo increíble que solo funcionará con nuestros Mac. Gustará tanto que todo el mundo volverá a comprar Mac.

En ese momento Apple agonizaba. Apenas tenía cuota de mercado, ni siquiera en Estados Unidos. Pero el iPod resolvería este problema. Salvaría la empresa.

Así que, por lo que a Steve Jobs concernía, el iPod nunca funcionaría con un PC. Eso anularía por completo el hecho de que necesitábamos vender más ordenadores.

Y por eso fracasó la primera generación de iPod.

A los críticos les encantó. También a las personas que ya tenían ordenadores Apple. Por desgracia, en aquel momento no eran muchas. El iPod costaba 399 dólares. El iMac básico costaba 1.300 dólares. Aunque el iPod era, con diferencia, el mejor reproductor de MP3 del mercado, nadie iba a gastarse 1.700 dólares en el paquete completo de Apple solo para que le resultara más fácil escuchar a Radiohead.

Pero eso no nos detuvo. El día que presentamos la primera

versión, ya habíamos empezado a trabajar en la segunda. V2 sería más delgada, más potente y más bonita. Le dijimos a Steve que tenía que funcionar en PC. Era imprescindible.

No.

Rotundamente no.

Obligar a Steve a abandonar su plan original era casi imposible. Pero libramos una guerra total intentando demostrarle que ya no era una decisión basada en la opinión. Eran datos. Estábamos en V2. Teníamos ingresos y conocimientos de clientes que habían pagado (aunque no los suficientes de ninguno de los dos).

Era una nueva versión. Volvíamos a escalar la montaña. Había llegado el momento de colocar la visión en tercer lugar.

Conseguimos que considerara una medida intermedia para el iPod de segunda generación: añadir Musicmatch Jukebox (básicamente el primer competidor de iTunes, pero en PC), que permite transferir los archivos de música desde una máquina con Windows al iPod. E incluso eso fue una batalla.

Al final llegamos al acuerdo de pedir a Walt Mossberg, el famoso crítico de tecnología, que emitiera el voto decisivo (sin que Walt lo supiera). Era un montaje, por supuesto. Creo que Steve quería a alguien a quien culpar si no funcionaba.

En última instancia, se demostró que Steve se equivocaba. Permitir que el iPod funcionara con PC impulsó de manera instantánea las ventas. Con la tercera generación empezamos a vender decenas de millones. Después cientos de millones. Y fue lo que cambió las cosas para Apple. Lo que salvó la empresa. Paradójicamente, incluso lo que salvó al Mac, porque los clientes a los que les encantaba el iPod empezaron a buscar otros productos de Apple, y los Macintosh empezaron a venderse de nuevo.

Pero la lección aquí no es que Steve Jobs no fuera infalible. Claro que no lo era. Era humano.

La lección es sobre cuándo y cómo la visión y los datos deben guiar tus decisiones. Al principio, antes de que haya clientes, la visión es más importante que casi cualquier otra cosa.

Pero no tienes que descubrir tu visión tú solo. De hecho, probablemente no deberías. Encerrarte solo en una habitación para crear un manifiesto de tu visión única y luminosa no parece muy distinto de perder la cabeza por completo. Consigue al menos una persona, a poder ser un grupo pequeño, con quien intercambiar ideas. Trazad la misión juntos. Y llevadla a cabo juntos.

Al final puedes crear algo mágico y que cambie el mundo. Pero también en este caso es posible que no.

Siempre existe la posibilidad de que te aferres valientemente a tu visión de 1.0 frente a todos los obstáculos, y que la visión resulte ser incorrecta. (Véase también el capítulo 3.6, «Tres generaciones»: «El "abismo" es el agujero en el que pueden caer las empresas»). Lo que has hecho, sea lo que sea, no funciona. Quizá creíste que una decisión basada en datos era una opinión. Quizá calculaste mal o elegiste un mal momento, o algo cambió en el entorno y no pudiste controlarlo.

En este momento tienes que volver atrás y, por doloroso que resulte, analizar honesta y minuciosamente por qué fallaste. Es el momento en el que tienes que recopilar datos. Tu intuición te llevó a ese punto, así que busca datos que te ayuden a entender por qué tu intuición se equivocaba.

Es posible que no te recuperes. Quizá te hayas quedado sin dinero o hayas perdido el equipo o tu credibilidad. Pero la única forma de avanzar es hacer un recuento honesto del pasado. Aprende las lecciones, en especial las difíciles. Y vuelve a intentarlo. Vuelve a la mesa de dibujo. V1.

Al final tu visión mejorará. Aprenderás a volver a confiar en tu instinto. Y llegarás al otro lado: V2. Y esa ya es otra historia.

Cuando estás creando la segunda versión de tu producto, puedes hablar con clientes y entender qué piensan y qué quieren ver a continuación. Puedes añadir todas aquellas características que deseabas introducir en V1, pero no pudiste. Puedes analizar los números y entender los costes y los beneficios. Puedes confirmar tus conocimientos con información, pruebas A/B, gráficos y cifras. Puedes hacer ajustes y adaptarte a las necesidades de tus clientes, y tomar muchas más decisiones basándote en datos claros e irrefutables.

Pero hasta que llegue este momento debes superar el esprint y la maratón de V1. Necesitas personas en las que confías para seguir adelante. Y tendrás que saber cuándo parar.

Si esperas a que tu producto sea perfecto, nunca terminarás. Pero es muy difícil saber cuándo has terminado, cuándo debes dejar de construir y sacarlo al mundo. ¿Cuándo es lo bastante bueno? ¿Cuándo estás lo bastante cerca de tu visión? ¿Cuándo puedes pasar por alto los inevitables problemas y vivir con ellos?

En general tu visión es mucho mejor que lo que se materializa en V1. Siempre hay que revisar, siempre hay algo más que quieres hacer, cambiar, añadir o modificar. ¿Cuándo te alejas de lo que estás haciendo y... te paras? Lo entregas. Lo liberas. Y ves qué pasa.

Este es el truco: escribe un comunicado de prensa.

Pero no lo escribas cuando hayas terminado. Escríbelo cuando empieces.

Empecé a hacerlo en Apple y al final me di cuenta de que otros directores también lo habían descubierto (me refiero a ti, Bezos). Es una herramienta tremendamente útil para limitar lo que de verdad importa.

Para escribir un buen comunicado de prensa hay que concentrarse. El comunicado de prensa está destinado a enganchar al público. Así consigues que los periodistas se interesen por lo que estás haciendo. Tienes que captar su atención. Tienes que ser breve e interesante, resaltar las cosas más importantes y esenciales que tu producto puede hacer. No puedes enumerar todo lo que quieres hacer. Debes priorizar. Cuando escribes un comunicado de prensa, dices: «Aquí lo tenéis. Esto es de interés periodístico. Esto es lo que realmente importa».

Así que dedica un tiempo a desarrollar el mejor comunicado de prensa que puedas. Consulta con personal de marketing y relaciones públicas si es necesario. Ellos te ayudarán a reducirlo a lo básico.

Y semanas, meses o años después, cuando te falte poco para terminar, mientras decides qué incluyes, qué eliminas, qué importa y qué no, saca tu comunicado de prensa. Léelo.

Si lanzaras tu producto ahora mismo, ¿podrías enviar este comunicado de prensa al mundo y que lo que dices en él fuera en buena medida cierto? Si la respuesta es afirmativa, felicidades. Seguramente tu producto está listo, o al menos muy cerca de estarlo. Has conseguido lo más importante de tu visión. Lo demás es muy probable que esté bien tenerlo, pero no es una prioridad.

Por supuesto, existe la posibilidad de que, desde que empezaste, hayas tenido que girar tanto que el comunicado de prensa esté fuera de lugar. A veces sucede.

No hay problema. Escribe otro comunicado de prensa. Repítelo.

Es una aventura, y las aventuras nunca salen según lo planeado. Es lo que las hace divertidas. Y aterradoras. Y lo que hace que merezcan la pena. Por eso respiras hondo, te rodeas de grandes personas y te adentras en la naturaleza.

3.5

Ritmos y esposas

Necesitas limitaciones para tomar buenas decisiones, y la mejor limitación del mundo es el tiempo. Cuando estás esposado a una fecha límite difícil, no puedes seguir haciendo pruebas, cambiando de opinión y dando los últimos toques a algo que nunca estará terminado.

Cuando estás esposado a una fecha límite, a una fecha inamovible como Navidad o una gran conferencia, tienes que ejecutar y ser creativo para terminar a tiempo. El ritmo externo, la limitación, impulsa la creatividad, que aviva la innovación.

Antes de lanzar V1, tu fecha límite externa siempre es algo inestable. Hay demasiadas incógnitas para escribirla en piedra. Así que la forma de mantener a todos en movimiento es crear plazos internos estrictos, objetivos que tu equipo establece en su calendario:

1. **Ritmo del equipo:** Cada equipo marca su ritmo y sus plazos para entregar su pieza del rompecabezas. Después todos los equipos se coordinan para...

2. **Ritmo del proyecto:** Son los momentos en los que diferentes equipos se sincronizan para asegurarse de que el producto sigue teniendo sentido y de que todas las piezas avanzan al ritmo correcto.

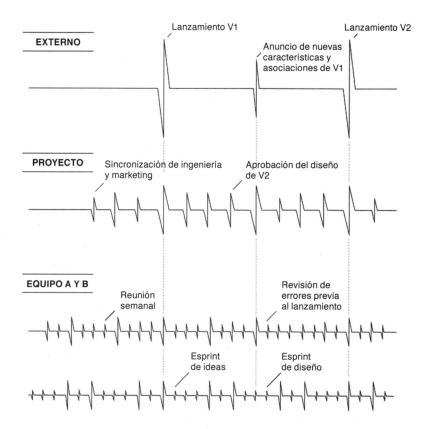

Fig. 3.5.1: Cada equipo tiene su ritmo en función de su estilo, el trabajo que realiza y las necesidades del proyecto. Diferentes equipos se reunirán en momentos concretos en función del ritmo del proyecto, que dependerá básicamente de ritmos externos. Los mejores ritmos externos no los marca la empresa, sino fuerzas externas, como fiestas señaladas o una gran conferencia. Es preciso que el proyecto mantenga un ritmo constante para asegurarse de que el equipo no se salta ninguno de los plazos externos importantes.

Cuando me uní a General Magic, el plan era tenerlo listo en nueve meses. El lanzamiento se retrasó seis meses. Y otros seis meses. Y otros. Siguió así durante cuatro años.

Seguramente la única razón por la que lo dimos por concluido fue que Apple lanzó el Newton y los inversores empezaron a presionar. Fue entonces cuando nos encontramos con nuestra primera limitación: la competencia se acercaba.

El Magic Link solo se lanzó cuando tuvo que lanzarse. Solo empezamos a tomar decisiones difíciles —esto se queda, esto se elimina, esto es lo bastante bueno, esto no lo es— cuando no tuvimos otra opción. No podíamos seguir dando vueltas en busca de la perfección. General Magic se tambaleaba y necesitaba unas esposas. Tenía que fijar una fecha para el lanzamiento y mantenerla.

Pero la crisis de V1 siempre es: ¿Cuándo se lanza? No tienes clientes y no le has dicho al mundo en qué estás trabajando. Lo más fácil es seguir trabajando.

Así que tienes que obligarte a parar. Establece una fecha límite y cíñete a ella.

Para la primera versión del iPhone nos dimos diez semanas.

Diez semanas para ver si podíamos hacerlo funcionar. Si llegábamos a la versión mínima, eso demostraría que íbamos en la dirección correcta.

Nuestra idea inicial era un iPod + teléfono: mantener la rueda de clic y cambiar todo lo demás. En tres semanas vimos que era imposible. La rueda de clic era el principal elemento de diseño, pero no podíamos convertirla en un dial sin convertirlo todo en un teléfono rotatorio.

La hipótesis inicial —que podríamos reutilizar el diseño y el hardware icónicos del iPod— resultó incorrecta. Así que pulsamos reiniciar. Nueva hipótesis. Esta vez empezaríamos de cero, así que nos dimos cinco meses.

La segunda idea tenía la forma básica y el diseño industrial de un iPod Mini, pero con pantalla completa y sin rueda de clic, muy similar a lo que vemos hoy.

Nos encontramos con una serie de nuevos problemas con el diseño del segundo prototipo de iPhone. No conseguíamos la ingeniería correcta. Las antenas, el GPS, las cámaras, las térmicas. Nunca habíamos construido un teléfono móvil, y mucho menos un teléfono inteligente, y nuestras suposiciones eran erróneas. Otra vez.

Fig. 3.5.2: Este modelo iPod-teléfono en realidad no era nuestro. Nos llegó de un fabricante que había oído rumores de que estábamos trabajando en un teléfono y quiso presentarnos su idea. Este dispositivo de aspecto extraño muestra la imposibilidad de diseñar un teléfono alrededor de la rueda de clic. La mitad superior giraría 180 grados para que pudieras utilizar la pantalla si estabas marcando un número de teléfono o escribiendo mensajes de texto. No era mala idea, pero no era un iPhone.

Reiniciar y empezar de nuevo.

Hasta el tercer intento no entendimos todas las piezas lo suficiente como para crear el dispositivo V1 correcto.

Pero nunca habríamos llegado a este tercer diseño si no nos hubiéramos dado plazos estrictos con los dos primeros, si no nos hubiéramos detenido a los pocos meses, hubiéramos reiniciado y hubiéramos seguido adelante.

Nos impusimos todas las limitaciones posibles: no demasiado tiempo, no demasiado dinero y no demasiadas personas en el equipo.

Ese último punto es importante.

No te vuelvas loco contratando solo porque puedes. En la mayoría de los proyectos que están en la fase de concepción, puedes hacer muchas cosas con diez personas, incluso menos. No tiene sentido contratar personal y después verte obligado a diseñar en una jaula de grillos o a dejar a un montón de personas al margen, de brazos cruzados, esperando a que lo soluciones.

Al final del primer proyecto del iPhone teníamos a ochocientas personas trabajando. Pero ¿te imaginas qué habría pasado si las ochocientas hubieran estado con nosotros desde el principio, viéndonos abandonar la visión y reiniciar el proyecto? ¿Y de nuevo unos meses después? Habría sido un caos. Ochocientas personas con un ataque de pánico y nosotros tranquilizándolas a todas una y otra vez, centrándolas en lo positivo e intentando mantenerlas sincronizadas con una cantidad de repeticiones de locura.

Fig. 3.5.3: Dedicamos mucho tiempo a dar vueltas a varios conceptos, y estos trozos de plástico eran de algunas de las primeras pruebas de forma. Nos permitían ver qué efecto tendrían nuestras ideas en nuestras manos, bolsillos y bolsos mientras intentábamos descubrir qué tenía sentido y qué no.

Así que mantén tu proyecto reducido todo el tiempo que puedas. Y no le asignes demasiado dinero al principio. Las personas hacen idioteces cuando cuentan con un gran presupuesto. Diseñan demasiado y piensan demasiado, lo que inevitablemente conduce a mayor descontrol, horarios más largos y ritmos más lentos. Muchísimo más lentos.

En general, ningún producto nuevo debe tardar más de 18 meses en estar listo, 24 como límite. El punto óptimo está entre los 9 y los 18 meses. Esto se aplica a hardware y software, átomos y bits. Por supuesto, hay cosas que llevan más tiempo. La investigación puede llevar décadas, por ejemplo. Pero, aunque se tarden diez años en investigar un tema, los controles a lo largo del camino te aseguran que sigues buscando la respuesta correcta. O que sigues haciendo la pregunta correcta.

Todo proyecto necesita un ritmo.

Antes del lanzamiento de V1, ese ritmo es totalmente interno. Todavía no te comunicas con el mundo exterior, así que debes tener un ritmo interno fuerte que te empuje hacia una fecha de lanzamiento establecida.

Este ritmo se compone de momentos importantes: reuniones de la junta, reuniones generales o estadios del desarrollo del producto en los que todos, ingeniería, marketing, ventas y atención al cliente, deben hacer una pausa y sincronizarse. Puede suceder cada pocas semanas o cada pocos meses, pero tiene que suceder para que todos sigan avanzando al unísono hacia la fecha establecida.

Y para mantener el ritmo del proyecto, cada equipo deberá producir sus elementos a su ritmo. El ritmo de cada equipo será diferente. Podrían ser esprints de seis semanas, revisiones semanales o controles diarios. Podría ser scrum, cascada o kanban, cualquier marco organizativo o enfoque de gestión de proyectos que te funcione. Un equipo creativo va a llevar un ritmo muy diferente del de un equipo de ingeniería. Una empresa que fabrica hardware va a llevar ritmos de equipo más lentos que las empresas que solo mueven electrones. Sea cual sea el ritmo, tu trabajo es mantenerlo constante para que tu equipo sepa qué esperas de él.

Lo aprendí en Philips la primera vez que tuve que crear un programa desde cero.

Cuando empezamos, todo el equipo era bastante joven e inexperto en la gestión de proyectos, así que contratamos a consultores para que nos ayudaran a elaborar un programa. Sugirieron que organizáramos nuestras tareas en medios días. El equipo calcularía cuántos medios días tardaríamos en completar cada parte del proyecto y desglosaría todos los meses, semanas y días necesarios para realizar cada tarea que se nos ocurriera. Después elaboramos programas detallados de 12 a 18 meses en función de la carga de trabajo individual de cada uno.

Parecía perfectamente razonable. Estuvimos de acuerdo con los consultores. ¡Genial! ¡Tenemos un programa! ¡Ya podíamos seguir adelante! Hasta que nos dimos cuenta de que:

1. Nadie puede calcular con precisión el tiempo que va a necesitar ni todos los pasos que deberá realizar.
2. Entrar en tantos detalles es inútil. Siempre hay algo que estropeará tu plan.
3. Pasábamos todo el tiempo programando, discutiendo sobre lo que se podía y no se podía hacer en medio día, y los medios árboles no nos dejaban ver el bosque.

Cada vez que el producto cambiaba y evolucionaba, se montaba un follón. Teníamos que molestar a todo el mundo para que nos dijeran cuántos medios días tardarían en solucionar el cambio, en lugar de limitarnos a solucionarlo. Dedicábamos horas cada semana a «trabajar en el programa» con todos los miembros del equipo en lugar de a trabajar realmente.

Al cabo de unos meses desechamos el sistema. Se acabaron los medios días. Organizamos nuestro tiempo en partes más grandes, semanas o meses. Empezamos a tener una visión macro de nuestros proyectos. Y eso nos permitió crear la V1 del Velo en dieciocho meses. Después lo entregamos, reluciente y nuevo, a ventas y marketing.

Y no tenían ni la más remota idea de qué hacer con él. No lo habían visto antes. No sabían cómo venderlo, dónde venderlo y cómo publicitarlo. No habíamos pensado en ellos, y ahora ellos no pensaban en nosotros.

Habíamos descubierto nuestro ritmo interno, pero no lo habíamos sincronizado con ningún otro equipo. Y nadie podía seguir nuestro ritmo. Bailábamos a nuestro aire, seguros de que todos los ojos estaban puestos en nosotros, y nuestra pareja de baile estaba al otro lado de la sala sirviendo ponche y pensando en máquinas de afeitar eléctricas.

Necesitábamos señalar fechas dentro del proyecto, comprobaciones periódicas en las que nos aseguráramos de que todos entendían cómo había evolucionado el producto y pudieran evolucionar su parte a la vez. Y para asegurarnos de que el producto seguía teniendo sentido. Ver si a marketing le seguía gustando. Ver si a ventas le seguía gustando. Ver si la atención al cliente aún podría explicarlo. Asegurarnos de que todos sabían lo que estaban haciendo y conocían el plan para lanzarlo.

Estos pasos te ralentizan a corto plazo, pero en última instancia aceleran el desarrollo del producto. Y consiguen que sea mejor.

Y al final un día terminarás. O al menos habrás hecho lo suficiente. Y llegarás a tu primer ritmo externo para V1.

Ojalá vaya bien. Ojalá al mundo le guste. Ojalá quieran más para que a ese primer ritmo externo le siga otro. Y otro.

En cuanto dejes atrás V1 y V2, el avance de tus anuncios externos, y probablemente de tus competidores, empezará a impulsar tu ritmo interno.

Pero ten cuidado.

Si estás creando algo digital —una aplicación, un sitio web o una pieza de software—, puedes cambiar tu producto en cualquier momento. Puedes añadir funciones cada semana. Puedes rediseñar toda la experiencia una vez al mes. Pero el hecho de que puedas no significa que debas.

El ritmo no debe ser demasiado acelerado. Si un equipo actualiza constantemente su producto, los clientes empiezan a desconectarse. No les ha dado tiempo a aprender cómo funciona el producto —y menos a dominarlo— cuando de repente vuelve a ser nuevo.

Mira Google. Su ritmo es errático e impredecible. Funciona para ellos —en la mayoría de los casos, a veces—, pero podría funcionar mucho mejor. Podría decirse que Google solo tiene una gran fecha externa cada año, Google I/O, y la mayoría de los equipos no se molestan en adaptarse a ella. En general lanzan lo que quieren cuando quieren durante todo el año, a veces con marketing detrás, y otras veces con sencillas campañas de correo electrónico.

Eso significa que nunca podrán comunicarse con sus clientes de manera cohesionada sobre toda su organización. Un equipo hace esto, otro hace aquello, sus anuncios se superponen o pasan por alto oportunidades obvias para crear un relato. Y nadie, ni los clientes, ni siquiera los empleados, puede seguir el ritmo.

Necesitas pausas naturales para que los demás puedan ponerse al día, para que los clientes y los reseñistas puedan hacerte comentarios que podrás integrar en la siguiente versión. Y así tu equipo puede entender lo que el cliente no entiende.

Pero tampoco puedes reducir demasiado la velocidad. El ritmo de las empresas que trabajan con átomos en lugar de electrones suele ser demasiado lento. Porque los átomos dan miedo. No puedes relanzar un átomo.

El proceso y el momento correctos son un acto de equilibrio, ni demasiado rápido ni demasiado lento.

Así que mira al año siguiente.

Después de haber lanzado tu V1, de dos a cuatro veces ese año deberías anunciar algo al mundo. Nuevos productos, nuevas funciones, nuevos diseños o actualizaciones. Algo sustancioso que merezca que le presten atención. No importa si eres una empresa grande o pequeña, si creas hardware o aplicaciones, B2B o B2C. Es el ritmo adecuado para los clientes. Para las personas. Si haces más anuncios o grandes cambios, empezarás a confundirlas, y si haces menos, empezarán a olvidarse de ti. Por lo tanto, ten al menos un lanzamiento grande al año, y de uno a tres lanzamientos más pequeños.

El ritmo externo de Apple solía acelerarse en la conferencia anual MacWorld de San Francisco. Ese evento impulsaba el ritmo de toda la empresa. Los anuncios más importantes siempre tenían que producirse en MacWorld.

Y MacWorld siempre se celebraba en enero.

La razón principal era que los organizadores de MacWorld eran tacaños. La primera semana del año era el momento más barato para alquilar un recinto para conferencias en San Francisco, ya que los turistas y los empresarios se tomaban un descanso de sus viajes después del ajetreo de las fiestas. Y, en cualquier caso, MacWorld era pequeño. En los años noventa, Apple se tambaleaba y su base de clientes era reducida, así que los pocos fanáticos que acudían al espectáculo eran técnicos de Silicon Valley que ya estaban en el barrio. La ciudad de San Francisco se alegraba de que los frikis fueran en enero y de poder reservar los espacios de primavera y verano, más lucrativos, para conferencias más grandes que atraerían a más visitantes de otras ciudades.

Así que en enero.

Pero eso significaba que Apple no podía tomarse tiempo libre durante las vacaciones. Absolutamente todo tenía que estar terminado antes del 1 de enero. Si trabajabas en determinados equipos de Apple, tu familia tenía que resignarse a no verte desde el Día de Acción de

Gracias hasta Año Nuevo. La mayoría de los equipos solo resurgían después de MacWorld, demacrados pero triunfantes, entrecerrando y frotándose los ojos bajo la luz del sol. Esto se prolongó durante años y años.

Hasta que al final Steve Jobs dijo: «A la mierda».

Decidió que Apple era lo suficientemente fuerte como para saltarse MacWorld. Estableció un nuevo ritmo.

El viejo ritmo tenía grandes anuncios en MacWorld en enero y lanzamientos más pequeños en la Conferencia Mundial de Desarrolladores de Apple (WWDC) en junio y de nuevo en septiembre.

Pero el nuevo ritmo era anuncios más pequeños en marzo, después una gran explosión en la WWDC del verano y más anuncios pequeños en otoño.

Ahora Apple tiene tanto de qué hablar que hay anuncios en marzo, junio, septiembre y octubre, justo antes de las vacaciones.

Pero no en enero. Nunca en enero. Aprendieron bien esta lección.

Por desgracia, no siempre controlas tu ritmo. A veces se basa en la conferencia de otra persona. A veces orbita alrededor de los productos de otra persona.

Durante mucho tiempo, los Macintosh estuvieron a merced de IBM, Motorola e Intel, los fabricantes de sus procesadores. Si se retrasaba un nuevo procesador, los nuevos Mac se retrasarían. Por eso Macintosh se decidió por los procesadores Intel durante tanto tiempo, porque eran los menos informales. Pero ni siquiera Intel era cien por cien predecible, y cualquier pequeño cambio en su calendario provocaba interminables barullos y reajustes en Apple.

No había forma de crear un ritmo constante para los clientes de Mac y razonable para el equipo de Apple si confiaban en los procesadores Intel. Y del mismo modo que Steve decidió controlar su calendario de anuncios, al final decidió que Apple tenía que fabricar sus procesadores.

Era la única forma de hacer que el mundo fuera predecible.

Y no hay nada que guste más que un mundo predecible.

Nos gusta pensar que no nos regimos por horarios, que podemos deshacernos de las cadenas de la costumbre en cualquier momento, pero la mayoría de las personas son criaturas de rutina. Se sienten reconfortadas sabiendo lo que viene después. Lo necesitan para planificar su vida y sus proyectos.

La previsibilidad permite que tu equipo sepa cuándo debería trabajar sin levantar la cabeza y cuándo debería mirar hacia arriba para verificar con otros equipos o para asegurarse de que sigue yendo en la dirección correcta. (Véase también el capítulo 1.4, «No mires (solo) hacia abajo»).

La previsibilidad te permite codificar un proceso de desarrollo del producto en lugar de empezar de cero cada vez. Te permite crear un documento vivo con puntos de control, programas y planes que forma a los nuevos empleados y enseña a todos: Así lo hacemos. Este es el marco de cómo crear un producto.

En última instancia, esta previsibilidad es lo que te permitirá cumplir tu fecha límite.

Se debe evitar a toda costa romper el ritmo externo, pero a veces sucederá de todos modos. Algo se romperá. Algo llevará más tiempo de lo que esperabais. Casi siempre sucede con V1, cuando empiezas de cero e intentas resolver todo a la vez.

Pero en cuanto tengas tu proceso en su lugar y saques por fin V1, tu ritmo puede calmarse. Puede estabilizarse.

Y cuando saques V2, llegarás a tiempo. Y todos —tu equipo, tus clientes y la prensa— sentirán el ritmo.

3.6

Tres generaciones

Lo gracioso es que se necesitan veinte años para tener éxito de la noche a la mañana. En los negocios, vienen a ser de seis a diez. Siempre lleva más tiempo del que crees encontrar el producto o el mercado adecuado, llamar la atención de tus clientes, crear una solución completa y después ganar dinero. En general debes crear al menos tres generaciones de cualquier producto nuevo y disruptivo antes de hacerlo bien y tener ganancias. Esto es cierto para B2B y B2C, para empresas que construyen con átomos, electrones o ambos, y para nuevas empresas y productos nuevos.

Ten en cuenta que hay tres etapas de rentabilidad:

1. **Ni remotamente rentable:** Con la primera versión de un producto todavía estás probando el mercado y el producto, e intentando encontrar a tus clientes. Muchos productos y empresas mueren en esta etapa antes de haber ganado un céntimo.

2. *Hacer economía unitaria o márgenes brutos:* Con suerte, con V2 puedes tener ganancias brutas con todos los productos que vendas o todos los clientes que se suscriban a tu servicio. Ten en cuenta que la fantástica economía unitaria no basta para que una empresa sea rentable. Seguirás gastando

cantidades industriales de dinero administrando tu negocio
y consiguiendo clientes a través de ventas y marketing.

3. **Hacer economía de la empresa o márgenes netos:** Con V3
   tienes la posibilidad de obtener ganancias netas con cada
   suscripción o producto vendido. Esto significa que lo que in-
   gresas por ventas supera los costes de tu negocio, por lo que
   tu empresa en conjunto gana dinero.

La razón por la que se tarda tanto en conseguir márgenes brutos y más aún márgenes netos es que aprender lleva tiempo. Para
tu empresa y para tus clientes.

Tu equipo tendrá que descubrir cómo encontrar el producto y
el mercado adecuado para V1, después ajustar el producto y comer-
cializarlo correctamente a un público más amplio con V2, y solo entonces podrás centrarte en optimizar el negocio para que sea sos-
tenible y rentable con V3.

Y los clientes necesitan tiempo para tantearte. La gran mayoría
de las personas no son innovadoras de entrada, no prueban cosas
nuevas de inmediato. Necesitan tiempo para acostumbrarse a la idea,
para leer reseñas, para preguntar a sus amigos y para esperar a que
salga la siguiente versión, porque probablemente será aún mejor.

Recuerdo caminar por los pasillos de General Magic leyendo *Cruzando el abismo*, de Geoffrey Moore, en 1992 o 1993. Muchos de nosotros lo leíamos, lo comentábamos y señalábamos que tenía mucha razón mientras nos adentrábamos cada vez más en el abismo y era
evidente que no lo conseguiríamos.

El «abismo» es el agujero en el que pueden caer las empresas si la
gente corriente —no solo los primeros usuarios— no compra su producto. Hoy se llama encontrar el ajuste producto-mercado.

Cruzando el abismo presentó al mundo la famosa Curva de Adopción del Cliente, que se muestra a continuación. La idea en la que se apoya es bastante simple: un pequeño porcentaje de clientes se lanzará a comprar un nuevo producto enseguida, independientemente de lo bien que funcione; quiere lo último. Sin embargo, la mayoría esperará hasta que lleve un tiempo en el mercado y se hayan solucionado todos los problemas.

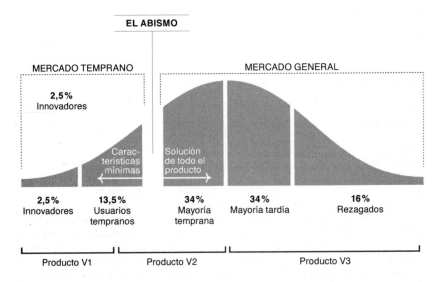

Fig. 3.6.1: En su libro *Cruzando el abismo*, Geoffrey Moore describió por primera vez cuándo diferentes personas están abiertas a nuevos productos. Pero esto no es todo. También es fundamental entender dónde caerán V1, V2 y V3 de tu producto en este gráfico y cómo eso cambia en lo que te centras: disrupción, perfeccionamiento o el negocio.

Para quién es

V1 Innovadores y usuarios tempranos.	V2 Mayoría temprana.	V3 Mayoría tardía y rezagados.
Las personas a las que les encanta cualquier cosa que hagas. Pueden ser frikis de las máquinas, estar obsesionadas con la tecnología o sencillamente que de verdad les interese lo que haces. Reaccionarán de manera emocional a cualquier cosa nueva y genial, y la comprarán conscientes de que probablemente tendrá errores.	Son las que marcan tendencia. Observan a los usuarios tempranos y leen reseñas antes de comprometerse. Esperan a que se solucionen los errores del producto, una atención al cliente decente y facilidad para conocer y comprar el producto.	Todas las demás, los clientes que esperan la perfección. Solo comprarán el claro ganador del mercado y no tolerarán ninguna molestia.

Producto

V1 Básicamente lanzas tu prototipo.	V2 Arreglas lo que cagaste en V1.	V3 Perfeccionas un producto que ya es excelente.
Los costes de adquisición de clientes serán altísimos; no tendrá funciones que querías que estuvieran; tu marketing, ventas y atención al cliente serán algo inestables; no tendrás los socios que necesitas y aún estarás descubriendo en qué te has equivocado.	En esta etapa sabrás cuáles son tus problemas y cómo solucionarlos, tanto los problemas inesperados que inevitablemente surgen después del lanzamiento como lo que tuviste que sacrificar la primera vez. V2 suele llegar poco después de V1 porque has aprendido mucho muy rápido y te mueres por aplicarlo en la siguiente generación.	Debes centrarte menos en el producto y más en el negocio y en pulir todos los puntos de contacto del ciclo de vida del cliente.

Subcontratación frente a creación interna

V1 Solucionas las cosas y subcontratas.	V2 Empiezas a hacer más cosas internamente.	V3 Aprovechas la experiencia interna y subcontratas selectivamente proyectos más pequeños.
Tu equipo es pequeño, así que tienes que subcontratar un montón de funciones: marketing, relaciones públicas, recursos humanos y temas jurídicos. Esto te permitirá avanzar deprisa y hacer muchas cosas, pero es caro y no favorece la economía de escala.	Aprovechas lo que has aprendido de los equipos de otras personas con los que has trabajado para V1 y empiezas a desarrollar ese músculo internamente. (Véase también el capítulo 5.3, «Diseño para todos»: «Pero no debes subcontratar un problema»). Tus equipos y el nivel de experiencia crecen.	Determinados equipos internos clave se centrarán en los diferenciadores más importantes de tu negocio. Esto puede significar hacer internamente la marca, los temas jurídicos o lo que sea más importante para tu empresa. A medida que estos equipos crecen y hacen más cosas, empiezan a subcontratar de nuevo, pero solo para tareas concretas y más pequeñas que el equipo interno supervisa de cerca.

Producto

V1 Ajuste del mercado de productos.	V2 Producto rentable.	V3 Negocio rentable.
En realidad, solo significa que el producto sea lo bastante bueno para demostrar que hay un mercado para él y que puedes cruzar el abismo. Si no puedes demostrar que al menos los usuarios tempranos comprarán tu V1, debes volver a la mesa de dibujo y empezar de nuevo	En este punto ampliarás el mercado, empezarás a concretar más partes del recorrido del cliente e incluso podrías ganar algo de dinero por producto, aunque probablemente no lo suficiente para cubrir los costes.	Suponiendo que tuvieras márgenes brutos con V2, puedes apuntar a márgenes netos con V3. Aquí es cuando empiezas a negociar con socios para conseguir mejores acuerdos, optimizar tu atención al cliente y el canal de ventas, y comprar nuevos medios para el marketing. Con suerte, al final tendrás suficiente volumen para empezar a reducir los precios y ganar dinero de verdad. Con V3 tienes la oportunidad de hacerlo todo bien: el producto, la empresa y tu modelo de negocio.

Pero esto no es todo. Si no entiendes cómo la adopción de clientes se relaciona con el desarrollo de productos y de la empresa, estás perdiéndote una parte muy importante del rompecabezas.

En cuanto las empresas encuentran el ajuste producto/mercado pueden empezar a centrarse en la rentabilidad. Las empresas que construyen con átomos se centran en el COGS (coste de los bienes vendidos). Además de en la mano de obra directa, en lo que gastan más dinero es en fabricar el producto. Así que tienen que reducir el coste de producción de su producto para que resulte rentable.

Las empresas que construyen con electrones se centran en el CAC (coste de adquisición de clientes). Además de en la mano de obra directa, gastan su dinero vendiendo y apoyando su producto.

Las empresas que construyen tanto con átomos como con electrones tienen que preocuparse por el COGS y el CAC, pero en general deberían centrarse en uno cada vez. Primero elimina el COGS, después pasa al CAC. Crea el producto y después añade los servicios.

Y a pesar de las muchas diferencias entre átomos y electrones, hardware y software, hay una cosa que impera en ambas: el tiempo.

Construyas lo que construyas, conseguir que sea rentable llevará más tiempo de lo que crees. Casi seguro que no ganarás dinero con V1. Tendrás que reinventarte al menos tres veces. En ocasiones muchas más.

Y aunque tu calendario se haya reducido, aunque solo estés acelerando una aplicación, tu producto todavía tiene que aprender a gatear, y después a andar, antes de que funcione. Puede llevar tanto tiempo para una aplicación o servicio como para un lanzamiento de hardware. Se necesita tiempo para evolucionar y cambiar, reaccionar a los comentarios de los clientes y conseguir que todos los puntos del recorrido del cliente sean tan sólidos como el producto en sí. Y los clientes aún necesitan tiempo para saber de ti, probar tu producto y decidir que merece la pena. Necesitan tiempo para avanzar en la curva de adopción.

El iPod necesitó tres generaciones —y tres años— para alcanzar rentabilidad económica.

Lo mismo sucedió con el iPhone. La primera versión era solo para usuarios tempranos. No tenía 3G, no tenía la tienda de aplicaciones y nuestro modelo de precios era malo. Steve nunca quiso que se subvencionara el teléfono. Quería que todos supieran su precio real para que lo valoraran adecuadamente, y también quería obtener una parte del plan de datos. (Véase también el capítulo 6.4, «A la mierda los masajes»: «Para valorar las cosas hay que pagarlas»). Pero el iPhone estaba destinado a cruzar el abismo. Al mundo le encantaba. Solo teníamos que dar los detalles para que lo compraran.

Pero cruzar el abismo no es garantía, ni siquiera con productos muy queridos. Y ganar dinero es muchísimo más difícil.

Por supuesto, con internet, los nuevos modelos comerciales desafían estos conocimientos convencionales. Aun así, muchas empresas —Instagram, WhatsApp, YouTube o Uber— han pasado por entre cinco y diez generaciones o más hasta descubrir cómo ganar dinero. Muchas otras todavía no lo han conseguido. La razón por la que siguen existiendo empresas no rentables es que cuentan con gran cantidad de fondos de capital de riesgo o las han adquirido empresas tecnológicas aún más grandes. Primero se centraron en ajustar el producto/mercado y crear su base de usuarios, y pensaron que repetirían el modelo de negocio para ganar dinero más tarde. Pero no funciona para todos. Consiste en zambullirse rápidamente en el abismo y después nadar a lo perro durante mucho tiempo hacia la rentabilidad a través de una enorme reserva de capital. Esto puede condenar a una empresa tan fatalmente como caer al abismo en el primer paso.

Hace unos años, las principales ciudades del mundo se llenaron de empresas de scooters y bicicletas compartidas. De repente parecía que estaban en todas partes. Y este era el enfoque. Estas empresas querían conseguir la mayor cuota de mercado posible para adquirir clientes.

Tenían tanto capital que compraron todas las bicicletas que pudieron y se expandieron, se expandieron y se expandieron.

Pero nunca consiguieron que fuera rentable. No pudieron llegar a V2 o V3. Cuando empezaron a descubrirlo, se quedaron sin dinero. El estanque infinito se secó.

Ahora están surgiendo empresas de scooters y bicicletas de segunda y tercera generación, pero, tras haber visto desaparecer a sus predecesoras, adoptan un enfoque radicalmente distinto. Son muy selectivas con sus mercados y eligen los átomos correctos: bicicletas y scooters duraderos. Gastan su dinero con cautela y se aseguran de entender la economía unitaria con todo detalle.

Con este tipo de enfoque láser en algunos elementos clave diferenciadores es mucho más probable alcanzar tus objetivos que lanzando una red amplia y esperando que suceda lo mejor.

Al principio, Tesla se centraba tanto en el coche —de hecho, solo en varias partes del coche— que no le importaba nada más. No tenían atención al cliente, así que no había nadie con quien pudieras hablar por teléfono. Así que, si tu Tesla tenía un problema, iban a tu casa y se lo llevaban. Te quedabas sin coche y preguntándote qué se suponía que debías hacer a continuación.

Afortunadamente, Silicon Valley, la base de operaciones de Tesla, está lleno de entusiastas de la tecnología y usuarios tempranos. Un amigo mío compró uno de los primeros Tesla Roadster, su V1. En realidad, era un Lotus eléctrico, no se había rediseñado desde cero, pero tenía una de las características principales de Tesla: los frenos regenerativos. Cada vez que pisas los frenos, tu coche utiliza el motor como generador para cargar la batería.

El problema era que mi amigo vivía en lo alto de una montaña. Así que subía la montaña y enchufaba el coche por la noche, pero cuando volvía a bajar por la mañana, los frenos apenas funcionaban. Resultó que no podía cargar el Tesla al cien por cien, porque al mantener el pie en el freno mientras bajaba la montaña la batería se sobrecargaba. Tesla tuvo que arreglar sus algoritmos de frenado y carga para evitar que se estrellara.

Pero mi amigo era el prototipo de usuario temprano: le encantaba su Roadster. Aunque pasaba más tiempo en la tienda que delante de su casa. Aunque tuvo que empezar a llamar directamente a los ingenieros cuando tenía un problema.

Los usuarios tempranos saben que nadie lo hace todo bien con V1. Nadie consigue todo lo que planeó para V1 en V1. El producto y la base de clientes evolucionan y crecen con cada nueva versión, y cada etapa conlleva diferentes riesgos, desafíos e inversiones. Nadie puede abordarlos todos a la vez. Ni en una empresa emergente, ni en una gran empresa.

Por lo tanto, tus empleados, tus clientes y tú debéis tener las expectativas correctas. Y también tus inversores.

Demasiadas personas esperan que el producto y el negocio sean rentables desde el principio. Cuando estaba en Philips, veía que cancelaban la mayoría de las categorías de productos nuevos y negocios de su lista, incluso productos que estaban casi listos. Los construían, los probaban y los eliminaban. Morían antes de dar fruto porque los altos mandos se protegían. Todo ejecutivo que se unía al equipo quería garantías de que los nuevos productos generarían dinero. (Véase también el capítulo 2.2, «Datos frente a opinión»: «La mayoría de las personas ni siquiera quieren reconocer que hay decisiones que se basan en opiniones»). Exigían que se les mostrara de antemano que la economía unitaria y comercial del producto eran sólidas. Pero era imposible.

Nos pedían que predijéramos el futuro con una precisión de casi el cien por cien. Pedían pruebas de que un bebé podría correr una maratón incluso antes de que hubiera aprendido a andar.

Esos tipos no sabían mucho sobre bebés. Sabían aún menos sobre cómo crear un negocio.

Por eso tantos proyectos de Kickstarter han fracasado. Pensaban: «Si lo construyo por 50 dólares y lo vendo por 200, ganaré dinero.

Mi empresa será un éxito». Pero no es así como funcionan las empresas. Esa ganancia de 150 dólares se pierde con cada nueva silla de oficina y en función del seguro de tus empleados, con cada llamada a atención al cliente y con cada anuncio en Instagram. Hasta que optimices el negocio, no solo el producto, no podrás construir algo duradero.

Así fue con todos los actuales gigantes de la tecnología: Google, Facebook, Twitter y Pinterest. Google no fue rentable ni de lejos durante mucho tiempo. Solo empezó a ganar dinero cuando descubrió AdWords. Facebook decidió capturar globos oculares y descubrir el modelo de negocio después. Lo mismo hicieron Pinterest y Twitter. Crearon un producto V1, lo mejoraron para V2 y optimizaron el negocio en V3.

El Nest Learning Thermostat siguió el mismo patrón.

Todo fue mucho más fácil para V2. Había menos necesidad de predecir el futuro y podíamos lidiar más con la realidad. Sabíamos lo que les gustaba a los clientes y lo que no. Sabíamos qué querían y qué características les ayudarían más. Y teníamos que atacar la larga lista de cosas que no conseguimos encajar en la primera versión, pero que nos moríamos por arreglar para la segunda. V2 salió solo un año después de V1. Estábamos impacientes por lanzarlo.

El Nest Learning Thermostat de tercera generación llegó tres años después. También es diferente de la segunda generación a simple vista, pero las actualizaciones son más sutiles. Un perfil más delgado. Una pantalla más grande. La mayoría de los cambios estaban entre bastidores.

En la tercera generación fue cuando realmente encerramos a nuestros socios de canal. Con V1 no pudimos entrar correctamente en el comercio minorista. Lo único que podíamos hacer era vender nuestros termostatos en nest.com para demostrar que el público los compraba. V2 hizo que los minoristas nos tuvieran en cuenta: Oh, quizá deberíamos tenerlo.

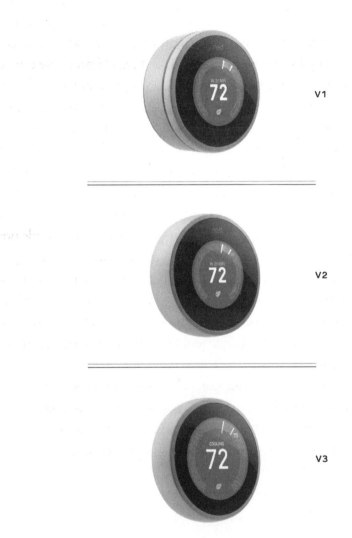

Fig. 3.6.2: Con cada generación, el producto era más elegante, más fino y más barato de construir. Puedes ver el salto de V1 a V2 en el propio producto. Cuando lanzamos la primera generación, era el termostato más moderno y bonito del mercado. En el momento en el que tuvimos lista V2, el original de pronto pareció pesado, tosco y desfasado. Cuando llegamos a V3, los cambios en el producto eran más sutiles, pero nuestro negocio se había reinventado totalmente. Se habían reducido los costes, vendíamos en nuevos canales y países, teníamos gran cantidad de nuevas asociaciones y habíamos mejorado la atención al cliente.

Pero con V3 estábamos en Target, Best Buy, Home Depot, Lowe's, Walmart y Costco, y no solo en algún estante lejano. Creamos secciones nuevas dedicadas a productos para el hogar conectado y creamos un espacio no solo para Nest, sino también para el floreciente ecosistema del hogar inteligente que empezaba a surgir a nuestro alrededor.

Todos nuestros socios vieron que tomábamos impulso y quisieron mantener nuestro negocio, así que conseguimos mejores tratos y mejores contratos. Mejoramos la atención al cliente, bajamos mucho el precio de las llamadas y ajustamos nuestra base de conocimientos.

Seguramente crees que cuando empezamos a trabajar en el detector de humo y monóxido de carbono Nest Protect, nuestro segundo producto, fue más fácil. Que todo lo que ya habíamos construido nos permitió saltarnos algunos pasos. Pero en el momento en que empiezas un nuevo producto, debes pulsar el botón de reinicio, aunque estés en una gran empresa. A veces la segunda vez es aún más difícil, porque toda la infraestructura creada para el primer producto se interpone en el camino. Así que deberán pasar al menos tres generaciones antes de hacerlo bien.

Haces el producto. Arreglas el producto. Creas el negocio.

Haces el producto. Arreglas el producto. Creas el negocio.

Haces el producto. Arreglas el producto. Creas el negocio.

Todos los productos. Todas las empresas. Cada vez.

CUARTA PARTE

Crea tu negocio

Tengo que montar esta empresa, ¿no?

Mierda.

El plan no era montar una empresa. El plan era descansar. Durante una buena temporada. Lo necesitaba. Al final, en 2010 dejé Apple, tras casi una década corriendo sin levantar la cabeza. Habíamos lanzado las tres primeras generaciones del iPhone, y la época de los grandes cambios había acabado. Después de dieciocho generaciones de iPod, sabía lo que sucedería en adelante: haríamos retoque tras retoque hasta el infinito. O empezaría con el iPad, que tenía prácticamente las mismas tripas que el iPod Touch, que en esencia era un iPhone.

Pero la principal razón por la que me marché fue mi familia. Había conocido a mi mujer, Dani, en Apple. Era vicepresidenta de recursos humanos. Teníamos dos niños muy pequeños. Y aunque siempre conseguíamos sacar tiempo para ellos, también trabajábamos muchísimo. Era una oportunidad de vivir de manera diferente. Así que Dani y yo dejamos Apple. Y después nos marchamos del país.

Viajamos por todo el mundo e hicimos grandes esfuerzos por no pensar en el trabajo. Pero fuéramos a donde fuéramos, no podíamos escapar del maldito termostato. El desesperante termostato, inexacto, que chupaba mucha energía, desconsideradamente idiota, imposible de programar, siempre con alguna parte de la casa demasiado caldeada o demasiado fría.

Alguien tenía que solucionarlo. Y al final me di cuenta de que ese alguien iba a ser yo.

Las grandes empresas no iban a hacerlo. Honeywell y las demás competidoras de productos genéricos llevaban treinta años sin innovar. Era un mercado muerto y poco cuidado con menos de mil millones de dólares en ventas anuales totales en Estados Unidos. Y después de una ola fallida de innovación verde en 2007 y 2008, los inversores en tecnología verde se habían alejado de los dispositivos de ahorro de energía. Una pequeña empresa emergente llena de caras nuevas y con pocos contactos no tendría suficiente credibilidad para conseguir financiación. Ya oía a las entidades de capital de riesgo burlándose: «¿Termostatos? ¿En serio? ¿Quieres hacer termostatos? El mercado es diminuto, aburrido y duro».

Pero un día estaba dando un paseo en bicicleta con Randy Komisar. Randy es un viejo amigo, mentor y socio de la venerable empresa de capital de riesgo Kleiner Perkins. Nos habíamos conocido cuando le propuse invertir en Fuse, en 1999. Como confiaba plenamente en Randy, decidí consultarlo con él y le planteé la idea de un termostato inteligente.

Se ofreció a firmarme un cheque en el acto.

Yo era exactamente el tipo de emprendedor que gusta a los inversores. Cuatro empresas fallidas y años de decepción profesional habían allanado el camino para una década de éxito. Tenía cuarenta años, sabía que iba a ser muy difícil y qué errores no volver a cometer. Había trabajado en hardware y software en pequeñas y grandes empresas. Tenía contactos, credibilidad y suficiente experiencia para saber lo que no sabía. Y tenía una idea.

Tu termostato debía aprender las temperaturas que te gustan y cuándo te gustan. Debía conectarse a tu teléfono inteligente para que pudieras controlarlo desde cualquier lugar. Debía apagarse solo cuando no estuvieras en casa para ahorrar energía. Y, por supuesto, debía ser bonito, algo que te enorgulleciera colgar en la pared.

Lo único que faltaba era la voluntad de dar el paso. Yo no estaba listo para cargar con otra empresa a mis espaldas. En ese momento no. Yo solo no.

Entonces, como por arte de magia, Matt Rogers se puso en contacto conmigo. Matt había empezado como becario al principio del proyecto del iPod y lo había visto destacar por encima de todos los demás en un equipo cuidadosamente seleccionado. Lo contratamos a jornada completa después de que se graduara y pronto se convirtió en un gerente fantástico, centrado en la creación de equipos, sin miedo a hacer preguntas ni a superar los límites y con una curiosidad insaciable sobre todos los aspectos del negocio.

Después de que yo me marchara de Apple, empezó a sentirse frustrado por cómo iban las cosas. Así que comimos juntos y me preguntó qué iba a hacer. Le conté mi idea. Le entusiasmó. Y cuando digo que se entusiasmó, debes saber que Matt es una máquina en constante movimiento y de energía imparable. Se interesó de inmediato, me hizo sugerencias y me proporcionó ideas, más entusiasmado a medida que hablábamos.

Fue el empujón que necesitaba para decidirme. Era un auténtico compañero que podía compartir la carga, que trabajaría tan duro y se preocuparía tanto como yo. Ya sabíamos trabajar juntos y estábamos de acuerdo en cómo hacer productos. No necesitaba a otro ejecutivo de mediana edad con décadas de experiencia que me dijera lo que no podíamos hacer. Necesitaba a un cofundador de verdad. Necesitaba a Matt.

Juntos convertimos la idea en una visión. Lo que presentamos a los inversores fue un termostato conectado. Pero en realidad sabíamos que la empresa que estábamos construyendo no se detendría en los termostatos. Crearíamos gran cantidad de productos y reinventaríamos objetos poco queridos pero importantes que todos necesitamos en casa. Y, lo más importante, íbamos a crear una plataforma. Íbamos a construir el hogar conectado.

El concepto no era nuevo. En aquel momento hacía un par de décadas que existían sistemas domésticos conectados. Recuerdo a Bill Atkinson, de General Magic, tratando de crear un hogar conectado en los años noventa. Había intentado pergeñarlo él mismo y se había esforzado por que fuera útil. Con el paso de los años, muchas personas ricas a las que les interesaba la tecnología se habían gastado un cuarto de millón de dólares para tener un elaborado sistema integrado en sus paredes. Había sensores, pantallas, interruptores, controladores para termostatos, sistemas de alarma, luces y música. Todo muy brillante y muy elegante. Y una mierda como un piano. Basura. Nada de eso funcionaba.

Nuestros inversores hicieron una mueca cuando lo mencionamos en nuestro discurso. Sí, todos ellos habían picado. Sí, sus mujeres seguían enfadadas por este tema.

Queríamos adoptar un enfoque diferente. En lugar de intentar llenar una plataforma con todos los dispositivos posibles, íbamos a empezar con un solo producto realmente bueno: un bonito termostato que se quedaría en las paredes de las casas durante diez años o más. En cuanto los clientes se enamoraran de nuestro termostato, comprarían más productos que funcionaran con él. Podrían montar una casa conectada pieza a pieza y crear un sistema único que tuviera sentido para su casa y su familia.

El termostato sería nuestra forma de entrar.

Pero primero teníamos que crear el termostato.

Que fuera bonito no iba a ser difícil. Podíamos introducir un magnífico hardware y una interfaz intuitiva. Habíamos perfeccionado esas habilidades en Apple. Para que este producto tuviera éxito y fuera significativo, debíamos resolver dos grandes problemas:

Tenía que ahorrar energía. Y teníamos que venderlo.

En Norteamérica y Europa, los termostatos controlan la mitad de la factura de la luz de una casa, unos 2.500 dólares al año. Todos los intentos anteriores de reducir esta cifra por parte de fabricantes de termostatos, compañías eléctricas y organismos gubernamentales habían fracasado miserablemente por diferentes razones. Teníamos que conseguirlo sin complicar las cosas para los clientes.

Después teníamos que venderlo. En ese momento casi todos los termostatos los vendían e instalaban técnicos profesionales. Nunca podríamos entrar en ese club de viejos. Teníamos que encontrar una manera de entrar primero en la mente de los clientes, y después en sus hogares. Y teníamos que conseguir que nuestro termostato fuera tan fácil de instalar que absolutamente cualquiera pudiera hacerlo por sí mismo.

Así que nos pusimos a trabajar.

Era más grueso de lo que queríamos. La pantalla no era exactamente lo que imaginaba. Como con el primer iPod. Pero funcionaba. Se conectaba al teléfono. Podías instalarlo tú mismo. Aprendía qué temperaturas te gustaban. Se apagaba solo cuando no había nadie en casa. Ahorraba energía.

Fig. 4.0.1: El Nest Learning Thermostat se lanzó en octubre de 2011 por 249 dólares. Tenía una sola pantalla redonda de 7 centímetros y medía 8,12 x 8,12 x 4,06 centímetros. Llevaba su propia aplicación móvil y tenía una inteligencia artificial incorporada que aprendía el horario y se apagaba cuando no había nadie en casa.

Y a la gente le encantó.

Antes del lanzamiento, no sabíamos si le interesaría a alguien, así que no quisimos gastar todo nuestro dinero y tener una tonelada de existencias en almacenes. Por increíble que parezca, los agotamos el primer día, y durante más de dos años agotábamos el stock con mucha frecuencia.

Enseguida seguimos con el termostato de segunda generación, en el que arreglamos todo lo que no habíamos hecho bien en el primero. Y después nos centramos en nuestro siguiente producto. ¿Qué dispositivo estaba en todos los hogares y era aún más desesperante que el termostato?

Fácil: el detector de humo.

La fastidiosa alarma que se activa cuando no debe, que se apaga constantemente mientras cocinas y pita a las dos de la madrugada, así que tienes que buscar qué mierda de alarma se está quedando sin pilas, y por supuesto resulta ser la que está en el techo y no llegas a ella con la mano.

Si hubiéramos sabido lo difícil que sería innovar en el ámbito del humo y el monóxido de carbono, seguramente no habríamos empezado. Pero lo único que sabíamos era que había detectores de humo en todas partes, en todas las habitaciones de todas las casas. Y que eran horribles. Horribles de verdad. Como había que tenerlos por ley, los fabricantes no tenían ningún incentivo para mejorarlos. Tanto si eran horribles como si no, tenían que estar en todas partes.

Pero eran tan horrorosos que las personas arriesgaban su vida, literalmente, para que dejaran de pitar, quitaban las pilas, los arrancaban de la pared después de demasiadas falsas alarmas o, si estaban en el techo, los golpeaban con un palo de golf en plena noche solo para detener el infernal pitido.

Así que en 2013 nació el detector de humo y monóxido de carbono Nest Protect.

Fig. 4.0.2: El Nest Protect se vendía al por menor por 119 dólares, medía 13,41 x 13,41 centímetros y ofrecía protección contra el monóxido de carbono y el humo. Las falsas alarmas podían silenciarse desde la aplicación y recibías una alerta en el teléfono si había peligro.

Había creado productos exitosos antes —el iPod y el iPhone—, pero Nest era mi primer intento de crear un negocio grande y que funcionara. Era la primera vez que empezaba de cero, desde una sola célula de una idea, y observaba esa célula dividiéndose y creciendo hasta convertirse en un bebé totalmente formado. Nuestro bebé. Nuestra empresa.

Si quieres empezar un negocio, un nuevo producto o un proyecto dentro de una gran empresa, o si ya lo has hecho y observas con alegría, miedo y asombro cómo empieza a cobrar vida, aquí tienes lo que he aprendido sobre elegir una idea, montar una empresa, encontrar inversores y casi morirme de estrés.

Esto es lo que he descubierto hasta ahora sobre cada etapa de crecimiento, y lo que debes hacer cuando tu bebé ya no es un bebé.

Cómo detectar una gran idea

Toda gran idea incluye tres elementos:

1. Resuelve el «por qué». Mucho antes de que descubras qué hará un producto, debes entender por qué lo querrán. El «por qué» impulsa el «qué». (Véase también el capítulo 3.2, «Por qué contar historias»).

2. Resuelve un problema que tienen muchas personas en su vida diaria.

3. Te sigue a todas partes. Incluso después de investigar, informarte, ponerla a prueba y darte cuenta de lo difícil que será hacerlo bien, no puedes dejar de pensar en ello.

Antes de comprometerte a ejecutar una idea —fundar una empresa o lanzar un nuevo producto—, debes comprometerte a investigarla y ponerla a prueba. Practicar la intuición tardía. Es una frase acuñada por el brillante economista y psicólogo Daniel Kahneman, ganador del Premio Nobel, para describir la sencilla idea de que para tomar mejores decisiones es necesario reducir la velocidad.

Cuanto más sorprendente parece una idea —cuanto más te tira de las entrañas y no te deja ver todo lo demás—, más tiempo debes esperar, crear un prototipo y reunir la mayor cantidad de información posible antes de comprometerte. Si esta idea va a consumirte años de vida, deberías tomarte al menos unos meses para investigarla, desarrollar (suficientes) planes detallados de desarrollo de productos y negocios, y ver si sigues entusiasmado con ella. Ver si te persigue.

Y ten en cuenta que no todas las decisiones llegan a este nivel. La mayoría de las decisiones cotidianas pueden y deben tomarse rápidamente, sobre todo si estás repitiendo algo que ya existe. Deberías tomarte tu tiempo, considerar tus opciones y asegurarte de que piensas en los pasos siguientes, pero no todas las ideas tienen que perseguirte durante un mes.

Las mejores ideas son analgésicos, no vitaminas.

Las pastillas de vitaminas son buenas, pero no son esenciales. Puedes saltarte tu vitamina de la mañana un día, un mes, toda la vida, y no notar la diferencia.

Pero si olvidas un analgésico, lo notarás enseguida.

Los analgésicos eliminan algo que te molesta constantemente. Una irritación habitual de la que no puedes deshacerte. Y el mejor dolor, por así decirlo, es el que experimentas en tu vida. La mayoría de las empresas las crean personas que se sienten tan frustradas con algo en su experiencia diaria que empiezan a investigar y a intentar encontrar una solución.

No todas las ideas de productos deben tener su origen en tu vida, pero el «por qué» siempre debe ser nítido y fácil de articular. Tienes que ser capaz de explicar de manera fácil, clara y convincente por qué van a necesitarlo. Es la única manera de entender qué características debería tener, si el momento es el adecuado y si el mercado será muy reducido o enorme.

En cuanto tienes un «por qué» fuerte, tienes la semilla de una gran idea. Pero no puedes construir un negocio sobre una semilla. Primero tienes que descubrir si esa idea es lo bastante fuerte como para cargar con una empresa. Tienes que elaborar un plan de negocios e implementación. Y tienes que entender si es algo en lo que quieres trabajar durante los siguientes cinco a diez años de tu vida.

La única forma de saberlo es ver si te perseguirá. Y el proceso de persecución siempre es el mismo:

- Al principio te quedas pasmado por lo genial que es esa idea. ¿Cómo no se le había ocurrido a nadie?
- Después empiezas a investigarlo. Y, ah, vale, lo habían pensado. Lo intentaron y fracasaron. O quizá de verdad has dado con algo que nadie había hecho antes. Y la razón es ese obstáculo imposible que no hay forma de sortear. Empiezas a entender lo difícil que sería hacerlo, porque hay muchas cosas que no sabes. Así que lo dejas de lado.
- Pero no puedes quitártelo de la cabeza. Así que lo investigas aquí y allá. Empiezas a dibujar, codificar o escribir, y haces pequeños prototipos de lo que podría ser. Se te caen constantemente de la bolsa dibujos en servilletas de papel. Tienes el portátil repleto de ideas sobre características, ventas, marketing y modelos de negocio. Piensas que quizá los que pusieron a prueba esta idea antes la enfocaron mal. O quizá el obstáculo que los detenía se puede resolver ahora con una nueva tecnología. Quizá ha llegado por fin el momento.
- Aquí es cuando empieza a ser más real para ti. Así que decides investigar y profundizar para tomar una decisión verdaderamente informada. Tienes que descubrir si debes seguir esta idea o no.
- Un día te das cuenta de que hay una forma de sortear ese obstáculo imposible. Estás entusiasmado. Hasta que ves el siguiente gran obstáculo en tu camino. Mierda. No va a funcionar. Pero sigues investigando, haciendo pruebas y recibiendo consejos de

expertos y amigos, y al final te das cuenta de que quizá también haya una forma de sortearlo.

- Empiezan a preguntarte por tu proyecto: ¿Cuándo vas a empezar? ¿Puedo unirme? ¿Tienes algún padrino inversor? Todo obstáculo se convierte en una oportunidad, todo problema te empuja a buscar una nueva solución y toda solución hace que la idea te entusiasme aún más.
- Aunque todavía hay un millón de incógnitas, ya no son incógnitas desconocidas. Entiendes el espacio. Ves en qué podría convertirse el negocio. Y tus investigaciones y las barreras que has superado empiezan a darte impulso. Sientes que todo adquiere forma. Sientes que es la decisión correcta. Así que aprietas los puños y te comprometes.

En mi caso, todo este proceso duró diez años. Durante diez años el termostato me persiguió.

Es bastante exagerado, por cierto. Cuando tienes una idea para un negocio o un nuevo producto, normalmente no tienes que esperar diez años para asegurarte de que merece la pena hacerlo.

Pero tienes que dedicar un mes, o dos, o seis, a investigar, buscar, hacer prototipos aproximados y articular tu «por qué». Si durante ese mes, o dos, o seis, la idea te entusiasma cada vez más y no dejas de pensar en ella, puedes ponerte más serio. Tómate al menos unos meses más, hasta un año, para analizarla desde todos los puntos de vista y consultar con personas de tu confianza, crear planes de negocios y presentaciones, y prepararte lo mejor que puedas.

No quieres montar una empresa solo para descubrir que lo que te parecía una idea genial es una carilla brillante que cubre un diente agujereado, que se romperá a la menor presión.

En Silicon Valley, muchas empresas emergentes siguen la filosofía del «fracasa rápido». Es una expresión de moda que significa que, en lugar de planificar cuidadosamente lo que quieres hacer, creas primero y lo resuelves después. Repites los intentos hasta que «encuentras» el éxito. Puede manifestarse de dos maneras: eliminas un producto rápidamente y después repites el intento aún más rápido para llegar a algo que la gente quiera, o dejas el trabajo, te liberas de tus compromisos y te sientas a pensar en posibilidades de empresa hasta que encuentres un negocio que funcione. El primer enfoque a veces funciona. El segundo suele fallar.

Lanzar dardos a una pared no es la forma de elegir una gran idea. Todo lo que merece la pena lleva tiempo. Tiempo para entenderlo. Tiempo para prepararse. Tiempo para hacerlo bien. Puedes acelerar muchas cosas y escatimar en otras, pero no puedes engañar al tiempo.

Dicho esto, diez años es demasiado. Pero durante la mayor parte de los diez años que pasé pensando en los termostatos, no tenía intención de construir ninguno. Estaba en Apple haciendo el primer iPhone y dirigiendo un gran equipo. Estaba hasta las cejas de trabajo, aprendiendo y creciendo. Y al final me casé y tuve hijos. Estaba ocupado.

Pero seguía teniendo mucho frío. Se me metía el frío hasta los huesos.

Los viernes por la noche, después del trabajo, cuando mi mujer y yo llegábamos a nuestra cabaña de esquí en el lago Tahoe, teníamos que dejarnos puestos los anoraks hasta el día siguiente. La casa tardaba toda la noche en calentarse, porque cuando no estábamos la manteníamos justo por encima del punto de congelación para no malgastar energía y dinero.

Y me dolía. Entrar en esa casa congelada me ponía malo. Era alucinante que no hubiera manera de calentarla antes de que llegáramos. Pasé horas y gasté miles de dólares intentando piratear equipos informáticos y de seguridad conectados a un teléfono analógico para poder encender el termostato de forma remota. La mitad de los días de fiesta los pasaba entre cables, con aparatos electrónicos tirados por el suelo. Mi mujer ponía los ojos en blanco. ¡No estás en el trabajo! Pero nada funcionaba. Así que la primera noche de cada viaje era siempre igual: nos acurrucábamos en la cama, que era un bloque de hielo, entre sábanas heladas, y observábamos nuestro aliento convirtiéndose en niebla hasta la mañana siguiente, cuando la casa se había calentado por fin.

Y el lunes volvía a Apple y trabajaba en el primer iPhone.

Al final me di cuenta de que estaba haciendo un control remoto perfecto para un termostato. Si conseguía conectar la calefacción a mi iPhone, podría controlarla desde cualquier sitio. Pero la tecnología que necesitaba para hacerlo realidad —comunicaciones fiables y baratas, pantallas y procesadores baratos— aún no existía. Así que intenté dejar la idea de lado. Centrarme en mi trabajo. No pensar en el frío.

Un año después decidimos construir una casa nueva y supereficiente en Tahoe. Durante el día trabajaba en el iPhone, luego llegaba a casa y estudiaba con detenimiento las especificaciones de nuestra casa, elegía acabados, materiales y paneles solares, y al final me enfrentaba al sistema de climatización. Y de nuevo el termostato me acechaba. Todos los termostatos de primera calidad eran horribles cajas beige con interfaces de usuario extrañamente confusas. En la publicidad decían que tenían pantallas táctiles, relojes y calendarios, y mostraban fotos digitales. Ninguno de ellos ahorraba energía. Ninguno contaba con control remoto. Y costaban unos 400 dólares. El iPhone se vendía por 499.

¿Cómo esos espantosos termostatos de mierda costaban casi tanto como la tecnología más avanzada de Apple?

Los arquitectos e ingenieros del proyecto de Tahoe me oían quejarme una y otra vez de que era una locura. Les decía: «Un día voy a solucionar este tema. ¡Recordad mis palabras!». Todos ponían los ojos en blanco. ¡Ya está Tony quejándose otra vez!

Al principio eran solo palabras surgidas de la frustración. Pero las cosas empezaron a cambiar. El éxito del iPhone redujo los costes de los componentes sofisticados que antes no podía conseguir. De repente se fabricaban millones de conectores, pantallas y procesadores de gran calidad a bajo precio, y podían utilizarse para otras tecnologías.

Y mi vida también estaba cambiando. Me marché de Apple y empecé a viajar por el mundo con mi familia. Y en todas las habitaciones de hotel y en todas las casas, en todos los países y continentes, los termostatos eran una mierda. Pasábamos demasiado calor o demasiado frío, o no conseguíamos descubrir cómo funcionaban. El mundo entero tenía el mismo problema. Este producto olvidado y poco valorado que todos debían tener en su hogar les hacía pagar facturas de luz desorbitadas y malgastar cantidades incalculables de energía mientras el planeta seguía calentándose.

Después la persecución se puso a toda máquina. No podía quitarme de la cabeza la idea de hacer un termostato conectado. Un termostato de verdad inteligente que resolviera mi problema y ahorrara energía, que me permitiera crear sobre la base de todo lo que había hecho antes.

Así que dejé que la idea me atrapara. Volví a Silicon Valley y me puse manos a la obra. Investigué la tecnología, y después las posibilidades, el negocio, la competencia, los clientes, la financiación y la historia. Si iba a cambiar mi vida y la de mi familia, asumir un gran riesgo, dedicar de cinco a diez años a crear un dispositivo diferente de todo lo que había hecho en un ámbito del que no sabía nada, debía darme tiempo para aprender. Tenía que esbozar diseños. Tenía que planificar funciones y pensar en el modelo comercial y de ventas.

Durante este tiempo también jugaba a un jueguecito conmigo mismo y con las personas a las que respetaba. Me preguntaban: «¿A qué te dedicas ahora? ¿Qué te interesa?». Les contestaba que tenía una idea, quizá una gran idea, y les contaba algunos detalles para ver cómo reaccionaban, lo que pensaban y lo que me preguntaban. Estaba desarrollando la presentación y descubriendo la historia del producto, como haría Steve. Después, cuando había acumulado semanas de investigación y estrategia, dejé de decir que era una idea y empecé a decir que estaba creando un producto. Aunque aún no era del todo cierto. Pero quería que pareciera real para que ellos, y sobre todo yo, nos adentráramos en los detalles. Quería convencerlos, desafiarlos y contar la historia. Descubrir si se sostenía.

Tardé entre nueve y doce meses en hacer prototipos y modelos interactivos, crear bits de software, hablar con usuarios y expertos, y probarlos con amigos antes de que Matt y yo decidiéramos dar el paso y buscar inversores.

No teníamos datos que garantizaran que tendríamos éxito. No hay investigación ni intuición tardía que lo garantice. Probablemente habíamos identificado entre el 40 y el 50 por ciento de los riesgos de montar esta empresa, y teníamos ideas sobre cómo mitigarlos. Pero seguíamos teniendo enormes incógnitas ante nosotros. Al final, pese a nuestro arduo trabajo y nuestra preparación, fue una decisión basada en la opinión. (Véase también el capítulo 2.2, «Datos frente a opinión»). Así que seguimos nuestra intuición. Estaba acojonado, pero me sentía bien.

Lo interesante es que la intuición tardía no suele hacerlo menos aterrador. En todo caso, cuanto más lo entiendas, más mariposas sentirás en el estómago. Porque descubrirás todo lo que puede salir mal y sabrás el millón de cosas que podrían acabar con tu idea, tu negocio y tu tiempo.

Pero saber lo que puede matarte te hace más fuerte.

Y saber que ya has desviado algunas balas importantes te hace más fuerte aún.

Por eso presentamos no solo nuestra visión cuando hablamos con los inversores. Presentamos el por qué —contamos nuestra historia— y después los riesgos. Demasiadas empresas emergentes no saben dónde se están metiendo o, peor aún, intentan ocultar los riesgos de fracaso. Pero si los inversores detectan problemas en tu plan que tú no has visto, has pasado por alto o has evitado con cautela, no tendrán la confianza para financiarte. Así que enumeramos nuestros riesgos: crear una inteligencia artificial, compatibilidad con cientos de sistemas de calefacción, ventilación y aire acondicionado diferentes (y antiguos), instalación por parte del cliente, venta al por menor y el realmente importante: ¿Iba a importarle a alguien? ¿Querría el mundo un termostato inteligente? Seguimos hablando de problemas que podrían destruir la empresa y de los pasos para mitigarlos. Pero enumerarlos, desglosarlos y hablar con sinceridad de ellos fue lo que al final convenció a los inversores de que sabíamos dónde nos estábamos metiendo. Y de que podríamos hacer que funcionara.

Al final, cada uno de estos riesgos se convirtió en un grito de guerra para el equipo. En lugar de evitarlos, los abrazamos. Nos decíamos a nosotros mismos: «¡Si fuera fácil, todos los demás estarían haciéndolo!». Estábamos innovando. Los riesgos y nuestra capacidad para resolverlos fue lo que nos distinguió. Haríamos algo que nadie más creía posible.

En última instancia, es lo que hizo que mereciera la pena empezar con esta empresa.

Por supuesto, esto no quiere decir que debas esperar e investigar indefinidamente para tomar cada pequeña decisión en tu vida. Si no empiezas de cero, si no es tu primer intento, todo se acelera.

Tardé diez años en decidirme a crear mi primer termostato. Decidir crear la segunda versión probablemente me llevó una semana. De hecho, ya sabíamos cuál sería la segunda versión incluso antes de haber terminado la primera. Habíamos puesto a prueba las posibilidades del mercado y la tecnología, que solo teníamos que perfeccionar. Por supuesto que haríamos un termostato de segunda generación. Lo más difícil ya lo habíamos hecho. (Véase también el capítulo 3.4, «Tu primera aventura… y la segunda»).

Si estás optimizando, tienes datos, limitaciones y experiencia para guiarte. Ya sabrás lo que se necesita para llegar a V1, por lo que llegar a V2 no será tan complicado. Ni un misterio. V2 nunca da tanto miedo como V1.

V1 siempre es aterradora. Siempre. Las nuevas ideas, grandes y geniales, acojonan vivos a quienes las tienen. Es una de las señales de que son geniales.

Si estás leyendo este libro, seguramente sientes curiosidad e interés. Y eso significa que encontrarás muchísimas buenas ideas en tu vida. Parece que hay buenas ideas en todas partes. Pero la única forma de saber si de verdad son geniales —significativas, disruptivas, importantes y que merecen que les dediques tiempo— es aprender lo suficiente sobre ellas para ver sus posibles enormes riesgos, las grandes desventajas, el desastre del tamaño del Titanic que acecha justo debajo de la superficie. Es probable que en ese momento dejes de lado la idea. Pasarás a otras oportunidades, otros trabajos y viajes. Hasta que te das cuenta de que, hagas lo que hagas, no puedes dejar de pensar en esa idea. Entonces dejas de huir y empiezas a abordar los riesgos, uno por uno, hasta que estás lo bastante seguro de que merece la pena correrlos.

Si no sucede así, no es una gran idea. Es una distracción. Sigue adelante hasta que encuentres una idea que no te deje escapar.*

---

* Si todavía estás decidiendo si perseguir una idea o no, hablé de este tema en el pódcast *Evolving for the Next Billion*.

4.2

¿Estás listo?

El mundo está lleno de personas que tienen una idea y quieren montar una empresa. A menudo me preguntan si están listas. ¿Tengo lo que se necesita para crear una empresa con éxito? ¿O debería lanzar mi proyecto dentro de una gran empresa?

La respuesta es que no lo sabrás hasta que des el salto y lo intentes. Pero esta es la manera de prepararte lo máximo posible:

1. Trabaja en una empresa emergente.

2. Trabaja en una gran empresa.

3. Busca a un mentor que te ayude en todo el proceso.

4. Busca a un cofundador para que te equilibre y comparta contigo la carga.

5. Convence a otros de que se unan a ti. Tu equipo fundador debe apoyarse en cristales semilla, grandes personas que atraen a más grandes personas

210 CREA TU NEGOCIO

El emprendedor arquetípico es un chico de veinte años que tiene suerte con una idea brillante en el sótano de la casa de su madre y la ve convertirse en una empresa próspera de la noche a la mañana. En la versión cinematográfica, su genio técnico le lleva a dirigir la empresa de forma defectuosa pero efectiva, y ve cómo llegan los millones. Después se compra un coche de lujo antes de haber aprendido el verdadero valor de la amistad.

Pero la realidad no es así.

Siempre hay una excepción, un increíble niño prodigio que va a la luna montado en un unicornio, pero la mayoría de los emprendedores exitosos tienen entre treinta y cuarenta años. Hay una razón por la que los inversores prefieren apostar por emprendedores que están en el segundo intento, aunque fracasaran la primera vez: porque estos emprendedores se pasaron de los veinte a los treinta años cagándola y aprendiendo. La mayoría sigue el mismo camino que yo: trabajan duro, fracasan y vuelven a fracasar, asumen riesgos, van a empresas emergentes condenadas, prueban en empresas gigantes, aceptan el trabajo equivocado, van a parar a un equipo increíble y dejan el trabajo demasiado pronto o deberían haberlo dejado antes. Rebotan como una bola de pinball y constantemente se dan de cabeza contra algo. Aprenden. Prueba de fuego.

Según el libro *Super Founder*, de Ali Tamaseb, alrededor del 60 por ciento de los fundadores de empresas emergentes de miles de millones de dólares montaron otra empresa antes de su gran éxito, y muchos perdieron un montón de dinero. Solo el 42 por ciento de ellos tuvo una salida previa de 10 millones de dólares o más, así que la mayoría «fracasó» según los estándares del capital de riesgo.

Pero salieron con un modelo mental básico de lo que debe ser una empresa emergente. Entendieron los detalles operativos y qué pasaría si esa pequeña empresa tuviera éxito. Eso es todo. Es la clave mágica del éxito.

El problema es que tarda años en llegar. Y todos quieren encontrar un atajo.

Pero nada te prepara para montar una empresa emergente, excepto trabajar en una de ellas. Así que ve a buscar trabajo. Busca una empresa emergente o pequeña y ágil con fundadores que sepan (más o menos) lo que están haciendo. Necesitas un modelo que imitar o un antimodelo que evitar. Quédate en un despacho (o en una videoconferencia), observa cómo se ensambla todo y hazte una idea de los elementos básicos:

¿Cómo son los organigramas?

¿Qué son las ventas?

¿Cómo debería funcionar el marketing?

¿Qué pasa con los recursos humanos, las finanzas y los temas jurídicos?

Necesitas conocimientos prácticos de todas las disciplinas, no para ser un experto en cada una de ellas, sino para saber a quiénes debes contratar, qué cualidades deben tener, dónde encontrarlos y cuándo los necesitarás. Por ejemplo, es probable que al principio no necesites recursos humanos. Solo necesitas contratar. No necesitas finanzas, necesitas contabilidad. De momento puedes subcontratar los temas jurídicos, pero ¿qué pasa con la creatividad? ¿Cuándo necesitas procedimientos? ¿Cuándo necesitas atención al cliente? ¿Y de qué tipo? La atención al cliente para una tienda física es muy diferente de la atención al cliente para el comercio electrónico.

Cuando trabajes en una empresa emergente, dedica tiempo a entender el negocio que estás ayudando a construir. Y después busca otro trabajo, esta vez en una gran empresa. Es la única forma de manejar los problemas y desafíos a los que se enfrentan las empresas más grandes, en especial los que van más allá del producto: la organización, los procesos, la dirección y la política. Cuanto más observes cómo funciona cada tipo de empresa, menos preguntas tendrás cuando montes la tuya.

Aunque tengas una idea brillante para un producto que cambiará el mundo, cuando estás iniciando un negocio tienes que gestionarlo. Hacer algo nuevo ya es lo bastante difícil. Las incógnitas que te quitan el sueño deben centrarse en el problema que estás intentando solucionar, no en si buscar una agencia de marketing ni en qué tipo de abogado contratar. No tendrás tiempo para cagarla en cuestiones básicas, ni podrás perderlo aprendiendo lo esencial.

El dinero se funde enseguida. Si no tienes la seguridad en ti mismo para avanzar rápido, constantemente tendrás que reducir la velocidad para consultar a cien personas sobre mil decisiones. Te enredarás en opciones y opiniones. «¿Qué es lo mejor? ¿Qué es lo último?», resonará en tu cabeza a todas horas. Perderás de vista adónde intentas ir ante las diferentes formas de llegar.

Por supuesto, esto no significa que no debas consultar con nadie. Es imposible hacerlo solo.

Vas a necesitar a un mentor o un coach.

Vas a necesitar un equipo fundador increíble.

Y probablemente necesitarás a un cofundador.

Montar una empresa es muy estresante y exige una cantidad infame de trabajo y de sacrificio. Necesitas a un socio que te equilibre, al que puedas llamar a las dos de la madrugada porque sabes que estará despierto, trabajando también en tu empresa. Y que pueda llamarte cuando esté deprimido y necesite apoyo. Vas a sentirte solo y será doloroso, emocionante y agotador, así que compartir la carga es la única forma de evitar que te aplaste.

Pero cuidado. Aunque tengas a un cofundador, solo puede haber un director general. Y si tienes a un montón de cofundadores, te buscarás problemas. Dos fundadores funcionan bien. Tres pueden funcionar a veces. Nunca he visto que funcione con más.

Recuerdo una empresa emergente con la que trabajamos que tenía cuatro cofundadores. Tomaban todas las decisiones por consenso, lo que significaba que tardaban una eternidad en tomar cada decisión. Era la primera vez que fundaban una empresa, así que debatían hasta el cansancio incluso las cuestiones básicas: contratación, cambios de productos, de quién recibir dinero y cómo estructurar el acuerdo. Si no se ponían de acuerdo, dudaban, intentaban ser amables, intentaban ser razonables y moderaban sus opiniones, hasta que la empresa quedó por detrás de los competidores, se le acabó el dinero y la junta tuvo que intervenir, eliminar a varios fundadores y cambiar todo el equipo.

Compartir la carga es una cosa, y descargarte totalmente es otra. Si vas a dirigir un equipo, debes estar preparado para dirigir.

Cuando cierres los ojos, ya deberías saber quiénes serán tus primeros empleados. Deberías poder hacer una lista de cinco nombres sin pensarlo dos veces. Si no tienes esta lista de nombres antes de empezar, seguramente no deberías empezar.

Pero no basta con tener la lista. Tienes que contratarlos. Al menos a algunos. Y conseguir que se comprometan, que se comprometan de verdad, es muy diferente de oírlos decir: «¡Sí! Genial. Me encantaría trabajar contigo». Si no consigues que firmen en la línea de puntos, es posible que debas repensarlo todo.

Porque al principio no vas a tener recursos humanos que te ayuden a buscar y contratar un equipo de primera clase. Ni siquiera tendrás a una persona que contrate. Para los primeros veinticinco empleados, más o menos, todo dependerá de ti y de tu cofundador: la visión, la red y la capacidad de convencer a las personas de que sabéis lo que estáis haciendo. Puedes apoyarte en tus mentores y en la junta (y, con suerte, en los primeros inversores), puedes ponerlos a trabajar para apuntalar tu reputación, pero en última instancia estás vendiéndote a ti mismo y tu visión del éxito.

Necesitas una historia que otras personas puedan respaldar. (Véase también el capítulo 3.2, «Por qué contar historias»). Personas a las que respetas. Personas que te ayudarán a crear algo grande. Tu equipo es tu empresa. Y tus primeras contrataciones son cruciales. Te ayudarán a diseñar lo que será tu negocio y tu filosofía.

Todos los miembros de tu equipo fundador deben tener experiencia y ser excelentes en lo que hacen (considera toda empresa fallida en el pasado como una bonificación, porque significa que saben qué evitar esta vez), pero también deben tener la actitud adecuada. Pasar de 0 a 1 es un gran esfuerzo que exige mucho de todos, en especial si tenemos en cuenta que es posible que no merezca la pena. Así que necesitas empleados que salten contigo entusiasmados, porque les entusiasma la idea tanto como a ti o sencillamente porque son jóvenes o ambiciosos, o porque ya han tenido cierto éxito económico y no les preocupa cómo pagar el alquiler.

El cargo, el sueldo y las gratificaciones no deberían ser su principal interés, pero eso no significa que debas ser tacaño. Intenta ser razonablemente flexible y estructura la compensación para que se ajuste a las personas a las que contratas. Algunas pueden preferir el dinero a las acciones, y siempre debería ser una opción. Pero la mayoría de tu equipo debería recibir generosos paquetes de acciones. Son dueños de la idea, por lo que también deberían ser dueños de la empresa. Quieres que tu equipo tenga un interés personal en tu éxito para que cuando las cosas vayan mal, y sin duda sucederá, se quede contigo.

En estos primerísimos días quieres a personas que estén ahí por la misión por encima de todo. Buscas pasión, entusiasmo y actitud. Y buscas cristales semilla.

Los cristales semilla son personas tan buenas y tan queridas que casi sin ayuda pueden construir gran parte de tu organización. Suelen ser líderes experimentados, o gerentes de grandes equipos o superempleados a los que todo el mundo presta atención. Una vez dentro, les seguirá una oleada de personas increíbles.

Así creamos nuestro equipo inicial en Nest. Buscamos lo mejor de lo mejor, y ellos crearon su propia gravedad y atrajeron a más personas con talento.

Recuerdo mirar la oficina en aquellos primeros días con mi mentor, el valiente, bullicioso y sabio Bill Campbell. Nos limitamos a sonreír.

Conocí a Bill cuando él formaba parte de la junta directiva de Apple. Volví a ponerme en contacto con él cuando yo necesitaba ayuda porque estaba montando Nest. Recuerdo que me miró directamente a los ojos, con mirada inexpresiva, atento a cada uno de mis gestos, y me preguntó: «¿Eres asesorable?». Lo que significaba: «¿Vas a hacerme caso? ¿Estás dispuesto a aprender?». Era la única cualidad que necesitabas para que Bill te asesorara, la capacidad de admitir que no lo sabes todo. Que vas a cagarla. Y que estás dispuesto a aprender de esas cagadas, a hacer caso de consejos y a actuar en consecuencia.

Bill no era técnico ni de lejos, no era ingeniero, pero conocía a las personas. Sabía trabajar con ellas y sacarles lo mejor. Él podía contarme cómo organizar las reuniones de la junta. Podía decirme qué hacer si mi equipo se atascaba. Y siempre veía los problemas a un kilómetro de distancia. Cuando veía que yo estaba a punto de tomar una decisión equivocada, se metía un dedo en la boca, lo sacaba empujándolo contra el interior de la mejilla y me decía: «¿Sabes qué es esto? Es el sonido que haces cuando sacas la cabeza del culo».

Es lo que necesitas cuando vas a montar una empresa o a empezar un gran proyecto: un coach. Un mentor. Una fuente de sabiduría y ayuda. Alguien que vea los problemas que están gestándose y te advierta antes de que suceda. Y alguien que te diga tranquilamente que ahora mismo está oscuro porque has metido la cabeza en el culo, y que te dé algunos consejos para sacarla a toda prisa.

Puedes arreglártelas sin un cofundador. Puedes sobrevivir durante un tiempo sin equipo. Pero no lo conseguirás sin un mentor.

Busca al menos a una persona en la que confíes plenamente y que crea en ti. No un coach personal, ni un asesor de ejecutivos, ni una agencia, ni una persona que haya leído muchos estudios de casos y te cobre por horas. Ni tampoco tus padres, porque te quieren demasiado para ser imparciales. Busca a un mentor operativo, inteligente y útil que lo haya hecho antes, al que le caigas bien y que quiera ayudarte.

Tendrás que apoyarte en él cuando montes una empresa. O incluso cuando lances un proyecto dentro de una gran empresa.

Pero no creas que la última opción será más fácil, que podrás sortear las dificultades de una empresa empezando en la de otra persona. Las grandes empresas no son un atajo. Sus amplios y atractivos despachos están llenos de esqueletos de pequeños proyectos innovadores que murieron porque estaban destinados al fracaso desde el principio.

Solo debes crear una «empresa emergente» dentro de una gran empresa si puede ofrecerte algo único: alguna tecnología o recursos a los que no puedes acceder en ningún otro sitio. Y debes asegurarte de contar con los incentivos, la estructura organizativa y la cobertura administrativa adecuados para brindarte una oportunidad de éxito.

Recuerda que serás el proverbial mosquito en el culo del elefante, que competirás con otras fuentes de ingresos mucho más grandes y tendrás que ganarte un lugar en la mesa. Aunque estés en una empresa de miles de millones de dólares con recursos casi infinitos, no puedes esperar que esos recursos se canalicen hacia ti sin pelear. Y no puedes esperar que el personal de la empresa se arriesgue en tu proyecto, se una a tu equipo y deje otra área del negocio más estable y respetada sin recibir una recompensa. Lo mismo sucede cuando buscas personal fuera del negocio. Cuando intentas que alguien se una a tu pequeño proyecto en una gran empresa en lugar de ir a una empresa emergente, necesitarás una muy buena explicación de por qué funcionará y merecerá la pena. El cálculo de riesgo y recompensa deberá tener sentido.

Una de las razones por las que conseguimos reunir a un equipo sobresaliente para crear el iPod fue que nuestro equipo recibía acciones y planes de bonificación relativamente grandes que no podían obtenerse en ningún otro departamento de Apple. La otra razón importante fue que teníamos el apoyo de Steve Jobs. Esas dos cosas nos permitieron contratar a personas increíbles —aunque no podíamos decirles en qué iban a trabajar antes de que firmaran— y sobrevivir a los anticuerpos internos. Steve dio a nuestro pequeño equipo una ventaja respecto de los demás: nos dio cobertura aérea y lanzaba bombas si alguien se metía con nosotros. Hubo momentos en los que los anticuerpos internos de Apple intentaron expulsarnos de la organización. Nos decían constantemente: «Tenemos otras prioridades, os ayudaremos si tenemos tiempo». O «¿Por qué estamos haciendo este proyecto? No es fundamental para nuestro negocio». Pero mientras nuestro equipo pidiera cosas razonables (o no razonables, pero importantes), los equipos que nos ponían impedimentos recibían una llamada de Steve. «¡Si os piden algo, se lo dais, por el amor de Dios! ¡Es muy importante para la empresa!».

Nadie quería recibir esa llamada. Aprendieron a no tirarse ante un tren a toda velocidad.

Si no tienes a un director general que vaya a luchar por ti, si no tienes paquetes de compensación que atraigan a un gran equipo, si no tienes los recursos de una gran empresa pero sí los gastos, no intentes iniciar tu proyecto en la empresa de otra persona. Seguramente tu mejor opción es hacerlo solo. Deja morir tu idea o monta una empresa.

Muchas empresas emergentes las fundan emprendedores que acaban de dejar grandes empresas. Vieron una necesidad, la presentaron a sus jefes, que la rechazaron, y se pusieron en marcha por su cuenta. Es lo que sucedió con Pierre Omidyar en General Magic. En su tiempo libre, programó un código para subastar objetos coleccionables entre particulares. Cuando empezó a cobrar fuerza, preguntó a General Magic si le interesaba. No, gracias, le contestaron. La idea es ridícula. Así que consiguió una exención de General Magic que decía que no reclamaban derechos sobre su trabajo, se marchó y montó una pequeña empresa llamada eBay.

El éxito de Pierre respondió a muchas razones: el momento perfecto, una gran idea, la voluntad de seguirla, la habilidad para implementarla y la capacidad de dirigir. También tuvo una gran ventaja en la que mucha gente no piensa: venía de una empresa emergente. Sabía cómo funcionaba y tenía muchos ejemplos de lo que hacer y lo que no.

He visto a demasiadas personas salir del mundo corporativo decididas a montar una empresa sin estar en absoluto preparadas. Si nunca han estado en un equipo pequeño empezando desde cero, a menudo son peces fuera del agua. Gastan demasiado dinero demasiado rápido. Contratan a demasiadas personas. No dedican el tiempo necesario, no tienen mentalidad de emprendedores, no saben tomar decisiones difíciles y se quedan atascados buscando el consenso. Acaban haciendo productos mediocres o nada de nada.

No dejes que esta sea tu historia. Si quieres montar una empresa, si quieres montar cualquier cosa, crear algo nuevo, tienes que estar preparado para presionar en busca de la excelencia. Y la excelencia no surge de la nada. Tienes que prepararte. Tienes que saber adónde vas y recordar de dónde vienes. Tienes que tomar decisiones difíciles y ser el gilipollas motivado por la misión. (Véase también el capítulo 2.3, «Gilipollas»: «Gilipollas motivados por la misión»).

Así que haz el trabajo. Tienes que saber en lo que te metes. Confía en tu instinto.

Y cuando llegue el momento, estarás listo.

4.3

Casarse por dinero

Cada vez que consigas capital, deberías pensar en ello como en un matrimonio: un compromiso a largo plazo entre dos personas basado en la confianza, el respeto mutuo y objetivos compartidos. Aunque recibas dinero de una gran entidad de capital de riesgo, en última instancia todo se reduce a tu relación con un socio de esa empresa y a si vuestras expectativas coinciden.

Como en el matrimonio, no puedes lanzarte en los brazos de cualquiera que muestre un poco de interés. Tienes que tomarte tiempo para encontrar a alguien que sea compatible contigo, que no juegue ni te presione demasiado, y asegurarte de que sea el momento adecuado para establecerte. No quieres casarte cuando tu empresa es tan joven que no sabes quién eres en realidad o en qué quieres convertirte, ni porque todos tus amigos están haciéndolo, ni porque temes que si no te comprometes ahora no encontrarás otra relación.

También tienes que entender a tu socio y sus prioridades. Por ejemplo, una entidad de capital de riesgo está en deuda con los socios limitados (inversores a gran escala o entidades como bancos, sindicatos de maestros o familias muy ricas) que la financian, así que pueden obligarte a vender o a cotizar en bolsa antes de que estés listo para mostrar tu valor a los socios. Y una empresa con una sección de capital de riesgo, como Intel y Samsung, puede utilizar su inversión en tu empresa para conseguir un mejor trato comercial a

220 CREA TU NEGOCIO

tu costa. Aunque tus inversores tengan en cuenta tus intereses —aunque tu madre sea tu padrino inversor—, eso no significa necesariamente que su dinero llegue sin riesgos o sin condiciones.

La razón por la que existe el capital de riesgo es para facilitar las transacciones. Necesitas dinero y te lo dan. Pero la razón por la que funciona son las relaciones, las idas y venidas entre una entidad de capital de riesgo y tú durante el proceso de lanzamiento, cómo te ayuda a reclutar ejecutivos o a gestionar la junta después del trato, y las relaciones que te ofrece para la siguiente ronda. El capital de riesgo no se impulsa con dinero. Se impulsa con personas.

Y las reglas para que toda relación humana tenga éxito son las mismas: antes de lanzaros de cabeza a un compromiso importante que os cambiará la vida, tenéis que conoceros. Confiar el uno en el otro. Entenderos el uno al otro.

Esto significa que debes estar preparado para que te inspeccionen, te examinen y muy probablemente para que te consideren insuficiente. Es posible que te digan que no diez veces antes de encontrar al adecuado. Es como una cita especialmente cruel, pero en lugar de preguntar si puedes invitarlos a tomar algo, les pides dinero. No es divertido.

Otra cosa: Nunca te dirán «No es por ti, es por mí». Siempre es por ti. Lo que juzgarán será tu empresa, tus ideas y tu personalidad.

Es difícil estar expuesto así, y es difícil abrirse. Y sucede incluso cuando todo se ha vuelto loco, cuando parece que cualquiera que haga media presentación recibe fondos.

Como sucedía en 1999. O como sucede ahora, en 2022.

El mundo de la inversión es cíclico. El entorno de financiación cambia constantemente de un entorno favorable para los fundadores a un entorno favorable para los inversores. Es como el mercado inmobiliario, que unas veces es bueno para los vendedores, y otras para los compradores. En un entorno favorable para los fundadores, fluye tanto dinero al mercado que los inversores financiarán casi cualquier cosa porque no quieren perderse ninguna oferta. En un mercado favorable a los inversores, hay mucho menos capital para todos, los inversores son más exigentes y los fundadores consiguen peores condiciones.

Y a veces hay también un mercado enloquecido en el que parece que el dinero cae del cielo, que se han suprimido las reglas y que nunca va a acabarse.

Pero se acabará. Como se acabó en 2000. Siempre hay una reversión a la media. E incluso cuando todo se ha vuelto loco, seguirá sin ser fácil. Tendrás que trabajar para conseguirlo. Los detalles seguirán siendo importantes. Aunque parezca fácil, nunca lo es. Solo hay diversos niveles de dificultad, desde muy difícil hasta casi imposible.

Así que antes de empezar este proceso debes conocerte a ti mismo y estar seguro de lo que pides. Porque en el primer intento no tendrás segunda oportunidad. Tienes que ser serio. Tienes que prepararte. Y tienes que saber en lo que te estás metiendo.

La primera pregunta que debes hacerte es la más básica: ¿Necesita realmente tu negocio dinero externo ahora mismo? Para muchos proyectos de empresas emergentes la respuesta es «no» muy a menudo. Si aún estás investigando, haciendo pruebas y asegurándote de que tu idea es sólida, no necesitas saltar de inmediato a la financiación. Tómate tu tiempo. Acomódate en la intuición tardía.

Si crees que estás listo para recibir dinero, ¿para qué tienes previsto utilizarlo? ¿Necesitas construir un prototipo? ¿Contratar a un equipo? ¿Investigar una idea? ¿Conseguir una patente? ¿Hacer una reclamación al gobierno local? ¿Financiar una asociación? ¿Crear una campaña de marketing? ¿Qué cantidad mínima necesitas para satisfacer tus necesidades ahora y cuánto necesitarás más adelante, a medida que estas necesidades cambien?

En cuanto lo sepas, puedes pensar en si tienes un negocio en el que los inversores querrán invertir. No es un hecho que tu empresa sea adecuada para el capital de riesgo. La mayoría de las grandes entidades de capital de riesgo son sorprendentemente reacias al riesgo. No invertirán en nuevas empresas que no puedan demostrar que ya están preparadas para crecer. La era de internet ha enseñado a estas entidades a esperar a ver números antes de invertir: tasas de crecimiento, tasas de registro, tasas de clics, tasas de cancelación de suscripción, tasas de ejecución y todo tipo de tasas. Y las entidades de capital de riesgo tienen jefes a los que informar: sus socios limitados, las personas y organizaciones que les dan dinero. Tienen que demostrar que sus inversiones son prudentes y muy rentables, con equipos de gestión adecuados.

Si invierten, muchas grandes entidades de capital de riesgo darán por sentado que necesitas una gran inyección de efectivo de inmediato para que puedas ofrecer rápidamente un gran rendimiento. Estas expectativas y este calendario no tienen sentido para muchas empresas emergentes.

Así que no des por sentado que tienes que empezar de inmediato a buscar marcas. Tienes muchas opciones: capitales de riesgo enormes que invierten en cientos de empresas y reparten decenas y cientos de millones de dólares, capitales de riesgo regionales o más pequeñas que invierten en varios negocios, padrinos inversores que pueden hacer una pequeña contribución para ayudarte a empezar y prepararte para capitales de riesgo más grandes más adelante, y empresas que también invierten y que buscan utilizar tu producto o negociar un acuerdo comercial. Todas estas opciones existen en todo Estados Unidos y en todo el mundo, no solo en Silicon Valley. Ahora hay dinero por todas partes.

Pero, al margen de la fuente de capital que elijas, en última instancia todo se reduce a las personas con las que trabajarás. Aunque tengas una reunión con la empresa más grande de Palo Alto, no vas a reunirte con toda ella. Tienes que impresionar y relacionarte con una persona. Ella decidirá los términos de vuestro acuerdo y formará parte de tu junta. Es la persona con la que vas a casarte.

Una vez trabajé con un emprendedor que estaba negociando con una gran entidad de capital de riesgo. Después de una gran reunión, la empresa dijo que le interesaba. Enviaría el contrato de inmediato. Pasó una semana, y otra. El gerente empezó a jugar para reducir la valoración. No hacía caso al emprendedor durante una semana y después volvía con más preguntas. Y siguió así durante cuatro, cinco y seis semanas.

Entretanto, el emprendedor empezó a hablar con otras entidades de capital de riesgo. Y una de ellas envió el contrato al día siguiente.

El emprendedor tuvo que tomar una decisión difícil. ¿Esperar a que el jugador de la empresa más grande se acerque a ti o irte con un inversor menos conocido pero mucho más entusiasta? ¿Quién sería mejor socio? ¿Quién sería más útil a largo plazo?

Así que el emprendedor llamó a la entidad de capital de riesgo de renombre y le dio la noticia de que habían firmado con otra empresa. El gerente se puso furioso y empezó a gritar cosas como las que dicen los malos en las películas de los ochenta. «¡No me jodas! ¡No me hagas esto!». Colgó el teléfono y el emprendedor no volvió a saber de él. Y lo digo literalmente, porque todavía hoy no le dirige la palabra. Finge que no existe. Lo evita en las fiestas.

Pero estar en su lista negra era mucho mejor que aceptar su dinero y tener que aguantar a semejante gilipollas en su empresa. El emprendedor había esquivado una bala. No hacerle caso había sido una táctica para minar su confianza y obligarlo a aceptar peores condiciones. Y cuando su estúpido juego no funcionó, uno de los nombres más conocidos de Silicon Valley se convirtió en un niño amargado. Una persona con la que no te apetece meterte en la cama, y mucho menos casarte.

Recuerda que en cuanto aceptas dinero de un inversor, te quedas con él. Y el equilibrio de poder cambia. Una entidad de capital de riesgo puede despedir a un empresario, pero un empresario no puede despedir a su entidad de capital de riesgo. No puedes divorciarte de ella por diferencias irreconciliables.

Y si las cosas van mal, puedes acabar en un matrimonio separado, todavía unidos legalmente, pero sin hablaros. Cuando una entidad de capital de riesgo descarta tu empresa lo manifiesta no haciéndote caso. No te ayudará. No te pondrá en contacto con otras entidades. No te defenderá ante los socios. Se mantendrá al margen mientras tu empresa quiebra.

Así que siempre debes prestar mucha atención a cómo te trata una entidad de capital de riesgo, que debería comportarse de la mejor manera cuando el proceso avanza y parece que podríais llegar a un acuerdo. Si empieza a jugar contigo, deberían sonar alarmas en tu cabeza. Aquí tienes otras señales de alarma:

- Entidades de capital de riesgo que prometen la luna y el sol para que firmes, y después no cumplen. A menudo te repetirán una y otra vez que vas a recibir atención personalizada, ayuda, y tantas cosas más. Asegúrate de hablar con otras empresas emergentes que hayan trabajado con ellas para descubrir qué ofrecen realmente cuando no están vendiéndose.
- Entidades de capital de riesgo que fuerzan el ritmo, que te dan un contrato para que lo firmes aquí y ahora, para asustarte. Una vez, un representante de una entidad de capital de riesgo me entregó un contrato al salir de la reunión y me presionó para que lo firmara en el acto. Le pregunté si se trataba de un concesionario de coches de segunda mano y le dije que solo firmaría después de haber leído los términos.
- Entidades de capital de riesgo codiciosas que invertirán solo si pueden hacerse con una parte importante de tu empresa. En general una entidad de capital de riesgo necesita entre el 18 y el 22 por ciento para que su modelo funcione. Ten cuidado si

empiezan a pedir más. Y no creas que son la única opción. Si tu instinto te dice que sigas buscando, sigue buscando.

- Algunas entidades de capital de riesgo cortejan a empresas emergentes con muy poca experiencia con la intención de presionarlas y decirles lo que tienen que hacer en lugar de permitir que el fundador y director general dirija la empresa. Orientar y asesorar es una cosa, y dar órdenes que deben obedecerse es otra.

- A veces, un posible inversor ve algo interesante en tu empresa. Quizá no has recibido dinero de las entidades de capital de riesgo correctas, o tienes poco efectivo, o tienes muchísimo éxito. Así que te propondrán un trato muy bueno, pero sus términos joderán a los inversores que te han llevado donde estás. Vemos muchas entidades de capital de riesgo grandes y pequeñas que intentan sacar ventaja sin jugar limpio. Pueden reducir en exceso las acciones de inversores anteriores o incluir términos en su acuerdo que ahuyenten a los nuevos. Y si en un par de años las cosas no van bien, no tendrán reparos en joderte también a ti. Así que ten cuidado cuando los términos no sean estándares o parezcan demasiado buenos para ser verdad. A veces puede parecer que solo cedes algo pequeño, pero si tu instinto te dice que algo no va bien, puede que estén intentando meter un pie en la puerta para empezar a cambiar las tornas en contra de todos los demás. Quieren controlar tu empresa tarde o temprano.

Una cosa que preocupa a muchos fundadores, pero que no suele ser una señal de alarma, es si una entidad de capital de riesgo ha despedido a directores ejecutivos o fundadores en el pasado. Investiga y busca su trayectoria. Hay firmas conocidas que se centran tanto en la empresa que cortan la cabeza de los fundadores sin darles una segunda oportunidad, pero en general son reacias a echar a los fundadores.

A veces demasiado reacias. Y las que lo hacen con poca frecuencia tendrán buenas razones.

En cualquier caso, es difícil generalizar en toda una empresa. Suele depender de las personas. Como todo.

Así que cuando te pongas en contacto con un inversor, asegúrate de dirigirte a la persona adecuada. Habla con emprendedores que hayan trabajado con esa entidad en el pasado, que hayan pasado juntos por tiempos difíciles, y descubre qué socio es operativo, útil e inteligente y a quién solo le preocupa el dinero.

Intenta conseguir que alguien te presente, ya sea otro emprendedor, tu mentor o un amigo de un amigo. Aunque su relación con la entidad no sea muy sólida, es mejor que nada. La forma más difícil de conseguir una reunión con una entidad de capital de riesgo es llamando directamente. Y antes de hacer la llamada, intenta generar un poco de prensa y haz relaciones públicas, de modo que cuando la entidad te busque, tenga algo que ver.

Recuerda siempre que a los inversores les llueven los lanzamientos. Especialmente a las grandes entidades, pero también a las más pequeñas. Tienes que encontrar la manera de llamar su atención.

La mejor manera de conseguirlo es con una historia convincente. Y conociendo a tu público. Incluso en Silicon Valley, la mayoría de las entidades de capital de riesgo no serán técnicas. Así que no te centres en la tecnología. Céntrate en el «por qué». (Véase también el capítulo 3.2, «Por qué contar historias»).

No será fácil meter todo lo que quieres decir en quince diapositivas, que tu relato fluya, que resulte convincente emocional y racionalmente, que el nivel sea lo bastante alto para que no cueste captar los puntos importantes, pero no tan alto que parezca que no has profundizado en los detalles. Es un arte.

Como con todo arte, se necesita práctica. Seguramente al principio lo harás de pena. Hacer una presentación es difícil. Tendrás que ajustarla constantemente, cambiarla, modificarla y revisarla.

Así que no te interesa que tu primera presentación sea frente a la mejor entidad de capital de riesgo de tu zona. Estas entidades hablan entre sí, de modo que si una te deja de lado, es posible que las demás de su categoría también pasen. Si es posible, haz primero una presentación ante una entidad «amistosa», que te haga comentarios al respecto, te ayude a mejorar y después, con suerte, te reciba por segunda vez.

Recuerda que no tienes que llegar con todo perfecto a la primera reunión. Puedes decir: «Me gustaría ofreceros un primer vistazo. Quizá os interese. Me encantaría que me comentarais lo que os parece». Escucha sus comentarios y aprende de ellos. No tienes que hacer caso de todos los consejos o críticas, pero deberías entender lo que los motiva y hacer los ajustes necesarios.

En cuanto entiendas las piezas que hay en el tablero, podrás planificar mejor tu jugada. Puedes adaptar la historia a las personas que conozcas. Empezarás a sentir que estás listo.

Pero no olvides el otro factor que puede aparecer sigilosamente y darte una patada en el culo: el tiempo.

Tardarás más de lo que crees en conseguir financiación. Cuenta con un proceso de 3 a 5 meses. Puede acabar siendo más rápido, sobre todo en un entorno favorable a los emprendedores, pero no apostaría por eso. Demasiadas empresas esperan hasta que están a punto de quedarse sin dinero, se quedan colgadas, al borde de la bancarrota, y entonces se aferran desesperadamente a cualquier financiación que puedan conseguir. Empieza siempre el proceso de presentación cuando en realidad no necesites dinero. Te interesa estar en una posición de fuerza, no ceder ante la presión y tomar malas decisiones. Recuerda también estar atento a las festividades: agosto, Año Nuevo chino o Acción de Gracias hasta Año Nuevo. A menudo se olvida que las entidades de capital de riesgo también hacen vacaciones.

Aquí tienes unos consejos más para tener en cuenta a medida que avances en el proceso:

- No juegues. Del mismo modo que no quieres a un inversor que juegue contigo, también ellos perderán interés en ti si no vas de frente y eres honesto con ellos.
- Escucha los comentarios sobre tu presentación y tu plan, y cámbialo cuando tenga sentido, pero mantén tu visión y tu «por qué» y no te reorganices en función de los caprichos de cada inversor con el que hables.
- Sé claro con los inversores respecto de la cantidad de dinero que necesitas y cómo vas a gastarlo exactamente. Tu trabajo consistirá en crear valor para los inversores y asegurarte de alcanzar objetivos importantes para aumentar la valoración de la empresa. De esta manera, la próxima vez que consigas dinero, no reducirás las acciones de los inversores previos, de los empleados ni las tuyas.
- Los emprendedores siempre creen que su valoración debe aumentar, incluso cuando no alcanzan los objetivos que se propusieron. Pero los inversores dirigen un negocio. Si no cumples, tu valoración no aumenta y tus acciones se reducen. También es posible que tengas que reducirlas más porque tengas que ofrecer acciones extras a los empleados para retenerlos durante los tiempos difíciles.
- No des por sentado que conseguirás una valoración como la de otras empresas a tu alrededor. Cada inversión es un mundo.
- A los inversores no les gusta que los fundadores o ejecutivos tengan todas las acciones. Quieren asegurarse de que te juegas la piel. Es posible que tengas que adjudicar algunas acciones para demostrar tu compromiso con los nuevos inversores.
- Recuerda que los inversores querrán referencias. Querrán hablar con tus clientes como parte de su proceso de diligencia debida. Así que ten una sala de datos con una colección de archivos que les facilite la tarea.

- En reuniones posteriores, sé sincero respecto de los riesgos, las formas de mitigarlos, a quién necesitas contratar y los principales desafíos que se avecinan.
- Intenta que dos inversores con el mismo nivel de influencia se equilibren entre sí. Todas las entidades de capital de riesgo se conocen, todas hablan, y nadie quiere cabrear a sus posibles socios. Así, si uno de tus inversores empieza a jugar, el otro puede decirle que se deje de tonterías. Es posible que tu negocio no les importe tanto a largo plazo, pero normalmente nadie quiere arruinar su reputación entre otras entidades de capital de riesgo, en especial entre la comunidad de socios limitados.

Por último, recuerda que, aunque la reunión vaya muy bien —a todos les encanta la presentación, a ti te encantan los inversores, y la sala prácticamente vibra de buena energía—, las personas con las que te has reunido tendrán que volver a su empresa y convencer al comité de inversiones de que te dé dinero.

En cada entidad de capital de riesgo el proceso es diferente, así que pregunta siempre: ¿Cuál es el siguiente paso para que nos deis un sí? ¿Cuál es el siguiente paso? ¿Cuál es el siguiente paso?

Es como jugar al ajedrez. Siempre tienes que pensar en los dos movimientos —y las dos rondas de inversión— siguientes.

Aunque todavía no te interesen las entidades de capital de riesgo. Aunque solo busques un padrino inversor.

Lo mejor de los padrinos inversores es que no están en deuda con socios limitados. Simplemente creen en ti. Quieren ayudarte. Y nadie se cierne sobre ellos exigiendo beneficios inmediatos.

Los padrinos inversores suelen estar mucho más dispuestos a correr riesgos, así que puede que te financien antes que una entidad de capital de riesgo y que te den mucho más margen de maniobra y tiempo para descubrir tu empresa sin presionar tanto.

Puede ser genial. Pero la ausencia de limitaciones puede ser un martillazo en las rodillas. (Véase también el capítulo 3.5, «Ritmos y esposas»). O el sentimiento de culpa puede ser un martillazo en el corazón.

Cuando tenía veinte años, pedí dinero prestado a mi tío para montar ASIC Enterprises, la empresa que creaba procesadores para Apple][. Pero después Apple dejó de fabricar Apple][, y ASIC se desintegró, junto con el dinero de mi tío. Me sentí fatal durante años. Pero mi tío fue muy directo conmigo. Me dijo que sabía que era una apuesta, una apuesta por mí, y que seguramente la perdería.

El 50 por ciento de los matrimonios fracasan, pero en el caso de las empresas el fracaso es del 80 por ciento.

Si montas una empresa, las probabilidades están en tu contra. Así que tendrás que superar la angustia del fracaso y la pérdida del dinero de otras personas. Cuando llegue el momento, si llega, tendrás que ser sincero al respecto y admitir qué ha ido mal y qué has aprendido.

Pero nada de lo que digas lo hará más fácil. El dinero de una entidad de capital de riesgo es una cosa, y el de tu madre es otra. Si aceptas dinero de familiares y amigos, tendrás que trabajar tan duro como si te llegara de una entidad, si no más. Y tendrás que contar con la posibilidad de tener que volver a ellos con las manos vacías.

No quise esta carga ni cuando estaba montando Nest. Me negué a aceptar dinero de Xavier Niel, un buen amigo e increíble empresario que fundó Free, un proveedor de servicios de internet francés. Yo ya no era un chico de veinte años, y Xavier estaba en una situación económica muy diferente de la de mi tío. Pero no quería que Xavier pensara que buscaba su dinero. Y recordaba la sensación de fracaso de decirle a una persona que me importaba que su dinero había desaparecido. Así que Xavier no dejaba de preguntarme, y yo no dejaba de contestarle que no.

Al final estuvimos juntos en el escenario justo después del lanzamiento de Nest, frente a diez mil personas, y Xavier se giró hacia ellas y dijo: «¡No me deja invertir!». En ese momento a Nest le iba bien y no era tan arriesgado, de modo que acepté por fin su dinero. Todo acabó muy bien, pero al principio no quería que nada envenenara nuestra relación. Nest ya era lo bastante estresante.

Al margen del camino que tomes —entidad de capital de riesgo, padrino, alianzas estratégicas o salir adelante por tu cuenta—, montar una empresa es difícil. Conseguir dinero es difícil. No hay atajos, ni camino fácil, ni potra.

Pero si lo haces bien, si eliges a las personas adecuadas, tus inversores te gustarán y te ayudarán a superar los tiempos difíciles por los que siempre pasa una empresa emergente. Estarán en la salud y en la enfermedad, y acabaréis en un matrimonio feliz. Quizá incluso en varios.

Al fin y al cabo, lo único que queda por hacer es crear un negocio.

4.4

Solo puedes tener un cliente

Independientemente de si las transacciones de tu empresa son de empresa a empresa (B2B), de empresa a consumidor (B2C), de empresa a empresa a consumidor (B2B2C), de consumidor a empresa a consumidor (C2B2C) o un acrónimo aún no creado, solo puedes servir a un jefe. Solo puedes tener un cliente. La mayor parte de tus esfuerzos y la totalidad de tu marca deben ser para consumidores o para empresas, no para ambos.

Entender a tu cliente, su demografía y psicografía, sus deseos, necesidades y puntos débiles, es la base de tu empresa. Tu producto, equipo, filosofía, ventas, marketing, atención al cliente, precios y todo lo demás se basan en esta comprensión.

Para la inmensa mayoría de las empresas, perder de vista al cliente principal para el que trabajan es el principio del fin.

Antes de los servidores Linux, cuando los servidores Windows dominaban el paisaje, Apple decidió probar B2B. Construir sus servidores. El proyecto empezó justo antes de que yo entrara. Apple intentaba desesperadamente descifrar el código sobre cómo aumentar las ventas de ordenadores y atraer a más desarrolladores. Los usuarios de la empresa necesitaban ejecutar todo tipo de software desde servidores, así que la marca de consumo por excelencia creó un servidor para la empresa.

Fue un fracaso. No porque la tecnología fuera demasiado difícil. En realidad, era la parte más fácil. Sencillamente, B2B no estaba en el ADN de Apple. No tenían el marketing, las ventas, la atención al cliente ni los desarrolladores. Y los directores de informática estaban acostumbrados a los innumerables servicios de nivel empresarial que ofrecían Microsoft y Windows. El hardware de Apple era una pequeña pieza del rompecabezas que estos directores necesitaban para tomar una decisión de compra. El equipo del servidor se enredó intentando forzar una pareja antinatural, un manzano intentando que creciera una naranja, hasta que el iPod despegó, salvó la empresa y por suerte el proyecto del servidor se canceló.

Steve Jobs fue claro respecto de la lección que había aprendido y se aseguró de que todos la aprendiéramos también: toda empresa que intente hacer tanto B2B como B2C fracasará.

¿Tu cliente es Jim el Millennial, que vio tu anuncio en Instagram y después compró tu producto para regalárselo en Navidad a su hermana? ¿O es Jane, directora de informática de una empresa Fortune 500 que respondió a un correo electrónico de tu equipo de ventas, negoció precios y diferentes características del producto durante meses, y ahora necesita un equipo de agentes de satisfacción del cliente para formar a los cinco mil empleados a su cargo? No puedes tener a ambas personas en la cabeza al mismo tiempo. No puedes hacer un producto para dos clientes totalmente opuestos, para dos recorridos diferentes.

Y menos cuando te dedicas a la tecnología. O a los servicios. O a una tienda. Ni siquiera si estás preparando la cena.

Es una regla dura.

Pero toda regla tiene excepciones. El hecho de que empieces como B2C no significa que nunca puedas trabajar con la empresa. Y una pequeña cantidad de empresas muy concretas pueden dividirse por la mitad y les va bien: negocios de viajes como hoteles y aerolíneas, minoristas como Costco y Home Depot (su gran innovación fue empezar con un producto B2B y abrirlo a B2C). Los productos financieros y los bancos pueden ser tanto B2B como B2C, ya que algunos hogares funcionan como una pequeña empresa.

Pero incluso estas empresas tienen una marca totalmente B2C. Es la otra regla: si atiendes a ambos, tu marketing tiene que ser B2C. Nunca convencerás a personas corrientes de que utilicen un producto B2B que obviamente no está destinado a ellas, pero puedes convencer a una empresa de que utilice tu producto si atraes a las personas de esa empresa.

En última instancia, así es como, a pesar de sí misma, Apple se introdujo con fuerza en la empresa.

Después del lanzamiento del iPhone, los directores informáticos tardaron en aprobarlo para uso comercial. Y aunque los directores generales suelen ceder todo lo relacionado con la informática a los responsables, esta vez exigieron un cambio. Les encantaban sus iPhones. A sus empleados también. Y querían utilizarlos en la oficina.

El éxito de Apple en la creación de algo para los consumidores condujo a su éxito en la empresa. Los clientes se enamoraban de sus teléfonos y después se preguntaban por qué el resto de su vida no era tan fácil. Nadie quería lidiar con herramientas empresariales basura que exigían días o semanas de formación para poder utilizarlas. Querían una interfaz fácilmente comprensible, velocidad y un hardware sofisticado.

En realidad, uno de los principales incentivos para crear la App Store fueron las empresas. Cuando estas empezaron a adoptar el iPhone, pidieron a Apple que creara aplicaciones para sus empleados y ventas. Si Apple quería que las personas siguieran utilizando sus teléfonos para trabajar, tendrían que dar a la empresa la capacidad de crear sus propias aplicaciones. Y así surgió la App Store.

Ahora Apple tiene equipos distintos para gestionar sus negocios B2B, pero los productos nunca se definen para apaciguar a los clientes B2B. Al mantenerse como una empresa B2C, Apple pudo incorporarse a B2B sin alterar significativamente sus prioridades y su marketing, y sin dejar fuera de control su negocio principal.

Steve estableció las reglas y Apple las siguió. Saben cómo funciona este juego.

Pero ¿qué pasa cuando cambia el juego? ¿Y si ya no se trata solo de B2B y B2C? ¿Y si hay nuevos mercados, nuevos servicios, nuevos modelos de negocio y nuevas siglas?

Una de las empresas con las que trabajo es DICE. Es una plataforma B2B2C de venta de entradas y descubrimiento de música innovadora. Y en sus primeros años, DICE se dividió en tres direcciones en función de sus tres clientes: aficionados a la música (consumidor), recintos de música (negocio) y músicos/managers (negocio). Por un lado, DICE obtenía la mayor parte de su dinero de los recintos, así que quizá sus herramientas debían satisfacerlos. Por otro lado, quería crear una gran experiencia para los aficionados. Y, en tercer lugar, nada de esto sería posible sin los artistas, así que quizá debían ser el centro de atención.

DICE tenía que atraer a los tres clientes. Tenía que mantener a los tres contentos para tener éxito. Pero DICE solo tenía un equipo y un producto. Y cada vez que hacía concesiones a los recintos, se veía afectada la experiencia para los aficionados a la música y los artistas. Cuando intentaba complacer a los artistas, los recintos se quejaban.

Mi consejo fue sencillo: Nada ha cambiado. Las reglas siguen aplicándose. Tenéis que elegir uno. Y la única razón por la que montasteis esta empresa fue para deshaceros de los revendedores y para ofrecer una experiencia increíble a los aficionados a la música. Sois B2B2C, pero no perdáis vuestra misión recorriendo las siglas. Las B importan, pero sin la C no tenéis nada.

Ahora es su «regla de oro»: Nuestro único cliente es el aficionado a la música.

Y se aseguran de que los recintos y los artistas también lo crean. Les recuerdan continuamente que si DICE hace lo correcto por los aficionados, lo demás llegará por añadidura. Al final, los artistas, los recintos y DICE tienen un jefe: la persona que compra la entrada para el concierto. El ser humano que solo quiere ver un gran espectáculo.

Es lo que hay que recordar sobre B2B2C: no importa cuántas empresas estén involucradas. En última instancia, es el consumidor final el que carga con el modelo de negocio a la espalda.

Pero las empresas lo olvidan. Ocurre con mayor frecuencia cuando las empresas evolucionan de B2C a B2B2C. Suelen empezar sin un modelo de negocio, sin forma de ganar dinero, solo con muchos clientes que utilizan su producto gratis. Pero lo gratis nunca es de verdad gratis. Al final muchas de estas empresas se dan cuenta de que su opción más lucrativa es vender los datos de los usuarios a grandes empresas. Esto significa aumentar las ventas B2B para que puedan revender los datos de sus clientes cientos o incluso miles de veces. Es la historia de Facebook, Twitter, Google, Instagram y muchísimas otras.

Pero esa historia puede acabar mal. Cuando la atención y la importancia se alejan del consumidor y se dirigen a los negocios que generan dinero, las empresas se meten en callejones muy oscuros.

Y los que sufren siempre son los consumidores.

Así que no pierdas de vista lo que es importante. No creas que puedes servir a dos señores. Hagas lo que hagas, no olvides para quién lo haces. Solo puedes tener un cliente. Elige bien.

Matarte a trabajar

Hay dos tipos de equilibrio trabajo/vida:

1. **Verdadero equilibrio trabajo/vida:** Un estado mágico, casi mítico, en el que tienes tiempo para todo: trabajo, familia, aficiones, quedar con amigos, hacer deporte y tomarte vacaciones. El trabajo es una parte de tu vida que no se inmiscuye en ninguna otra parte. Este equilibrio es imposible cuando estás montando una empresa, dirigiendo un equipo que intenta crear productos o servicios innovadores en plazos competitivos, o simplemente pasando por un momento crítico en el trabajo.

2. **Equilibrio personal cuando estás trabajando:** Saber que vas a trabajar o pensar en el trabajo la mayor parte del tiempo y a buscar espacio para dar un descanso a tu cerebro y tu cuerpo. Para alcanzar cierto nivel de equilibrio personal, tienes que organizarte el horario para tener tiempo para comer bien (con suerte con familiares y amigos), hacer deporte o meditar, dormir y pensar en algo que no sea la actual crisis en la oficina.

Soportar la ausencia total de equilibrio trabajo/vida requiere una estrategia organizativa clara. Debes priorizar. Es importante

238 | CREA TU NEGOCIO

tener todo lo que quieres pensar por escrito y planificar cuándo y cómo lo comentarás con tu equipo. De lo contrario, no dejarás de darle vueltas y te impedirá relajarte un minuto.

Este es mi consejo: No hagas vacaciones como Steve Jobs.

Steve se tomaba dos semanas libres dos veces al año. En Apple siempre temíamos sus vacaciones. Las primeras cuarenta y ocho horas eran tranquilas. Después llegaba una incesante tormenta de llamadas.

No tenía reuniones ni preocupaciones cotidianas, así que estaba libre. Libre para soñar con el futuro de Apple todas las horas del día y de la noche. Libre para llamar y pedirnos nuestra opinión sobre cualquier idea loca que se le acabara de ocurrir: ¿Qué tal unas gafas de vídeo para ver películas desde el iPod? ¿Sí? ¿No? Quería saber nuestra opinión en ese momento o encontrar respuestas rápidamente para perfeccionar sus ideas.

Trabajaba más durante las vacaciones que en la oficina.

Este enfoque loco e ininterrumpido parece otra leyenda de Apple. Una de esas cosas que solo haría un genio loco. Pero en realidad no lo es.

Steve lo llevaba al extremo, pero muchas personas no pueden quitarse el trabajo de la cabeza. Yo no puedo. Me atrevería a decir que la mayoría no puede, sobre todo cuando hay mucho en juego. No se trata solo de directores generales y ejecutivos. Todo el mundo tiene momentos críticos. Hay demasiado que hacer y sabes que vendrá más, así que, incluso cuando no estás trabajando, piensas en ello.

Y a veces está bien. De verdad. A veces no tienes otra opción. Pero una cosa es devanarse los sesos y dar vueltas toda la noche a una crisis laboral, y otra muy distinta pensar en el trabajo de forma creativa y sin estructura. Esto último ofrece a tu cerebro la libertad de dejar de machacar los mismos problemas con las mismas herramientas gastadas. Dejas que tu mente busque problemas y herramientas nuevos.

A veces pensaba que esta era la razón por la que Steve se tomaba vacaciones. No para relajarse ni para evitar Apple, sino para darse un largo tiempo para pensar mientras pasaba tiempo con su familia. En lugar de intentar encontrar el verdadero equilibrio o permitir que otra persona lo encontrara, Steve corría a toda velocidad. Dejó que Apple lo ocupara todo hasta un punto que empujaba todo lo demás de su vida, excepto su familia, a la periferia.

Casi todo el mundo ha experimentado este colapso total del equilibrio trabajo/vida en momentos críticos, cuando la presión es real. Pero así vivía Steve. Y si no eres Steve Jobs, si tienes que pensar en el trabajo todo el tiempo pero no quieres pensar en el trabajo todo el tiempo, necesitas un sistema.

Tienes que encontrar la manera de mantener la cordura y manejar el inevitable torbellino de tareas, reuniones, planes, preguntas, problemas, avances y miedos. Y tienes que planificar tu horario para que tu cuerpo y tu cerebro no se quemen o se hinchen hasta resultar irreconocibles. Sé lo que digo. Me derrumbé física y mentalmente en General Magic. Las personas no pueden sobrevivir a base de estrés y Coca-Cola Light.

Pero General Magic era una cosa. Fue al principio de mi carrera, cuando quedé atrapado en la explosión, pero no la provoqué. Apple fue muy distinto. No es fácil describir la presión de mis primeros años allí. Sobre todo al principio, cuando dirigía mi empresa y a la vez trabajaba con Apple porque intentaba salvar a mi equipo de Fuse. Y cuando empecé a trabajar en el iPod a jornada completa, el estrés aumentó.

Al principio era un proyecto secundario de Apple. Pero en los meses y años siguientes el iPod llegó a ser tan importante como el Mac, a veces más. La empresa contenía la respiración esperando a ver si teníamos éxito. No solo teníamos que crear algo totalmente nuevo, sino hacerlo muy rápido, siguiendo las especificaciones exactas de Steve Jobs, que fuera bonito para que todo el mundo recordara de lo que Apple era capaz, y que además tuviera un gran éxito comercial.

En abril de 2001, después de que Steve nos diera luz verde, entré en el edificio sabiendo que íbamos a tener que diseñar y construir el iPod para la siguiente temporada navideña, es decir, en siete meses. Y no porque Steve estableciera un plazo de locura. Lo establecí yo. Steve calculaba que tardaríamos de 12 a 16 meses. Todos creían lo mismo.

Nadie creía que fuéramos capaces de armarlo a tiempo para llevarlo a los clientes en Navidad. Pero yo había pasado cuatro años en Philips, donde más del 90 por ciento de los proyectos se cancelaban. Si no ibas a la velocidad suficiente o si tu proyecto tenía problemas o se prolongaba, Philips caía sobre ti, dispuesta a «salvar el negocio» de tu error o robártelo. (Véase también el capítulo 2.3, «Gilipollas»). No sabía si sucedería lo mismo en Apple o no, pero no podía correr el riesgo.

Como no podía arriesgarme a que Sony lanzara un reproductor de música esa Navidad y nos eclipsara, ni a quedar atrapado en la política interna de Apple. Éramos un equipo muy pequeño que absorbía recursos del negocio principal, que sufría una enorme presión económica para tener éxito. A otros grupos no les gustaba. No les gustábamos nosotros. Sentía sus ojos sobre nosotros y sus puñales desenvainados.

Así que tuvimos que ponernos a prueba. Trabajábamos sin descanso. Mi trabajo consistía en construir y dirigir el equipo para crear el iPod desde cero, incluida la construcción del propio equipo. Tenía que estar al corriente del trabajo diario de diseño e ingeniería, pero también gestionar las expectativas de los ejecutivos, trabajar con ventas y marketing para asegurarme de no repetir los errores de Philips, ir a Taiwán para revisar la fabricación, asegurarme de que mi equipo sobrellevara el estrés, debatir con Steve y otros ejecutivos a diario e intentar dormir de vez en cuando.

Era imposible llevarlo todo en la cabeza. Siempre había una nueva crisis, aparecía una nueva preocupación que sustituía a lo que me preocupaba un segundo antes. Había demasiadas pequeñas piezas en movimiento, demasiados engranajes que debían hacer girar otros engranajes que debían hacer girar otros engranajes, como un reloj a medio hacer que me sonaba constantemente en el oído.

Tenía que calmarme. Tenía que encontrar espacio. Tenía que priorizar.

Todos creyeron que estaba loco, y muchos siguen creyéndolo, pero lo que hice fue llevar siempre conmigo varias hojas de papel en las que había anotado nuestros principales objetivos en cada una de las disciplinas (ingeniería, recursos humanos, finanzas, departamento jurídico, marketing, instalaciones, etc.) y lo que teníamos que hacer para alcanzar estos objetivos.

Todos mis temas importantes estaban en esos papeles. Así, cuando estaba en una reunión o hablando con alguien, podía echar un rápido vistazo. ¿Cuáles son mis principales problemas? ¿Qué problemas tienen nuestros clientes? ¿Cuál es el obstáculo actual para el equipo de esta persona? ¿Cuáles son los próximos objetivos prioritarios? ¿A qué plazos se han comprometido nuestros equipos?

Y luego estaba la mejor parte: las ideas. Cada vez que alguien tenía una gran idea que en ese momento teníamos que posponer —una mejora del producto o de la organización—, la anotaba. Así que, al lado de la lista de cosas pendientes y tareas de la semana, había una biblioteca de trabajo de todo lo que no podía esperar. La leía con frecuencia para ver si seguía vigente. Me mantenía inspirado, entusiasmado y centrado en el futuro. Y era genial para el equipo. Ellos veían que prestaba atención a sus ideas y que me aseguraba de que siguiéramos teniéndolas presentes.

La única manera de capturarlo todo —buenas ideas, prioridades, obstáculos, las fechas de entrega y los principales ritmos internos y externos— era tomando notas en todas las reuniones. Escribía a mano. No en ordenador. (Véase también la figura 3.5.1 en el capítulo 3.5).

Para mí era importante escribir a mano. No miraba una pantalla ni me distraía el correo electrónico. Un ordenador o un teléfono inteligente entre el equipo y tú es una gran barrera que impide centrarse y envía un mensaje claro a todos los que están en la reunión: lo que miro en la pantalla es más importante que vosotros.

Ni siquiera podía tomar notas en un ordenador. A veces, cuando tecleo, simplemente... tecleo. Lo que estoy escribiendo no llega hasta mi cerebro. Pero había demasiado en juego para que me desconcentrara, para que no escuchara cada una de las palabras que decía mi equipo.

El acto de utilizar un bolígrafo, y después teclear y editar lo escrito, me obligaba a procesar la información de forma diferente.

Todos los domingos por la noche revisaba mis notas, reevaluaba y priorizaba todas mis tareas, revisaba las buenas ideas, pasaba los papeles a ordenador e imprimía una nueva versión para la semana. Priorizar continuamente me permitía distanciarme y ver qué podía combinarse o eliminarse. Me permitía detectar en qué momento intentábamos hacer demasiado.

En esas noches me daba cuenta de por qué estábamos tan agobiados: habíamos dicho que sí a demasiadas cosas y teníamos que empezar a decir que no. Y después venía el duro trabajo de descubrir qué había que delegar, qué había que retrasar y qué había que tachar de la lista. Debía priorizar en función de lo que de verdad importaba, no de lo último que tenía en mente. Esto me permitía estar atento a los objetivos más grandes que teníamos por delante, no solo a los problemas inmediatos o a cualquier característica que nos entusiasmara ese día.

Los domingos por la noche enviaba por correo electrónico la lista a mi equipo de gestión. Cada punto tenía su nombre. Todos podían mirar la parte superior de la lista para ver en qué me centraría esa semana, de qué eran responsables y cuáles eran los siguientes objetivos importantes.

Y los lunes teníamos una reunión al respecto.

Todo el mundo la odiaba. Veía a mi equipo estremecerse, literalmente, cuando sacaba los papeles en busca de lo que llevaba semanas pidiendo. El tema que me negaba a olvidar porque aún no lo había tachado de la lista. El 3 de junio dijiste que estaría listo a fin de mes. Estamos en julio. ¿En qué punto está este proyecto?

No era microgestión. Era responsabilizar al equipo. Era llevarlo todo en la cabeza a la vez. Era sujetarlo con fuerza entre la avalancha de cosas que tenía que recordar.

Empezó siendo una sola hoja. Acabó con ocho, incluso diez páginas. Era un trabajo intensivo. Esotérico. Interminable. Pero funcionaba. Y al final mi equipo llegó a valorarlo. Me mantenía (relativamente) tranquilo. Me ayudaba a concentrarme. Y nadie tenía que preguntarse dónde tenía la cabeza. Todos sabían en todo momento lo que me importaba. Tenían mis prioridades por escrito, y actualizadas, cada semana.

Muchos de ellos han adoptado esta misma práctica, y las personas que han trabajado para ellos han hecho lo mismo. Todos temían la lista, el correo electrónico y la reunión hasta que también tuvieron demasiadas cosas en la cabeza. Hasta que necesitaron una manera de gestionarlas.

No estoy diciendo que vaya a funcionar para todos. Ni mucho menos. Cada uno debe encontrar su sistema. Pero sí tienes que priorizar tus tareas, gestionar y organizar tus pensamientos y crear un programa predecible para que tu equipo acceda a esos pensamientos.

Y después tienes que tomarte un descanso.

Un descanso de verdad. Sal a pasear, lee un libro, juega con tu hijo, haz pesas, escucha música o simplemente túmbate en el suelo a mirar el techo. Lo que necesites para evitar que tu mente siga dando vueltas y vueltas al trabajo. En cuanto tengas la manera de priorizar tus tareas, debes priorizar tu bienestar físico y mental. Y sé que es más fácil decirlo que hacerlo. Tu empresa o el proyecto que lideras es tu bebé. Y los bebés se caen por la escalera y se meten en la boca los alargos. Necesitan atención constante.

Lo mismo parece que sucede con el trabajo. Aunque te tomes unas vacaciones —y si estás empezando un proyecto importante, no te irás de vacaciones durante mucho tiempo—, es como dejar a tu hijo con una canguro por primera vez. Estás seguro de que estará bien, pero, ya sabes, lo comprobarás por si acaso. Y otra vez una hora después. Y quizá de camino a casa. ¿Le dijiste a la canguro que el bebé estornuda cuando tiene sueño? Mejor vuelvo a llamar.

Al final llegas a confiar en la canguro. Sabrás que tu equipo puede manejar las cosas sin ti. Tras varias generaciones de iPod, me tomé unas vacaciones de verdad.

Me gustaría decir que no fui como Steve Jobs, que me centré en mi familia y mis alegrías personales y me tomé tiempo para relajarme. Pero lo cierto es que no fue así. También pasaba todo el día pensando en el futuro de la empresa, pero de una manera diferente y menos centrada que en la oficina. Buscaba.

Pero no llamé ni envié correos electrónicos a nadie. Solo hablábamos si de verdad se producía una emergencia.

Cada vez que me marchaba, entregaba las riendas a una persona diferente, que me informaba. ¡Ahora es tu problema, amigo! Era un momento para que el equipo avanzara y aprendiera a hacer lo que había hecho yo. Las vacaciones son una excelente manera de desarrollar las futuras capacidades de un equipo y ver quién podría ocupar tu lugar en unos años. Todos creen que pueden hacer tu trabajo mejor que los demás, hasta que tienen que hacerlo y cumplir. Así que, aunque tu trabajo sea muy estresante, debes tomarte vacaciones. Son importantes para tu equipo.

Y son un buen momento para que intentes dormir. Durante mucho tiempo, dormir lo suficiente durante varios días seguidos me resultaba casi imposible.

Dormí bien, muy bien, hasta 1992. Antes de que el correo electrónico internacional existiera, por no hablar de internet y Twitter. Desde entonces siempre ha habido alguien en cualquier otra zona horaria que ha querido hablar conmigo a las 4 de la mañana.

No podrás descansar si no te obligas. Así que haz todo lo que dicen que hay que hacer antes de irte a dormir: no tomes cafeína, no tomes azúcar, mantén fresco el ambiente, a oscuras, y, por lo que más quieras, deja el teléfono lejos de la cama. Eres adicto a él. Todos lo somos. Así que no te lo pongas demasiado fácil. Carga el teléfono en otra habitación. No seas el alcohólico con una botella de whisky en la mesita de noche. (Ojalá pudiera decir que yo lo hago todos los días, pero, bueno, también soy humano).

Y busca tiempo para tomarte un respiro en el trabajo. Es muy fácil ir de una reunión a otra, todo el día, sin poder comer ni ir al baño, sin preocuparte por descansar. Pero tienes que hacerlo. Y lo digo literalmente. Tienes que hacerlo. De lo contrario, te derrumbarás. Todos hemos visto a padres (o lo hemos sido) con recién nacidos al borde del colapso total. Así te sientes. Parte de tu trabajo consiste en no volverte totalmente loco en el trabajo y desquitarte con tu equipo.

Hay una razón por la que Steve Jobs siempre caminaba entre y durante las reuniones. Lo ayudaba a pensar, a ser creativo y a buscar, pero también lo obligaba a tomarse un tiempo para simplemente... andar. Para descansar de estar sentado en las reuniones, aunque fuera por unos minutos.

Mira tu calendario. Reorganízalo. Diséñalo.

Planifica los próximos tres a seis meses en papel.

Anota cómo es un día normal.

Y cómo es una semana o dos normales.

Sigue durante un mes.

Y después los siguientes cinco.

Ahora empieza a rediseñar tu horario diario, semanal y mensual dedicando tiempo a sentirte humano. Podrían ser diez minutos después de comer para leer un artículo interesante de Medium o una semana debajo de una palmera dentro de seis meses. Pero debes reorganizar tu horario para incluir estos descansos y después mantenerte firme cuando otras personas cuenten con ellos.

¿Y qué vas a hacer cada pocos días o cada semana o dos?

¿Cada 8-12 semanas?

¿Cada 6-12 meses?

Tienes que planificar vacaciones a largo plazo. A corto plazo, esto es lo que recomiendo:

- 2-3 veces por semana: Reserva partes de tu horario durante tu jornada laboral para tener tiempo para pensar y reflexionar. Medita. Lee las noticias sobre algún tema en el que no trabajes. Lo que sea. Puede tener algo que ver con tu trabajo, pero no debería ser trabajo. Da a tu cerebro un segundo para ponerse al día. Aprende, mantén la curiosidad y no te limites a reaccionar ante los incesantes incendios que apagar o las reuniones a las que asistir.
- 4-6 veces por semana: Haz deporte. Levántate. Pasea en bicicleta, corre, haz pesas, haz ejercicio con máquinas o simplemente camina. Empecé a hacer yoga en Philips y he seguido haciéndolo durante más de veinticinco años. Me ha ido muy bien. Tienes que silenciar todo lo que te rodea y concentrarte para hacer las posturas de yoga correctamente. Te vuelves consciente de tu cuerpo y sabes al instante si te has desconectado. Busca algo así, que te permita darte cuenta de si estás física o emocionalmente al límite y tendrás la oportunidad de corregirte antes de que vaya a peor.
- Come bien: Eres un atleta extremo, pero tu deporte es el trabajo. Así que aliméntate. No comas demasiado, no comas demasiado tarde y reduce los azúcares refinados, el tabaco y el alcohol. Intenta no sentirte hecho una mierda físicamente.

Y si todo esto parece estupendo en teoría, pero imposible en la práctica, porque apenas puedes llevar al día tus correos electrónicos, y mucho menos encontrar tiempo para ir al gimnasio o reservar meses enteros de tu vida, es posible que debas añadir algo más a tu lista de tareas pendientes: un asistente.

Si estás en un nivel bastante alto (director o superior) en una empresa bastante grande y gestionando un equipo bastante numeroso, deberías considerar la posibilidad de tener un asistente. Si eres director general de una empresa, sin duda deberías tenerlo.

A muchos líderes jóvenes les incomoda contratar a un asistente. Sé que a mí me sucedía. Era como admitir mi debilidad, una señal inequívoca de que eres un ejecutivo engreído que ha perdido el contacto con la realidad. Y no quieres aprovecharte de nadie ni obligar a un asistente a hacer trabajos tontos que en realidad deberías hacer tú mismo. En cualquier caso, no puedes contratar a un asistente antes de haber contratado a un director de ingeniería o de haber cubierto ese puesto vacante en ventas. Tienes otras prioridades.

Pero, como líder, también tienes trabajo que hacer. Y si dedicas gran parte de ese trabajo a programar reuniones y clasificar correos electrónicos, o, peor aún, no lo haces, tienes un problema. Todo el mundo ha conocido a este tipo de líder, o lo ha sido. Es la persona que se retrasa y sin darse cuenta pasa por alto correos electrónicos durante dos semanas, programa tres reuniones que se solapan y no asiste a ninguna de ellas. Está tan agobiada programando su trabajo que no puede hacer nada. Son las personas que quedan mal y hacen quedar mal a su equipo. Que hacen quedar mal a su empresa.

No te conviertas en una de ellas.

Si te preocupa cómo se vea, comparte al asistente. Un buen asistente puede ayudar a tres, cuatro e incluso cinco personas. O puede asistir a todo tu equipo, ayudarle a programar los viajes, a resolver los informes de gastos o a hacer algún proyecto especial. Puede ayudar a todos.

Pero recuerda que no existe el asistente perfecto que sepa leerte la mente de inmediato. Lo que buscas es a una persona que no chismorree sobre ti ni sobre la empresa y que se lleve bien con todos los miembros del equipo para que pueda canalizar los chismes preocupantes. Necesitas a una persona que aprenda rápido, a la que solo tengas que decirle las cosas una vez y que con el tiempo se anticipe a tus necesidades y solucione problemas antes de que lleguen a tu mesa. Pueden pasar de tres a seis meses hasta que entienda cómo ser más útil, pero después será como si tuvieras un superpoder. Como si tuvieras un brazo más, o seis horas más al día.

Esta persona no es solo una empleada. Es una compañera. Así que no caigas en el estúpido tópico cinematográfico de utilizarla como si fuera tu criada. Mi increíble asistente Vicky, que hace de todo, y es inteligente y amable, en cierta ocasión trabajó para una persona que un día decidió que necesitaba —que necesitaba sin falta— melón orgánico de inmediato, aunque estaba en medio de la nada, y la envió a buscarlo durante horas. No se trata así a una valiosa máquina del tiempo que libera días y semanas de tu vida.

Pero a veces incluso tener un asistente increíble no bastará. A veces, la presión, el estrés, la lista infinita y las reuniones interminables son demasiado. En esos momentos lárgate. Sal a dar un paseo.

A veces, cuando sabía que las cosas iban inexorablemente cuesta abajo, salía de la oficina, reprogramaba mis reuniones y decía: «Hoy es uno de esos días malos. No lo conviertas en peor de lo que ya es».

Hay momentos en los que sencillamente no puedes funcionar como ser humano, y mucho menos como líder, así que debes detectarlos y marcharte. No tomes una mala decisión porque estás frustrado y con exceso de trabajo. Cálmate y vuelve fresco al día siguiente.

Nada de esto es revolucionario. Seguramente lo aprendiste en la escuela primaria: haz una lista de lo que tienes que hacer, respira hondo y descansa un rato si estás molesto, come verdura, haz ejercicio y duerme. Pero lo olvidarás. Todos lo olvidamos. Así que coge el calendario y haz un plan. Trabajarás todo el tiempo durante un tiempo. No pasa nada. No es para siempre. Pero probablemente llevas mucho tiempo golpeando tus problemas con el mismo martillo. Ha llegado el momento de que tu cerebro busque y encuentre una palanca. O una excavadora. Dale a tu mente algo de tiempo para respirar.

Así que deja el teléfono antes de meterte en la cama. Y haz un poco de yoga.

4.6

Crisis

Al final te encontrarás una crisis. Le pasa a todo el mundo. Si no es así, no estás haciendo nada importante ni empujando ningún límite. Cuando estás creando algo disruptivo y nuevo, en algún momento te verás sorprendido por un absoluto desastre.

Puede ser una crisis externa sobre la que no tienes ningún control, o una cagada interna, o uno de esos dolores de crecimiento que afectan a todas las empresas. (Véase también el capítulo 5.2, «Puntos de inflexión»). En cualquier caso, cuando llegue el momento, aquí tienes el manual básico:

1. Céntrate en cómo solucionar el problema, no en a quién culpar. Eso llegará después, y al principio solo sirve para distraer.

2. Como líder, tendrás que meterte en la maleza. No te preocupes por la microgestión. A medida que se desarrolla la crisis, tu trabajo consiste en decir a tu equipo qué hacer y cómo hacerlo. Sin embargo, en cuanto todos se hayan calmado y se hayan puesto a trabajar, déjalos hacer su trabajo sin presionarlos.

3. Busca asesoramiento. De mentores, inversores, tu junta o cualquier otro conocido que haya pasado por algo similar. No intentes resolver tus problemas solo.

4. Una vez superado el shock inicial, tienes que mantener una comunicación constante. Tienes que hablar, hablar y hablar (con tu equipo, el resto de la empresa, la junta directiva, los inversores y posiblemente también la prensa y los clientes), y escuchar, escuchar y escuchar (prestar atención a lo que preocupa a tu equipo y a los problemas que surjan, calmar a los empleados asustados y al personal de relaciones públicas estresado). Que no te preocupe la posibilidad de comunicarte demasiado.

5. No importa si la crisis ha sido consecuencia de un error tuyo, de tu equipo o de un accidente fortuito. Acepta la responsabilidad por cómo ha afectado a los clientes y pide disculpas.

Una de las principales funciones del detector de humo y monóxido de carbono Nest Protect era que podía silenciarse la alarma con la mano. La idea era que si se te quemaba el desayuno, no tuvieras que agitar frenéticamente una toalla o una escoba por debajo del detector para silenciar la alarma. Bastaba con colocarte debajo y mover el brazo con calma un par de veces.

Funcionaba de maravilla. A los clientes les encantaba. Y lo más importante era que el Nest Protect realmente ayudaba a las personas. No solo resolvía el molesto problema de las falsas alarmas. Nos contaron historias asombrosas de familias que habían escapado de un incendio y habían evitado el envenenamiento por monóxido de carbono. Estábamos muy orgullosos de este producto y de las vidas y hogares que salvaba.

Y meses después del lanzamiento, durante pruebas de rutina en nuestro laboratorio, una llama ascendió más de lo que jamás habíamos visto. Se elevó, osciló y se agitó. Se agitó, la muy jodida. Y silenció la alarma.

No estoy seguro de si dije: «Vale, que no cunda el pánico», pero sin duda lo pensé. Se me cayó el alma a los pies. Fue como si me hubieran dado un puñetazo en el estómago. Tuvimos que sacar el manual de crisis. Lo primero, entender cuál era el nivel del problema. ¿Podía repetirse? ¿Había sido una casualidad por haber hecho mal la prueba? ¿Era real? Y si era real, ¿era probable? ¿Una posibilidad entre mil o una entre mil millones? Porque si era real, y era peligroso, los siguientes pasos podrían ser brutales: retirar el producto, alertar a los clientes y notificarlo a las autoridades. O, infinitamente peor, esa llama loca podría aparecer en el incendio de una casa. Podría apagar nuestro detector justo cuando más se necesitaba.

Tuvimos que trabajar como locos para trazar todas las posibilidades:

1. Tenemos que retirar todos los Nest Protect. Esto podría acabar con nuestro producto, la reputación de nuestra marca y todas nuestras ventas.
2. Podemos solucionarlo con una actualización de software.
3. Solo ha sido un error de la prueba.

No era un momento para dar un paso atrás y dejar que el equipo decidiera por su cuenta lo que hacer. Tenía que asegurarme de que todos supieran exactamente en qué estaban trabajando y dispusieran de las herramientas para encontrar soluciones lo antes posible. Tenía que dirigir y controlar.

En una crisis, cada uno tiene su trabajo:

- Si eres empleado, debes recibir instrucciones y ponerte en marcha. Haz tu trabajo mientras sigues buscando y sugiriendo otras opciones para solucionar el problema. Intenta no especular ni chismorrear. Si tienes inquietudes o sospechas, informa a tu superior y vuelve al trabajo.

- Si eres gerente, debes transmitir información de los directores sin abrumar ni distraer a tu equipo. Comunícate con tu equipo un par de veces al día, pero intenta no agobiarlo más (los mensajes cada hora solo sirven para asustar a todo el mundo). Debes estar cuando te necesiten para asegurarte no solo de que se hace el trabajo, sino también de que están bien. Eres la primera línea de defensa contra el agotamiento. La presión, el estrés, los ojos rojos y comer mal en plena noche les afectarán. Es posible que debas darles a todos un descanso, incluso durante una crisis.

  Recuerda establecer expectativas y límites. Seguramente tendrás que trabajar durante el fin de semana. Bueno. Suele pasar. Pero cuenta a tu equipo cuál es el plan: trabajaremos duro el sábado, pero todos saldréis de la oficina a las cinco de la tarde, y el domingo por la noche nos pondremos en contacto para ver cómo va el tema.

- Si eres el líder de un grupo más amplio o de una empresa, seguramente has pasado años desaprendiendo las tendencias de la microgestión. En fin, si estás en una crisis, ha llegado el momento de volver a ser microgerente.

  Tendrás que profundizar en los detalles, en todos los detalles. Pero no puedes tomar todas las decisiones por tu cuenta ni solucionarlo todo sin ayuda. Cuentas con expertos, así que tendrás que delegar en ellos. Llega a acuerdos sobre los pequeños pasos que deben darse, pero permíteles darlos sin ti. Programa controles por la mañana y al final del día, y en lugar de recibir los habituales informes semanales o quincenales de tu equipo, empieza a asistir a sus reuniones diarias. Tienes que estar ahí escuchando, haciendo preguntas y recibiendo la información necesaria en tiempo real. Puede que debas ser el conducto de esa información para el resto de la empresa, para los inversores, los periodistas o cualquier otra persona que esté observando lo que sucede como un halcón. Tienes que ser capaz de responder a sus preguntas. Tienes que convencerlos de que vais por el buen camino.

Elimina de tu calendario las reuniones que no sean imprescindibles. Céntrate totalmente en solucionar el problema. Y no te desestabilices. Eres humano. No empeores las cosas perdiendo la cabeza y pasando por alto las cosas que necesitas para mantener la mente en orden. Podría ser hacer deporte, descansar, cenar con tu familia o tumbarte en el suelo debajo de tu mesa durante diez minutos y cantar canciones de programas de televisión. Lo que necesites. Y recuerda que tu equipo también es humano. Las personas necesitan irse a casa. Necesitan dormir. Necesitan comer. Y necesitan sentir que las cosas están mejorando.

Así que céntrate en las soluciones, no en a quién echar la culpa por haberte metido en este lío. Todos se plantearán hipótesis como: ¿Y si ha sido culpa de este equipo? ¿Estaban tomando atajos? Circularán chismes, junto con acusaciones. Pero llegar al fondo de la cagada no es trabajo de tu equipo. Ni siquiera es tu trabajo. Al menos al principio.

Al final llegarás a ese punto, pero primero debes salir del agujero. Tienes que resolver qué ha salido mal y qué vas a hacer al respecto, y después volver atrás y buscar el por qué.

No olvides que incluso cuando el impacto inicial se desvanece, todos se calman y vuelven al trabajo, es probable que en el fondo sigan desquiciados, como tú. Sobre todo si el peso de encontrar una salida al desastre recae ahora sobre sus hombros. Asegúrate de que las personas que tienen dificultades siempre puedan hablar contigo o con su gerente. Dirigir y controlar no significa decretar e ignorar.

Estás aterrizando doce aviones en un portaaviones al mismo tiempo, y además informas a la prensa y de vez en cuando ofreces sesiones de terapia. Estarás tremendamente preocupado, pero no puedes tirarte de los pelos. Te recomiendo encarecidamente que te cortes el pelo al cero. Lo único que puedes hacer es decir con calma: «Sí. Estoy preocupado. Como vosotros. Da miedo. Pero lo superaremos. Nos hemos enfrentado juntos a otros desafíos en el pasado y los hemos superado. Este es el plan».

Es lo que yo decía una y otra vez en Nest. Se convirtió en un mantra: Lo superaremos. Lo hemos hecho antes. Este es el plan. Lo superaremos. Lo hemos hecho antes. Este es el plan.

Por suerte, nunca vimos esa llama estrecha y extrañamente alta sobre el terreno, solo en las pruebas. Resultó ser una de esas casualidades que no podríamos haber anticipado ni diseñado. No era culpa de nadie. Y era muy poco probable que sucediera en el mundo real. Pero no importaba.

La solución fue retirar el Nest Protect de las estanterías mientras investigábamos y desactivar la función con una actualización de software. Aún podía silenciarse la alarma desde el teléfono, pero no moviendo un brazo. Y contamos a los clientes lo que había pasado. No lo ocultamos. Mea culpa, y si quiere, le devolvemos su dinero.

Y funcionó. El Nest Protect y nuestra marca sobrevivieron.

Siempre existe la tentación de confundir al cliente o recurrir a jerga legal. De decir «Se han cometido errores», pero nunca admitir que los cometiste tú. No funcionará. Los clientes se darán cuenta. Y se enfadarán.

Si algo es culpa tuya, cuéntales lo que has hecho. Cuéntales lo que has aprendido. Y cuéntales cómo vas a evitar que vuelva a suceder. No lo eludas, ni eches la culpa a otros, ni pongas excusas. Acepta la responsabilidad y sé un adulto.

Todo fracaso es una experiencia de aprendizaje. Un desastre total es un programa de doctorado.

Lo superarás. Pero recuerda que no tienes que superarlo solo. En momentos de crisis, es fundamental hablar con alguien que pueda darte consejos útiles. Por mucho que sepas y por bueno que seas, siempre hay una persona que puede ayudarte a descubrir una posible solución. Alguien que lo haya hecho antes y que pueda mostrarte la salida del túnel.

A veces, la crisis terrible, irresoluble e impredecible a la que te enfrentas es en realidad algo a lo que se enfrentan la mayoría de las empresas que están creciendo y para lo que existe una solución obvia que sencillamente tú no ves. Es posible que solo estés creciendo muy deprisa y tengas que codificar tu filosofía, añadir un nivel de gestión y empezar a enviar notas de reuniones de forma diferente. (Véase también el capítulo 5.2, «Puntos de inflexión»).

Así que cada vez que veas que el agua sube, habla con tu mentor. O con tu junta. O con tus inversores.

Es responsabilidad tuya como líder no intentar lidiar con un desastre por tu cuenta. No te encierres en una habitación, solo, e intentes frenéticamente solucionarlo. No te escondas. No desaparezcas. No imagines que trabajando una semana seguida y sin dormir puedes resolver el problema por ti mismo y nadie va a enterarse. Busca consejos. Respira hondo. Haz un plan.

Luego ponte las botas de agua y dirígete al maremoto.

El lado positivo es que en cuanto la crisis haya pasado —suponiendo que sobrevivas, por supuesto—, tendrás un equipo que ha pasado por el infierno y ha vuelto más fuerte. Tendrás tiempo para descubrir el por qué. ¿Por qué ha sucedido? ¿Y qué podemos hacer para que no vuelva a suceder? Eso puede significar despedir a alguien, reorganizar el equipo o cambiar drásticamente vuestra forma de comunicaros. El proceso puede ser largo y desagradable.

Pero en cuanto termine, deberías celebrarlo. Deberías celebrar una fiesta. Y deberías contar la historia.

Lo más valioso que sacarás de toda crisis es la historia de cómo estuvisteis a punto de que os barrieran, pero el equipo se unió y os salvasteis. Esta historia debe entrar a formar parte del ADN de tu empresa para que siempre puedas volver a ella.

Se producirán más desastres en el futuro. Habrá muchos momentos en que todo se desmorone. Pero si puedes seguir contando esta historia, ninguna crisis futura parecerá tan oscura como la primera que vencisteis. Porque siempre puedes dirigirte a tu equipo y decir: «Mirad. Mirad a lo que sobrevivimos juntos. Si superamos aquello, podemos superar cualquier cosa».

Es una herramienta útil para recordar lo que puede suceder, lo que habéis aprendido y cómo evitar desastres similares en el futuro. La historia es útil desde el punto de vista de la gestión y como piedra de toque de la filosofía de la empresa. Pero, lo más importante, es verdad: tu equipo lo superó. Ahora puede superar cualquier cosa.

QUINTA PARTE

Crea tu equipo

Cuando me marché de Nest, en 2016, la empresa ocupaba tres edificios en Palo Alto y dos más en Europa. Teníamos casi mil empleados, múltiples líneas de productos, asociaciones de ventas en constante expansión en muchos países, millones de clientes, carteles gigantes que defendían los valores de nuestra empresa y fiestas de etiqueta. Pero incluso con las vicisitudes de la adquisición y del rápido crecimiento, Nest seguía pareciendo Nest.

Y por una razón concreta: las personas.

La fuente de todo lo relativo a Nest y la clave de nuestro éxito fueron los seres humanos a los que contratamos, la filosofía que crearon y su forma de pensar, de organizarse y de trabajar juntos. El equipo lo era todo.

Formar ese equipo y guiarlo a través de sus muchas transiciones es siempre la parte más difícil y gratificante de construir cualquier cosa. Y con Nest fue así desde el primer momento, antes de que tuviéramos clientes, incluso antes de que tuviéramos un producto.

Cuando lo único que teníamos eran las ardillas.

Entraban cada dos por tres en nuestras reuniones. Y la lluvia también era un problema, por supuesto. A menudo teníamos que llenar el suelo de cubos. La puerta del garaje hacía un ruido ridículo cada vez que hacía viento, teníamos un espantoso baño de mármol rosa para todo el equipo, y las sillas destartaladas de los años ochenta eran de verdad terribles, en especial las de piel sintética de los ejecutivos. No creo que hubiera una silla en todo el local que tuviera las cuatro patas en el suelo.

Era exactamente lo que queríamos.

Era el verano de 2010 en Palo Alto, y el garaje que habíamos alquilado estaba rodeado de amplios y hermosos campus de gigantes tecnológicos e innumerables empresas emergentes que atraían a empleados con promesas de oficinas lujosas, cerveza gratis y horarios de trabajo flexibles.

Pero nada de eso nos importaba. Matt y yo éramos serios, nos manteníamos centrados y contratábamos a personas que tenían el mismo sentido de lo que nos proponíamos, que no iban a dejarse deslumbrar por la ostentación, el glamour o las mesas de billar en la oficina. (Véase también el capítulo 6.4, «A la mierda los masajes»). Nos divertíamos mucho, pero ninguno de nosotros se dedicaba a hacer el gilipollas.

En ese momento el equipo estaba formado por entre diez y quince personas. Era el principio de Nest.

Muchos de los primeros empleados eran de Apple. A algunos los conocía de General Magic. A otro de la universidad. Nuestro vicepresidente de marketing era un amigo de un amigo de Philips. La mayoría del equipo ya tenía mucho éxito en su carrera profesional.

Pero todos nos balanceábamos precariamente en las mismas sillas de mierda. Los muebles, los refrigerios y la decoración exigen dinero y, lo que es más importante, tiempo. Alguien tiene que sentarse y pensar si tenemos que comprar un sofá marrón o uno azul, qué fruta, qué queso y qué cerveza. Y no íbamos a desperdiciar un céntimo ni un minuto en nada que no fuera decisivo para el negocio. Íbamos a mostrar a nuestros inversores que éramos un equipo de primera que podía hacer milagros con muy poco dinero. Con cada invasión de ardillas y cada gotera en el techo, nuestro equipo declaraba que éramos lo contrario de todas las empresas emergentes de Silicon Valley, con oficinas llenas de dinero y sin lanzar nada. Todos nosotros estábamos comprometidos con una sola cosa: nuestra misión.

Esas personas en ese garaje y la necesidad urgente de poner a prueba nuestra visión formaron el núcleo de la agresiva filosofía impulsada por la misión que definió Nest.

Que el equipo creciera de la manera correcta —analizar a quiénes necesitábamos, cómo contratarlos y cómo crear procesos de equipo y formas de pensar— era tan importante como crear el producto correcto.

Tomamos prestadas varias estructuras y normas de empresas y filosofías que nos gustaban, y el resto lo creamos desde cero. Lo descubrimos sobre la marcha, lo modificamos y ajustamos hasta que creamos equipos y filosofías que juntos podrían crear algo increíble.

Si intentas crear un equipo y descubrir cómo y a quién contratar, aquí tienes lo que aprendí sobre algunos de los equipos y competencias clave de la mayoría de las empresas emergentes:

Diseño
Marketing
Gestión de productos
Ventas
Departamento jurídico

Y lo que aprendí cuando esos equipos crecieron. Y crecieron. Y crecieron.

5.1

Contratar

Un equipo casi perfecto está formado por personas inteligentes, apasionadas e imperfectas que se complementan entre sí. A medida que este equipo crece por encima de las diez, veinte y cincuenta personas, necesitarás:

- ✓ Nuevos graduados y becarios deseosos de aprender de tu experimentado equipo. Toda persona joven a la que dedicas tiempo a formar es una inversión en la salud a largo plazo de tu empresa.
- ✓ Un proceso de contratación definido que garantice que los candidatos se entrevisten con personas de toda la empresa con las que trabajarán directamente.
- ✓ Un enfoque del crecimiento bien pensado para evitar diluir tu filosofía.
- ✓ Procesos que aseguren que los nuevos empleados estén inmersos en vuestra filosofía y la desarrollen desde el primer día.
- ✓ Una forma de mantener recursos humanos y contratación en la mente de tu equipo de dirección y de los equipos de gestión a su cargo. Debería ser el primer tema en toda reunión de equipo.

También tendrás que despedir. Que no te asuste, pero tampoco seas insensible. Advierte a las personas y dales oportunidades para corregir el rumbo, sigue escrupulosamente la ley, y después haz de tripas corazón y ayúdalas a encontrar una oportunidad mejor.

Una de las primeras personas que se unió a Nest después de Matt y de mí fue Isabel Guenette. Tenía veintidós años, acababa de salir de la universidad, era brillante, empática y muy amable, y estaba dispuesta a cambiar el mundo. La contratamos porque necesitábamos ayuda para investigar la interminable lista de cosas que no sabíamos: ¿Qué sistemas de calefacción hay en Estados Unidos (y los hay por cientos)? ¿Qué cables tiene la mayoría de las personas en las paredes?

No importaba que Isabel no supiera construir termostatos. Ninguno de nosotros sabía. Ese era el punto. Teníamos que aprender. Y ella se metió de lleno.

Aprendió tanto y tan deprisa que pasó a ser gerente del producto y lanzó con éxito tres versiones en cinco años. (Véase también el capítulo 5.5, «El sentido de los gerentes de productos»).

Isabel tuvo éxito porque es inteligente, curiosa y capaz. Pero parte de su éxito también tuvo que ver con el hecho de que era joven. Puede que no fuera consciente de la difícil tarea que tenía por delante. Se limitó a hacerla. Y la hizo con alegría.

Los mejores equipos son multigeneracionales. Nest contrataba a personas de veinte y de setenta años. Las personas con experiencia pueden transmitir sus conocimientos a la siguiente generación, y los jóvenes pueden rechazar cosas que se dan por sentadas desde hace mucho tiempo. A menudo pueden ver la oportunidad de llevar a cabo cosas difíciles, mientras que las personas con experiencia solo ven la dificultad.

Y pueden crecer con tu empresa. Los empleados experimentados que se unieron a tu negocio al principio acabarán marchándose. Al final todos se marchan. Pero antes te interesa que hagan de mentores y formen a un ejército de jóvenes. Así mantienes tu empresa en marcha. Así creas un legado.

No querrás mirar a tu alrededor diez años después de tu lanzamiento y darte cuenta de que no hay nadie menor de treinta y cinco años trabajando en tu empresa.

La política de Nest siempre fue contratar a personas recién graduadas y organizar un programa de prácticas. No era una política popular, al menos al principio. Los directores de contratación refunfuñaban y se quejaban. Querían contratar a personas con mucha experiencia, descargar en ellas un montón de trabajo y dejar que se las arreglaran solas.

Y hay un lugar para eso. En el equipo siempre debe haber una persona (o muchas) que lo haya hecho antes y pueda volver a hacerlo.

Pero si miras a un joven prometedor o a un entusiasta que cambia de carrera y solo ves cuánto tiempo tardará en formarse o la posibilidad de que no funcione, olvidas el poder y el impulso de un talento ambicioso cuando descubre hasta dónde puede llegar.

Alguien se arriesgó contigo una vez. Alguien te orientó mientras cometías errores y dedicó tiempo a ayudarte a crecer. Crear ese momento para la siguiente generación no solo es tu deber, sino también una buena inversión en el éxito a largo plazo de tu empresa.

De cada diez becarios que incorporábamos a la plantilla cada año, de uno a tres recibían ofertas para volver el siguiente verano o se les contrataba a jornada completa.

Incluso aquellos a los que no volvimos a llamar trabajaron en cosas reales, en características reales, y eso les permitió descubrir lo que querían hacer. Algunos incluso cambiaron de especialidad cuando se dieron cuenta de lo que significaba para su futuro su elección inicial. Y es lo que dijeron a sus amigos. De repente, durante varios veranos, tuvimos una lista de todos los grandes talentos emergentes de las mejores universidades del mundo.

Y entonces los directores de contratación dejaron de quejarse. Encontrar grandes talentos es una batalla. No puedes permitirte el lujo de pasar por alto ninguna parte de la población cuando intentas que tu equipo crezca. En el mundo hay grupos excepcionales de jóvenes, mayores, mujeres, hombres, trans, no binarios, negros, latinos, asiáticos, del sudeste asiático, del Medio Oriente, europeos e indígenas que pueden tener un profundo impacto en tu empresa. Personas diferentes piensan de manera diferente, y toda nueva perspectiva, todo contexto y toda experiencia que aportas al negocio lo mejora. Hace más profunda la comprensión de tus clientes. Ilumina una parte del mundo que antes no veías. Crea oportunidades.

Contratar un equipo diverso y con talento es tan importante para que tengas éxito que te gustaría entrevistar personalmente a toda persona que se una a tu empresa. Pero no puedes. Los días solo tienen veinticuatro horas. Los cristales semilla funcionarán solo durante un tiempo. (Véase también el capítulo 4.2, «¿Estás listo?»: «Cristales semilla»). Y al final tendrás que confiar en que el equipo tome sus propias decisiones.

Pero esto no significa que la contratación deba ser una batalla campal. Necesitas un proceso. Y los que he visto no funcionan.

Las empresas suelen seguir uno de estos dos métodos de contratación:

1. **Vieja escuela:** El director de contratación encuentra a un candidato, organiza entrevistas con varias personas de su equipo y después contrata al candidato. Sencillo. Directo. Una idiotez.
2. **Nueva escuela:** La decisión de contratar se reparte entre un montón de empleados (normalmente aleatorios) y una sofisticada herramienta de contratación. Un candidato se entrevista con un grupo de personas, que introducen sus valoraciones en un formulario de evaluación, la herramienta elabora un resumen, y el director de contratación puede contratar al

candidato si supera todos los parámetros. Idealista. Novedoso. Una idiotez.

El método de la vieja escuela pasa por alto a demasiadas personas de la empresa. El método de la nueva escuela incluye a personas que no tienen suficiente contexto para tomar una decisión sensata y las quema. A medida que creces y ya no puedes confiar en las referencias de tus empleados, es posible que debas convocar a quince candidatos para cubrir un solo puesto. Si pides a demasiadas personas que asuman la carga de entrevistar a esos candidatos, se molestarán, odiarán esta labor y se limitarán a rellenar el formulario de evaluación y volver al trabajo.

La clave es que el candidato hable con las personas adecuadas.

Nadie trabaja en el aire. Todos tienen clientes internos, personas a las que tienen que atender. Los diseñadores de aplicaciones, por ejemplo, crean diseños para que los ingenieros los implementen. En este caso, los ingenieros son sus clientes. Así pues, si quieres contratar a un diseñador de aplicaciones, lo mejor es que te asegures de que se entrevista con un ingeniero.

Este era el sistema que teníamos en Nest. Lo llamamos «las tres coronas». Y funcionaba así:

1. La corona 1 era el director de contratación. Recibía la aprobación del puesto y buscaba a los candidatos.
2. Las coronas 2 y 3 eran gerentes de los clientes internos del candidato. Elegían a una o dos personas de su equipo para que entrevistaran al candidato.
3. Se recopilaban, compartían y comentaban las valoraciones, y después las tres coronas se reunían para decidir a quién contratar.
4. Matt o yo lo supervisábamos todo y tomábamos la decisión final en el poco frecuente caso de que las coronas no se pusieran de

266 | CREA TU EQUIPO

acuerdo. Si teníamos que involucrarnos, normalmente la respuesta era no, gracias: PASO.

Incluso cuando aceptábamos a un candidato, siempre éramos conscientes de que nadie es perfecto. Siempre había críticas y desafíos. Así que era labor del director de contratación entender los posibles problemas desde el principio, hablar de ellos con los directores y el candidato, y comprometerse a asesorar al nuevo miembro del equipo para enfrentarse a esos desafíos.

No había misterios ni cajas negras. Todo estaba a la vista. Todos sabían qué esperar.

Entonces nos comprometíamos. Lo contratábamos. Y a pesar de las preocupaciones, de que todo fuera susceptible de mejorar, todos empezaban con un cien por cien de confianza. Cuando has evaluado a una persona a fondo, has comprobado sus referencias y has decidido contratarla, también debes decidir confiar en ella. No puedes empezar con cero confianza y esperar a que te demuestre su valía.

Cada vez que te embarcas en un viaje —un nuevo empleado, un nuevo trabajo o una nueva asociación— tienes que creer que funcionará. Creer que las personas harán lo correcto. Habrá decepciones, por supuesto, algunas personas reducirán tu confianza al 90 por ciento, al 50 por ciento o a cero, pero si dejas que eso te impida confiar en los demás, nunca sabrás qué relaciones y oportunidades has perdido.

No puedes permitírtelo. La contratación es muy importante. Vas a necesitar toda la ayuda que puedas conseguir.

Por eso también es fundamental contar con excelentes reclutadores, que estén tan entusiasmados con la empresa y el producto como tú.

Nuestro primer reclutador en Nest fue Jose Cong. Sabíamos que Jose debía estar con nosotros. Nos dio superpoderes de reclutamiento en los equipos de iPod y iPhone. ¿Cómo podría Nest prescindir de él? Y lo que distingue a Jose son dos cosas: tiene buen ojo para el talento y es increíble, imperturbable e inmensamente entusiasta. Su entusiasmo es contagioso y, lo que es más importante, honesto. Estaba al cien por cien seguro de que Nest cambiaría el mundo y contaba el «por qué», la historia de la empresa, con un entusiasmo y una alegría que inspiraba y emocionaba de verdad a los candidatos. (Véase también el capítulo 3.2, «Por qué contar historias»).

Jose nos traía a un candidato increíble tras otro. Y después dependía de nosotros. Teníamos que descubrir si eran adecuados para el equipo. Teníamos que entrevistarlos.

Así que establecimos varias reglas básicas. Todos en el equipo sabían para qué entrevistábamos y qué nos importaba para que pudieran calibrar más o menos las mismas cosas. Esperábamos que los candidatos estuvieran motivados por la misión y fueran resolutivos, que encajaran bien con la filosofía de la empresa y que se apasionaran por los clientes. También teníamos una política de «gilipollas no». Bastante obvia, pero muy útil. Si alguien llegaba con muchísima experiencia y era justo lo que buscábamos sobre el papel, pero resultaba insoportablemente arrogante, desdeñoso, controlador o político, su currículo quedaba descartado.

Para saber si la persona a la que entrevistas es gilipollas, tienes que saber entrevistarla, por supuesto.

A nadie le sorprenderá que diga que no soy el entrevistador más tolerante del mundo. Profundizo mucho, intento entender la psique del candidato y quizá incluso lo estreso un poco para ver cómo maneja el estrés. Cada uno tiene su estilo, pero no puedes ser tan discreto como para no sumergirte por debajo de la superficie ni presionar para entender quién es realmente esa persona. Una entrevista no es una charla informal. Estás ahí por una razón.

En las entrevistas siempre me interesan tres cosas básicas: quiénes son, qué han hecho y por qué lo han hecho. Suelo empezar con las preguntas más importantes: «¿Qué te interesa? ¿Qué quieres aprender?».

También pregunto: «¿Por qué dejaste tu último trabajo?». No es la pregunta más original, pero la respuesta es importante. Busco una historia nítida y clara. Si se quejan de un mal gerente o de ser víctimas de la política, les pregunto qué hicieron al respecto. ¿Por qué no lo pelearon más? ¿Y al marcharse dejaron atrás un desastre? ¿Qué hicieron para asegurarse de que se marchaban de la manera correcta? (Véase también el capítulo 2.4, «Dejo el trabajo»).

¿Y por qué quieren formar parte de esta empresa? Mejor que la razón sea totalmente diferente de por qué dejaron su trabajo anterior. Deben tener una nueva historia, una historia convincente sobre lo que les entusiasma, con quién quieren trabajar y cómo quieren crecer y desarrollarse.

Otra buena técnica para entrevistar es simular el trabajo. En lugar de preguntarle cómo trabaja, trabaja con él. Elige un problema e intentad resolverlo juntos. Opta por un tema que ambos conozcáis pero en el que ninguno sea un experto. Si eliges un problema de su ámbito, siempre parecerá inteligente, y si eliges un problema del tuyo, siempre sabrás más que él. Pero el tema no importa tanto como el proceso de verlo pensar. Dirígete a la pizarra y dibújalo. ¿Qué tipo de preguntas hace? ¿Qué enfoques sugiere? ¿Pregunta por el cliente? ¿Parece empático o ajeno?

Entrevistas no solo para ver si una persona puede hacer el trabajo que se le exige hoy. Intentas entender si tiene las herramientas innatas para pensar en los problemas y trabajos que aún no ves venir, los trabajos en los que puede crecer mañana.

Las empresas emergentes están en constante evolución, como las personas que las integran. Saberlo, confiar en el equipo y crear un buen proceso de contratación permitió a Nest crecer hasta las 100, 200 y 700 personas.

Pero tuvimos cuidado de no crecer demasiado deprisa. Queríamos aferrarnos al ADN de nuestro equipo inicial, a la urgencia y el enfoque de aquel pequeño grupo en el garaje que se tambaleaba en sillas espantosas. Y la única forma de hacerlo era integrar al nuevo personal en nuestra filosofía a un ritmo razonable para que pudiera aprender sobre la marcha, observando, trabajando con el equipo y absorbiendo nuestra filosofía de forma natural. La mejor manera de compartir e incorporar el ADN es de persona a persona. Cuando creces muy deprisa, es probable que las personas a las que acabas de contratar también tengan que contratar, así que una semana de orientación no será suficiente.

Si tienes a cincuenta personas que entienden tu filosofía y añades a cien que no, perderás esa filosofía. Son puras matemáticas.

Así que cuando incorpores a nuevos empleados, en especial a ejecutivos, no debes limitarte a hacerlos pasar, entregarles un cuaderno de la empresa y creer que has terminado. Los dos primeros meses son muy importantes y deben ser un periodo de microgestión positiva. Que no te preocupe meterte demasiado en la maleza o no darles suficiente libertad. Al menos al principio. Los nuevos empleados necesitan toda la ayuda posible para integrarse bien. Explica cómo haces las cosas con detalle para que no cometan errores y se aíslen del resto del equipo desde el principio. Habla con ellos sobre lo que funciona y lo que no, lo que harías en su lugar, lo que se recomienda y lo que está prohibido, a quién pedir ayuda y a quién tratar con guantes de seda.

Es la mejor manera de introducir a una persona en la filosofía, el estilo y los procesos de un equipo. Dale el empujón que necesita para empezar a correr con la manada en lugar de dejarla en la línea de salida leyendo documentos y esperar que se ponga al día.

Recuerda siempre que unirse a un nuevo equipo asusta. No conoces a nadie. No sabes si encajarás. No sabes si tendrás éxito.

Por eso empecé a organizar comidas informales con el director general. Matt también lo hacía. Cada dos a cuatro semanas reuníamos a un equipo de 15 a 25 nuevos y antiguos empleados y comíamos juntos. Intentábamos polinizar de forma cruzada a diferentes personas de diferentes grupos, una buena combinación de toda la empresa. Sin gerentes, sin ejecutivos y sin presentaciones. Era simplemente una oportunidad para que ellos conocieran al hombre del saco que mandaba, y para que yo los conociera a ellos. Me preguntaban por nuestros productos, nuestras políticas y por mi historia con Matt en Apple. Por qué no permitíamos los masajes y por qué teníamos tantos nombres en clave. (Véase también el capítulo 6.4, «A la mierda los masajes»). Y yo les preguntaba qué les entusiasmaba, en qué estaban trabajando y por qué se habían unido a nosotros.

Era mi oportunidad de subrayar por qué su papel era importante, hablar sobre cómo los objetivos de su equipo impulsaban los de nuestra empresa, sobre nuestra filosofía, nuestros productos, los nuevos proyectos, lo que iba bien y lo que no. Los nuevos empleados tenían la oportunidad de acudir directamente a mí con sus preguntas y de conocer a los empleados que ya estaban inmersos en nuestra filosofía, que podían ayudarlos y predicar con el ejemplo.

Todo empleado podía asistir a cinco comidas al año. Y cada comida era una inoculación de filosofía, una vacuna contra la indiferencia y la apatía, contra la idea de que lo que haces no importa y que nadie de las altas esferas sabe quién eres.

Y así crecimos. Equipos ramificados e individualizados. Los empleados pasaban a ser gerentes. Los gerentes pasaban a directores.

Muchas personas aceptaron el desafío. Muchas superaron las expectativas. Y algunas no. A veces resultará que personas a las que contrataste al principio no son adecuadas para el equipo a medida que crece. O a veces contrataste a personas equivocadas desde el principio. O contrataste a personas mediocres. O contrataste a personas que no encajaban bien en tu filosofía, aun siendo espectaculares.

A veces contratas a personas que sencillamente no tendrán éxito en tu empresa.

Y entonces tienes que despedirlas.

Pero es importante recordar que, aunque el momento conflictivo siempre es desagradable, también es breve y no debes obsesionarte con él ni dedicarle demasiado tiempo. Tienes que pasar rápidamente de «Las cosas no funcionan» a «Voy a hacer todo lo posible por ayudarte a encontrar un trabajo que te guste y que sea mejor para ti». Aunque parezca contradictorio, despedir a una persona de un trabajo en el que está fallando y para el que no es adecuada puede ser una experiencia muy positiva. Nunca he despedido a nadie sin que acabara siendo mejor tanto para él como para la empresa.

A veces la vida es un proceso de eliminación. A veces, que te despidan puede ser bueno. Pero nunca debería ser una sorpresa (a menos que hayan cometido un delito, y te sorprenderá saber que lo he visto varias veces en mi carrera).

En circunstancias normales, nadie debería sorprenderse de que lo despidan ni preguntar por qué. Puede que no estén de acuerdo, por supuesto. Pero todo el que tenga dificultades debería tener reuniones semanales con su superior o dos veces al mes sobre esas dificultades. Ahí es donde se comentan sinceramente los problemas, se buscan soluciones y se hace un seguimiento de lo que ha funcionado, lo que no y lo que sucederá a continuación.

Así como las personas se comprometen con tu empresa cuando se unen a ella, tú te comprometes con ellas. Si diriges una empresa o una gran organización, tu responsabilidad es ayudar a las personas a identificar los ámbitos que les plantean problemas y brindarles espacio y orientación para mejorar o ayudarlas a encontrar un lugar en la empresa donde puedan tener éxito.

Pero incluso con toda la buena voluntad y todas las buenas intenciones del mundo, a veces será obvio para ti y para la persona que se va que sus problemas no tienen solución, que el equipo ha perdido la confianza en ella y que el mundo está lleno de maravillosas oportunidades, con trabajos mucho menos desagradables que les ayudarás a encontrar encantado. Y entonces se marcharán, en general por voluntad propia.

El proceso puede alargarse un mes. O dos. O tres. Pero suele acabar de forma amistosa y todos salen beneficiados.

Aunque a veces te das cuenta de que has contratado a un gilipollas.

Un gilipollas en una pequeña empresa puede ser su final. Pero los gilipollas pueden destrozar equipos y productos en cualquier etapa de crecimiento y en empresas de cualquier tamaño. Cuanto más grande sea el equipo, más fácil será colarse y empezar a envenenar el pozo.

Si te enfrentas a un tirano mezquino en el que no se puede confiar, tu reacción instintiva será eliminar ese cáncer lo antes posible. Pero tendrás que tomarte tu tiempo. Cuéntale la situación y dale la oportunidad de cambiarla. Las normas para despedir son diferentes dependiendo del lugar donde vivas, y es importante entenderlas y seguirlas escrupulosamente. Muchas personas te denunciarán si creen que su despido es injusto. Muchas personas que creíste que serían geniales pueden acabar minando tu empresa.

Es una de las cosas más dolorosas del crecimiento. Al principio tienes un grupo increíble de personas con las que sabes que puedes escalar montañas. Pero esta fase no dura para siempre. Al final tienes que ir incorporando a cada vez más personas al equipo. A veces la cagas y contratas a gilipollas o a personas que no funcionan o no se adaptan a la filosofía de tu empresa. Pero con más frecuencia el auténtico impacto del crecimiento es que con el tiempo atraerás a personas que simplemente están bien. En comparación con las personas increíbles que incorporaste al principio, parecerán poco impresionantes. Correctas, que saben jugar en equipo y hacer su trabajo.

Y no es el fin del mundo. A medida que la empresa se expande, necesitas todo tipo de personas en todos los niveles.

No puedes esperar a que aparezca el candidato perfecto para cada puesto vacante. Tienes que contratar. Los mejores de los mejores no siempre quieren unirse a un equipo grande, o están atados a otro trabajo, o no puedes pagarlos o darles los cargos o responsabilidades que quieren.

Y a veces, las personas que no esperas que sean increíbles, las que pensabas que no llegaban a ser sobresalientes, sacuden tu mundo hasta los cimientos. Mantienen unido a tu equipo porque se puede confiar en ellas, son flexibles y excelentes mentoras y compañeras de equipo. Son humildes, amables y hacen un buen trabajo en silencio. Son otro tipo de «estrella del rock».

Lo más difícil del crecimiento, con diferencia, es encontrar a las mejores personas de todo tipo, confiar en que tu equipo las contrate y después asegurarte de que estén contentas y avancen.

Así que no lo pierdas de vista. Conviértelo en tu primera tarea del día. Haz que sea la prioridad de todos.

En muchas empresas he visto que los temas de recursos humanos se dejan para el final de las reuniones de equipo, o se agrupan en una reunión aparte de recursos humanos o de contratación. Pero tu prioridad es tu equipo, su salud y su crecimiento. La mejor manera de mostrarlo es convertirlo en el primer tema de la agenda todas y cada una de las semanas.

En Nest, todas mis reuniones de gestión de los lunes por la mañana empezaban así: ¿Quiénes son las excelentes personas a las que queremos contratar? ¿Estamos cumpliendo nuestros objetivos de contratación y de retención de personal? Si no, ¿cuál es el problema? ¿Cuáles son los obstáculos? ¿Y cómo está el equipo? ¿Qué problemas tiene? ¿Cómo van las evaluaciones de rendimiento? ¿Quién necesita una bonificación? ¿Cómo vamos a celebrar estos logros para que el equipo se sienta valorado? Y, lo más importante, ¿está marchándose el personal? ¿Por qué? ¿Cómo vamos a conseguir que este trabajo sea más significativo, satisfactorio y emocionante que cualquier otro? ¿Cómo vamos a ayudar a nuestra gente a crecer?

Solo después de haber superado este importante tema podíamos pasar a otra cosa, como qué mierda estábamos creando.

Como los gerentes del equipo veían que era importante para mí, empezaron a estructurar así sus reuniones semanales con sus equipos. Se convirtió en el estilo Nest. Lo primero son las personas. Siempre.

Lo que estás creando nunca importa tanto como con quién lo estás creando.

5.2

Puntos de inflexión

El crecimiento romperá tu empresa. A medida que se unan más personas, tu diseño organizativo y tu estilo de comunicación tendrán que actualizarse o correrás el riesgo de que el equipo se aísle y tu filosofía se desmorone.

Los puntos de inflexión casi siempre surgen cuando tienes que añadir nuevos niveles de gestión, lo que inevitablemente genera problemas de comunicación, confusión y ralentizaciones. En los primeros días de una empresa, cuando casi todo el mundo se autogestiona, la cantidad máxima de personas que un ser humano puede gestionar directamente de forma eficaz es de 8 a 15 empleados a jornada completa. A medida que la empresa crece, la cantidad se reduce a 7 u 8. Cuando los equipos se acercan a este punto, debes crear de forma preventiva un nivel de gestión, preferiblemente ascendiendo a personal interno, y después implementar sistemas para garantizar una comunicación eficaz y eficiente.

Para evitar que los puntos de inflexión rompan tu empresa y provoquen la huida en masa de los empleados, implementa cambios de gestión lo antes posible, habla con el equipo sobre el nuevo plan y oriéntalo en esos cambios.

Si tienes un equipo de seis personas, seis días al año es el cumpleaños de alguien.

Así que compras un pastel y dedicas la tarde a celebrarlo. Es agradable.

Cuando tienes un equipo de trescientas personas, hay un cumpleaños prácticamente todos los días. ¿Deberíamos seguir celebrando cada uno de ellos? Todo el equipo no puede tomarse la tarde libre. ¿Y compras un pastel? ¿Es el pastel importante para tu filosofía? Quieres hacer todo lo posible por tu equipo, pero hay realidades duras. Hay plazos. Hay presupuestos. Y se está gastando un montón en putos pasteles.

El pastel es un microcosmos de los problemas del crecimiento, pero también hablo literalmente. Resulta que las personas se ponen extrañamente a la defensiva con el pastel. Siempre se produce una minicrisis cuando tienes que dejar de hacer fiestas de cumpleaños de los empleados para toda la empresa.

El crecimiento puede pillarte desprevenido. Porque todo se desmorona justo cuando parece que nada puede detenerte. Los puntos de inflexión suelen presentarse en momentos en los que las cosas van muy bien, el negocio está en auge o al menos el desarrollo de productos funciona. Parece que por fin vas por el buen camino.

Pero es como tener hijos. Justo cuando crees que lo controlas todo —comen, duermen y andan (y se meten en todas partes)—, tus hijos crecen. Esa fase ha terminado. Andar es una noticia antigua. Y todo lo que funcionaba hasta ahora falla.

Siempre pasa. Siempre. Y lo único que puedes hacer es aceptarlo.

He mantenido muchas conversaciones con emprendedores que me han dicho que no les gusta que las empresas superen las 120 personas, así que no permitirán que eso suceda en la suya. Pero nunca he visto que funcione, al menos en negocios con éxito.

Es crecer o morir. La inmovilidad es estancamiento. El cambio es la única opción.

Pero eso no lo hace más fácil.

Los puntos de inflexión se producen en los cambios en el tamaño de los equipos. Tanto en negocios independientes como en equipos de una empresa, los cambios en el tamaño de los grupos siempre son difíciles.

Hasta 15-16 personas

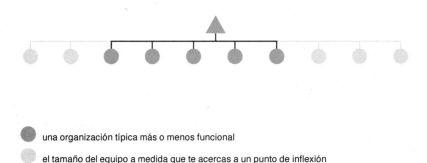

● una organización típica más o menos funcional

● el tamaño del equipo a medida que te acercas a un punto de inflexión

Fig. 5.2.1: Un equipo puede trabajar fácilmente si está formado por hasta quince personas. Las conversaciones informales fluyen de forma natural, se hacen reuniones de equipo cuando es absolutamente necesario, nadie presta atención al organigrama y no tiene impacto en cómo se mueve la información en la empresa. En esos primeros tiempos debes intentar introducir los mínimos cambios posibles durante el mayor tiempo posible, pero tendrás que añadir un nivel de gestión cuando una persona tenga que coordinar a más de entre ocho y doce personas.

Organización: Todos hacen un poco de todo, y casi todas las decisiones, mayores y menores, se toman juntos. No hay necesidad de gestión porque el líder del equipo ayuda a impulsar la visión y las decisiones, pero actúa más o menos como un compañero.

Comunicación: Se produce de forma natural. Todos están en la misma sala (o sala de chat) y lo más probable es que oigan las mismas conversaciones, por lo que la información no se queda atascada ni se necesitan reuniones periódicas.

Hasta 40-50 personas

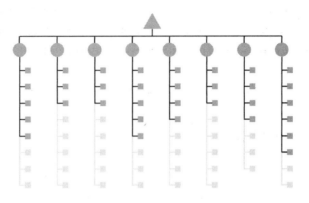

○ una organización típica más o menos funcional

○ el tamaño del equipo a medida que te acercas a un punto de inflexión

Fig. 5.2.2: Una vez que pasas de las quince personas, se añade un nivel entre el director general o líder y el resto del equipo. En este punto es posible que se formen compartimentos estancos que dificulten la comunicación, porque la información ya no se distribuye de manera uniforme. Algunos decidirán seguir siendo empleados y otros pasarán a la gerencia. Asegúrate de preparar a los posibles gerentes para que tomen las riendas. No te limites a lanzarlos al pozo. Para que la organización no sufra cambios, intenta evitar situaciones en las que los gerentes solo reciban dos o tres informes directos a largo plazo. Si estás creciendo rápidamente, tendrás que contratar a líderes experimentados. Las funciones de estas personas crecerán a medida que crezca tu empresa.

Organización: Cuando se superan las 15-16 personas, empiezan a formarse subequipos de hasta 7-10 personas. Algunas de tu grupo inicial tendrán que reducir sus responsabilidades y empezar a gestionar, pero el equipo aún es tan pequeño que todo sigue siendo bastante flexible e informal.

Comunicación: Por primera vez habrá reuniones a las que no todos puedan asistir, así que algunas personas tendrán información que otras no tendrán. Deberás formalizar un poco tu estilo de interacción, tomar notas, enviar actualizaciones y asegurarte de que todos estén sincronizados.

Hasta 120-140 personas

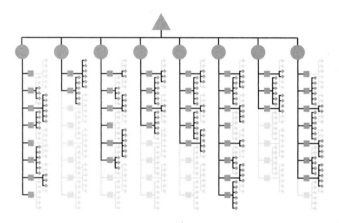

● una organización típica más o menos funcional

◌ el tamaño del equipo a medida que te acercas a un punto de inflexión

Fig. 5.2.3: Ahora tienes dos niveles entre el director general o líder y gran parte del equipo que realiza el trabajo diario de gestionar el negocio, así que es preciso repensar de nuevo la comunicación. Empieza a haber gerentes que gestionan a gerentes, por lo que deberás buscar coaches de gestión para que te ayuden a descubrir quién lo hace bien, quién podría ser gerente en el futuro y quién solo necesita un poco de ayuda. Tendrás que encontrar formas de comunicarte eficazmente con el equipo, asegurarte de que los gerentes comunican la misma información a sus equipos y asegurarte de que la información de toda la organización llegue a las altas esferas. La falta de transparencia de abajo arriba y de arriba abajo puede generar desconfianza. Donde faltan datos, la desconfianza llena ese vacío.

Organización: Cuando superas las 50 personas, algunas pasan a ser gerentes de gerentes, que es muy diferente de gestionar solo a empleados, y por primera vez entran en juego los recursos humanos. Necesitas procesos adecuados para decidir los ascensos y definir los deberes del trabajo, los niveles jerárquicos y los beneficios. También tendrás que solucionar los cargos.

Los equipos funcionales crecen, y dentro de los equipos más grandes se forman subequipos. Cada equipo empieza a desarrollar su propio estilo de trabajo en torno a los tipos de trabajo que realiza. Es preciso especializarse cada vez más. Muchos miembros del equipo empiezan a elegir un carril y se centran en un área concreta, en lugar de permitirse el lujo (de doble filo) de ser expertos en todo.

Comunicación: La comunicación entre equipos debe formalizarse, así como las reuniones con la dirección. Ya no bastará con hablar en los pasillos. Necesitas reuniones generales periódicas para que todos los equipos se mantengan informados y los ejecutivos se ocupen de unir, informar y motivar.

En este punto, los ejecutivos de la empresa tienen que precisar su estilo de comunicación: ¿cómo te relacionas con tu equipo de dirección y estableces prioridades, cómo organizas las reuniones y cómo te presentas a toda la empresa? La dirección empieza a reunirse semanalmente con recursos humanos para gestionar la explosión de problemas.

Hasta 350-400 personas

Organización: En este punto, es posible que tengas varios proyectos compitiendo por los mismos recursos. La dirección está mucho más aislada y distante del producto real y pasa la mayor parte del tiempo gestionando organigramas y prioridades en conflicto entre equipos.

Comunicación: Probablemente cuesta controlar las reuniones, y la información se atasca. Tendrás que reestructurar las reuniones y repensar tu estilo de comunicación. Las reuniones generales serán menos frecuentes y se dedicarán a reforzar la visión de la empresa en lugar de a distribuir información táctica, lo que significa que debe haber otras vías para que las personas accedan a información relevante y la difundan fácilmente.

Todo esto sigue siendo cierto en nuestro actual mundo a control remoto. Y es aún más importante. Cuando el dispensador de agua desaparece y la comunicación espontánea y no estructurada desaparece con él, debes ser aún más reflexivo, disciplinado y consciente respecto de tus estrategias de comunicación. Tienes que ofrecer una hoja de ruta para que el personal se relacione entre sí.

Y recuerda siempre que el crecimiento no es una función escalonada. No es que te vaya bien con 119 personas, pero con 120 todo se desmorone. Tienes que empezar a formar una estrategia sobre cómo crecerás más allá de un punto de inflexión mucho antes de alcanzarlo, como mínimo dos o tres meses antes y durante los meses siguientes. Piensa en el diseño de tu organización y en tus estilos de comunicación, descubre si tendrás que formar a empleados para que pasen a ser gerentes o traigan sangre nueva, ajusta tus reuniones y observa si las personas ascienden o no. Y tendrás que hablar con el personal. Mucho.

La regularidad es clave. Si estás dirigiendo un proyecto en una gran empresa o montando la tuya propia, tendrás que asesorar a todo el equipo durante estas transiciones. La empresa está atravesando la pubertad, y tienen que producirse algunas conversaciones incómodas pero importantes mucho antes de que se detecte el primer pelo rebelde en las axilas. Incluso puedes recurrir al mismo lenguaje: Esto les sucede a todos los negocios en crecimiento y prósperos. Es natural. No os preocupéis.

Pero también tendrás que hablar abiertamente sobre sus miedos, los tuyos y los de toda la empresa. Admite que hay cosas que perderéis, y que esas pérdidas no serán fáciles. Involucra a los gerentes y a los empleados en el proceso para que no surja de la nada, como algo que sufren y sobre lo que no tienen control. Necesitas su ayuda para hacerlo bien y que puedan definir los cambios, apropiarse de ellos y aceptarlos.

Si lo ves venir, puedes diseñar tu futuro.

Pero primero tienes que superar el miedo. Así que aquí tienes lo que más asustará al personal y cómo ayudarlo a superarlo.

Especialización

Todo organismo empieza siendo una sola célula. Esta célula se divide en dos, en cuatro y en dieciséis. Al principio todas las células son iguales, pero rápidamente se separan y se individualizan. Esta será un nervio y esta otra un músculo. Cuanto más crece el organismo, más diferenciada tiene que estar cada célula y más se complica el sistema. Pero también se vuelve más resistente, capaz de sobrevivir durante años o décadas.

Lo mismo sucede en los negocios. Pero las personas no son células madre. A veces trabajarás con un especialista al que le encanta la idea de centrarse en un solo elemento de su trabajo, pero a la mayoría de las personas no les parece natural ni inevitable que se reduzca su responsabilidad, y les asusta. Y este proceso es especialmente aterrador al principio, cuando todos se han acostumbrado a hacer de todo, cuando prácticamente no hay niveles de gestión y todos pactan el rumbo a seguir y empiezan a correr. Pero también sucede más tarde, incluso en las grandes empresas. Incluso en las enormes.

El temor es que todos solían hacer todas esas cosas geniales y diferentes, y ahora vendrá alguien y se las llevará.

Así que centra la atención del personal en la oportunidad. Ayúdalos a sentir curiosidad por lo que podría ser su trabajo en lugar de tener miedo de lo que podrían perder. ¿Quieren ser gerentes? ¿Jefes de equipo? ¿Quieren aprender más sobre alguna otra área del negocio o profundizar en algo de lo que realmente disfrutan? ¿Qué quieren aprender?

Los primeros pasos son ayudarlos a entender lo que de verdad les gusta de su trabajo, la empresa y la filosofía. Después pueden trabajar con sus gerentes para conservar estas cosas y deshacerse de las que en realidad no les gustan. O pueden aprovechar este momento para empezar algo nuevo.

Pero no dejes de recordar a todo el mundo que es su oportunidad de elegir su camino. Su carrera profesional depende de ellos. Diles:

Pensad en el futuro y descubrid en quién queréis convertiros y qué queréis hacer.

Diseño de la organización

Las personas necesitan especializarse a medida que crece una empresa, y lo mismo sucede con los equipos. Cuando tienes un solo producto, puedes organizarlas por funciones: un equipo de ingeniería de hardware, un solo equipo de ingeniería de software, etc. Pero a medida que incorporas más líneas de productos, esta organización te ralentiza. Podría suceder con solo dos productos o con cinco. Pero al final sucederá.

El problema suelen ser las personas de los puestos superiores. Los jefes de equipo solo pueden tener una cantidad limitada de proyectos en la cabeza. Pueden centrarse en tres, cuatro o cinco proyectos, pero cuando llegan a seis o siete están hechos polvo. El día no tiene suficientes horas. Así que esos proyectos se dejan para más adelante, y el más adelante nunca llega.

Tendrás que dividir tu organización en grupos de productos para que cada producto reciba la atención que merece. Este equipo trabaja en el termostato, y este otro en el detector de humo. Y después es posible que tengas que volver a subdividir. En Nest acabamos creando un equipo de accesorios, porque en caso contrario nunca se habrían hecho. El equipo principal siempre decía que se ocuparía de ellos, pero los proyectos de accesorios nunca eran su prioridad, así que priorizaban otras cosas.

Amazon, Square, Stripe, Twilio y prácticamente todos los equipos con múltiples líneas de productos han tenido que reorganizarse.

Cada grupo de productos tiene un equipo de ingeniería, una persona de marketing, un diseñador y un programador. Y esto los convierte en pequeñas empresas emergentes dentro del negocio, más rápidas y más autónomas. Las decisiones se aceleran y, en lugar de luchar por conseguir recursos en un proyecto paralelo, todos comparten un objetivo claro.

Funciona mejor. Pero esto no quiere decir que el personal esté contento. A los grupos les disgusta que reduzcan sus competencias tanto como a los empleados.

Pero a medida que se reduce la trayectoria del grupo, puedes volver a recurrir a la conversación que mantuviste con los empleados sobre su trayectoria personal. Dividir las cosas facilita la organización, elimina un montón de gastos y crea más oportunidades de crecimiento y más posibilidades de profundizar y encontrar algo en lo que puedas sobresalir y donde se reconozca tu labor.

En cualquier caso, las personas siempre pueden cambiar de equipo. Lanzar otra versión de algo antiguo y después cambiar a algo nuevo. Poner a prueba el termostato y después el detector de humo. Si una persona tiene interés y entusiasmo, siempre hay margen de maniobra.

Pasar de empleados a gerentes

Muchas veces se le pedirá a un trabajador estrella que dirija un nuevo equipo en crecimiento. (Véase también el capítulo 2.1, «Gestionar»). Algunas personas aceptarán encantadas la idea de gestionar, pero otras retrocederán horrorizadas. Quizá por miedo al cambio. Quizá por inseguridad. O quizá les gusta su trabajo y la empresa tal como están. En estos momentos, ayúdalas a entender la necesidad de añadir un nivel de gestión —el equipo se ha vuelto demasiado grande, tenemos que especializarnos y prepararnos para crecer más—, y después cuéntales sus opciones:

1. **Seguir como empleado, pero bajo el mando de otra persona.**
No es necesariamente malo. Su nuevo gerente podría ser un

284 | CREA TU EQUIPO

amigo con el que ha trabajado durante mucho tiempo en la empresa. O puedes traer de fuera a un gerente increíble del que podrá aprender. Pero si elige esta opción, debe aceptar que se le gestionará de forma diferente y que no tendrá tanta influencia en la evolución del equipo.

2. **Hacer una prueba de gestión.** Permítele probar el cargo y ver cómo se siente. Vete de vacaciones y entrégale las riendas. Di a todo el mundo que esta persona está al cargo. O empieza a llevarla a las reuniones de gestión y pídele que haga una presentación. Pídele que dirija proyectos cada vez más grandes. Delega en ella algunas tareas y permítele que vea en qué consiste el trabajo. Pídele que te ayude con los detalles de recursos humanos. Llévala a las reuniones de planificación.

Después pregunta al candidato si le gustaría hacer una prueba real. Mándalo a formarse como gerente. Si tu empresa es demasiado pequeña para ofrecer esta formación, asígnale un gerente experimentado como asesor. Esto debe formalizarse y ser uno de los objetivos y resultados clave del asesor para el trimestre. Debe ser un objetivo clave, no limitarte a comentar: «¿Te importaría echar una mano a esta persona?».

Después dirígete al resto del equipo uno a uno y comenta que estás pensando en ascender a esta persona, pero que antes quieres asegurarte de que a todos les parece bien. Di: «Vamos a intentarlo. Si tenéis algún problema, venid a verme». Intenta que todos se acostumbren a la idea y da tiempo al candidato para brillar.

Y cuando haya adquirido cierta confianza en su capacidad y el equipo se sienta cómodo con la idea, ofrécele la posibilidad de hacerla realidad.

Empieza a formar a los gerentes desde el principio y asegúrate de que tengan otros gerentes experimentados con los que hablar. Haz que se interesen por el oficio y la ciencia de ser un buen gerente y explícales que una de las partes fundamentales de la gestión es ayudar al equipo a encontrar soluciones creativas a problemas difíciles. Aunque no hagas todo el trabajo tú mismo, serás una parte fundamental para que funcione.

He visto a muchas personas que parecían tener talento de liderazgo estar a la altura de las circunstancias. Pero debes saber que algunas no subirán de nivel. Algunas se derrumbarán. Otras se marcharán. Otras odiarán el trabajo. Otras sencillamente serán mediocres. En esos momentos, es responsabilidad tuya ayudarlos a encontrar otras oportunidades, dentro o fuera de la empresa. Han intentado algo y han fracasado, y eso significa que han aprendido. Está bien. La vida es un proceso de eliminación, y ahora son libres de intentar algo nuevo.

Pasar de gerente de empleados a gerente de gerentes

Cuando tienes unas 120 personas, necesitas directores: gerentes que gestionen a otros gerentes. Los directores deben pensar más como directores generales que como empleados.

Tienen que confiar mucho más en el equipo que está a su cargo, delegar más responsabilidades y asumir el papel de coach. Están cerca del equipo, pero más alejados del producto, y son responsables de grandes cambios estratégicos, pero no del todo independientes. Y al final del día, tienen que rendir cuentas.

Así que no se debería lanzar a estos nuevos directores al trabajo sin apoyo. Es preciso formarlos y asignarles coaches desde el principio. Puedes ser tú u otra persona, pero formaliza la relación. Ayuda al nuevo director a darse cuenta de que nadie espera que lo sepa todo de inmediato.

Reuniones

De lo primero de lo que se queja casi todo el mundo cuando las empresas crecen rápido es de la repentina avalancha de reuniones (y correos electrónicos y mensajes, pero sobre todo reuniones). Reuniones de equipo, reuniones de gestión, reuniones de toda la empresa y reuniones de recursos humanos. Hasta cierto punto, es inevitable. Las personas tienen que hablar, y cuando los grupos son demasiado numerosos, las charlas se vuelven contraproducentes. Necesitas reuniones, en persona o de otro tipo.

Pero también tienes que parar de vez en cuando, reevaluar tus reuniones y procesos de comunicación, y cambiar las cosas cuando el empleo del tiempo ya no sea efectivo o eficiente. Puedes sustituir algunas reuniones por informes de actualización y reducir la cantidad de personas que asisten. Pero después debes procurar que los informes no sean demasiados. No te interesa que los equipos dediquen muchísimo tiempo a publicar información que nadie lee. Es una batalla constante. Los gerentes siempre deben estar atentos a la cantidad de horas que los equipos dedican a reuniones, tanto del equipo como entre equipos, y trabajar para mantener esos números bajo control.

Las reuniones generales son un buen ejemplo. Son reuniones a las que asiste todo el personal de la empresa. Al principio, cuando tienes menos de 40-50 personas, seguramente se producen cada semana o cada dos. Empiezan siendo reuniones informales y muy tácticas. Durante una hora nos sentaremos en el suelo, compartiremos pastelillos de limón, comentaremos lo que todos deben saber esta semana para hacer su trabajo, abordaremos nuestro próximo objetivo, hablaremos sobre las cosas divertidas que estamos haciendo y revisaremos la competencia. A veces, si es necesario, das malas noticias. Pero en general miras hacia delante, hablas de la misión y de cómo avanzáis hacia ella, y al final trabajáis un poco en equipo.

Pero a medida que más personas se unen al equipo, es imposible conseguir que la reunión sea relevante para todos los que asisten y abordar todos los temas que quieres abordar. Así que convocas reuniones generales con menor frecuencia. Y el contenido empieza a cambiar. Habláis menos sobre lo que sucede en ese momento y más sobre la visión más amplia de la empresa y los grandes cambios que tenéis previstos.

La diversión semanal, con todos sentados en el suelo cubierto de migas e interrumpiéndose unos a otros, no funciona.

Y si no lo ves, te quedas atrapado. Como Google. Hasta hace muy poco, los 140.000 empleados de Google asistían a una reunión de 2-3 horas cada semana, la famosa (o infame) reunión TGIF. TGIF es la abreviatura en inglés de «Thank God it's Friday» (Gracias a Dios es viernes), aunque en realidad tenía lugar los jueves, porque tenía que asistir Asia (otro ejemplo de algo que no funciona).

Aparte de a las charlas de los ejecutivos, la mayor parte de las TGIF se dedicaban a que los equipos de toda la empresa presentaran su trabajo. A veces el contenido era muy interesante. Muchas veces no. Pero el propósito de la reunión —transmitir información relevante de forma eficaz— había quedado enterrado hacía años. La mayoría de los empleados de Google se pasaban las tres horas creando memes sobre la reunión en una aplicación interna llamada Memegen. Y aunque es excelente para la filosofía de la empresa y una buena manera de unir al equipo, no hay ser humano en la Tierra que pueda afirmar que es eficiente o que ayudará a alguien a hacer mejor su trabajo.

Y es caro. Aunque no tengas en cuenta el coste de que gran parte de tu empresa dedique varias horas a la semana a crear memes, exige mucho trabajo de preparación. Google tenía un equipo para las TGIF, y decenas de personas dedicaban cientos de horas a estas actividades semanales.

Así que reserva las reuniones generales para cuando realmente las necesites. Conviértelas en algo especial. Que sean periódicas, pero poco frecuentes. Y anima a grupos más pequeños a reunirse entre sí para compartir información relevante. Incluso pueden sentarse en el suelo y comer pastelillos de limón. Pero los objetivos de las reuniones deben ser nítidos, y el tiempo que las personas pasan en el trabajo debe tener un propósito.

Recursos humanos/personas

Al principio no necesitas recursos humanos. Cuando tienes cinco, diez o incluso cincuenta personas, puedes recurrir a un reclutador externo para ampliar el equipo, hablar con él cuando surjan problemas y subcontratar los aspectos básicos, como la atención médica, las jubilaciones, etc.

Pero cuando llegas a los 60-80 empleados, debes incorporar recursos humanos. Porque no se trata solo de 60-80 personas. En realidad, son 240. O 320. La mayoría de los empleados tienen familia, cónyuges, parejas y personas que dependen de ellos. Y cada una de estas personas tendrá alguna necesidad que recae sobre tus hombros. Se pondrán enfermas, se quedarán embarazadas, necesitarán ortodoncias, pedirán permiso para ausentarse o sencillamente querrán preguntar por las ventajas que ofrece la empresa.

Cada vez será más caro subcontratar recursos humanos y te absorberá demasiado tiempo.

Así que crea un departamento de recursos humanos y recuerda a los empleados que está ahí para protegerlos y para proteger también la filosofía de la empresa. Para ayudarlos si tienen un hijo. Para asegurarse de que les paguen a tiempo. Para asegurarse de que se sientan seguros. Incorporar los recursos humanos no quita nada, solo les brinda a ellos y a sus familias mejores recursos.

Coaches/mentores

Antes de que se produzcan puntos de inflexión e. muy importante formar y orientar. Especialmente en la transición a 30-40 personas, cuando aparecen los gerentes, y a 80-120, cuando algunos ascienden a director.
Pero recuerda que hay una diferencia entre coaches y mentores.
Los coaches ayudan con el negocio. Se trata del trabajo: esta empresa, este trabajo y en este momento.
Los mentores son más personales. Ayudan no solo con el trabajo, sino también con la vida y la familia.
Los coaches ayudan porque conocen la empresa, y los mentores ayudan porque te conocen a ti.
Lo mejor es una combinación de ambos, una persona que entienda ambos mundos, un mentor/coach que amplíe la visión y ayude a ver lo que necesitan tanto la empresa como los empleados.
Al principio, si eres el líder, eres el mentor. Preparas al personal para la gran transición y lo formas para que pueda afrontarla. Pero a medida que el equipo crezca, deberás introducir a mentores o coaches para que asuman parte de la carga. Con 120 personas, deberías contar con coaches que orienten a tu equipo de dirección en sus nuevas responsabilidades, así como en las estrategias de comunicación y organización.

Filosofía

La filosofía es lo más difícil de identificar y de preservar. Incluso en empresas pequeñas, cada equipo suele desarrollar su propia filosofía distintiva. Y cuando una parte valiosa de esa filosofía desaparece, puede llevarse consigo a muchos de tus empleados.
Así que, para preservar lo que amas, haz que tu equipo anote las cosas que más valora y elabore un plan para mantenerlas. Y no

olvides que lo que une a las personas con tu empresa no es necesariamente lo más obvio. Pueden ser cosas pequeñas y tontas. En Nest,
cuando éramos una empresa muy pequeña, varios miembros del equipo empezaron a hacer barbacoas en el aparcamiento. Eran muy agradables. Todos se relajaban, hablaban y comían. A medida que crecía-
mos, esas barbacoas podrían haber desaparecido fácilmente. Bistecs
para quince personas es muy diferente que para cincuenta. O qui-
nientas. Así que invertimos en ellas como empresa. Eran cada vez
más numerosas, más elaboradas y más caras, pero nos negamos a dejarlas morir. Era vital para nuestra filosofía que todos tuvieran la oportunidad de pasar un buen rato, ejecutivos y empleados, diseño e ingenieros, control de calidad, informática y atención al cliente. Era
solo una barbacoa, pero era importante. Y funcionaba mucho mejor
que la reunión general.

La filosofía surge de forma natural, pero después hay que codifi-
carla para mantenerla.

Así que anota los valores de tu empresa y cuélgalos en las paredes
físicas y en los muros virtuales. Compártelos con los nuevos empleados. Coméntalos en toda entrevista con nuevos candidatos. Todos deben saber lo que importa en tu empresa y lo que define vuestra filosofía. Si no conoces explícitamente tus valores, no puedes transmitirlos,
mantenerlos, desarrollarlos ni contratar en función de ellos.

Y pide a todos los equipos que anoten cómo hacen las cosas. ¿Cuál
es el proceso de marketing? ¿Cuál es el proceso de ingeniería? ¿Cuáles son las fases de la fabricación de los productos? ¿Cómo trabajamos juntos? No basta con que lo tengan en la cabeza. Las personas
se marchan. Llegan personas nuevas. Si estás creciendo geométrica-
mente, en todas las direcciones a la vez, necesitas un núcleo fuerte y
estable. Tus empleados con experiencia deben poder explicar a los
nuevos cómo haces lo que haces, o de lo contrario todos se perderán.

He visto estos puntos de inflexión romper cientos de empresas en
las que hemos invertido y los he experimentado en mi propia vida.

Cuando intenté crear un nuevo grupo en Philips entre un mar de casi 300.000 empleados, cuando Apple pasó de 3.000 personas a 80.000. Y los puntos de inflexión siempre parecen pillar con la guardia baja. Nadie quiere apartar la mirada de su negocio en auge, su visión floreciente y los nuevos productos para hacer una pausa, considerar y reestructurar.

Planificar para cuando llegue un punto de inflexión es mucho con lo que lidiar, que se añade a todo lo demás. Y es la peor planificación, desordenada, difícil y con personas infinitamente molestas. Siempre es tentador dejarla para otro día.

Pero aquí no funciona eso de «Si no está roto, no lo arregles». Cuando no te preparas para los puntos de inflexión, no adviertes al equipo, no reestructuras cuidadosamente la organización en función de los cargos y después de las personas, no incorporas a nuevos gerentes, no reevalúas tus reuniones y tus herramientas de comunicación, no ofreces formación ni coaches y no trabajas activamente para preservar tu filosofía, las consecuencias están claras:

- He visto a directores que, para que el personal estuviera contento, han construido su organización en torno a los empleados con los que ya contaban en lugar de descubrir antes cuál debería ser la estructura óptima y adaptar su equipo a esos cargos.
- Después los cargos y las responsabilidades se superponen, en los niveles superiores todo es redundante, tienen que inventar nuevos cargos extraños y nadie sabe en qué debería estar trabajando.
- El trabajo se ralentiza.
- Los empleados se quejan de que la filosofía de la empresa ha muerto.
- El personal empieza a marcharse.
- Cunde el pánico, que puede parecer una crisis en toda regla.

Normalmente se tardan de seis a nueve meses en recuperarse. En general, las empresas tienen que recortar el crecimiento después del punto de inflexión, empezar de nuevo y hacerlo bien. Pero tienes que hacerlo bien. Las empresas que intentan pasar por alto los puntos de inflexión no sobreviven o se estancan y no siguen creciendo.

Y debes saber que seguramente perderás empleados aunque gestiones todo a la perfección. Personas muy válidas se marcharán. Algunas preferirán empresas más pequeñas. A otras no les gustarán los cambios, aunque entiendan que son necesarios. A otras les molestará tener superiores, pese a las advertencias y la formación. Duele ver marcharse a compañeros de equipo y amigos de confianza, pero las pérdidas serán manejables. No será un desastre. Tu filosofía y tu empresa sobrevivirán.

Y al final, en cuanto hayas tranquilizado a tus empleados, formado a los gerentes, mantenido un millón de conversaciones sobre lo que les angustia, codificado tus valores y procesos, y pronunciado discursos en tus reuniones generales periódicas (aunque no demasiado frecuentes) para ayudar a crear y fortalecer la filosofía de la empresa, tendrás que tomarte un minuto y pensar en ti.

Seguramente también estés asustado. Y deberías estarlo. Si no, no te lo estás tomando lo bastante en serio.

No solo la empresa pasa por puntos de inflexión. También tú. Como director general, fundador o jefe de un equipo de una empresa, cuanto más crece tu organización, más te aíslas y más se aleja de ti el producto. Cuando empezaste, ayudaste a contratar a todos los empleados, los conocías a todos, estuviste en muchas reuniones, si no en todas, y estuviste codo con codo con tu equipo, creando juntos. A medida que el equipo superaba las 120-150 personas, todo cambiaba. Empezaste a ver caras que no conocías. ¿Son empleados? ¿Socios? ¿Amigos que han venido a comer? Ya no estás al corriente de todos los detalles de lo que está pasando. Y no puedes llegar a una reunión sin asustar a todo el mundo. ¿Por qué está aquí el director general? ¿Qué pasa?

Así que cuando te lleguen puntos de inflexión, recuerda cómo has tranquilizado al equipo y sigue tu propio consejo. Sé consciente de que llegan y prepárate. Habla con tu mentor. Entiende cómo debería ser tu trabajo mucho antes de cada transición y planifícalo. Y recuerda siempre que el cambio es crecimiento, y el crecimiento es una oportunidad. Tu empresa es un organismo. Sus células tienen que dividirse para multiplicarse y tienen que diferenciarse para convertirse en algo nuevo. No te preocupes por lo que vas a perder. Piensa en lo que te vas a convertir.

5.3

Diseño para todos

Todo lo que debe crearse debe diseñarse, no solo productos y marketing, sino también procesos, experiencias, organizaciones, formas y materiales. En el fondo, diseñar significa simplemente pensar en un problema y encontrar una solución elegante. Cualquiera puede hacerlo. Y todos deberían.

Ser un buen diseñador es más una forma de pensar que una forma de dibujar. Se trata no solo de hacer las cosas bonitas, sino también de que funcionen mejor. Es posible que no puedas crear un prototipo perfectamente pulido sin un diseñador profesional, pero puedes llegar bastante lejos por tu cuenta si sigues dos principios básicos:

1. **Piensa como un diseñador:** Es una estrategia bien conocida originada por David Kelley, de IDEO, que te anima a identificar a tu cliente y sus puntos débiles, entender en profundidad el problema que intentas resolver y descubrir sistemáticamente formas de resolverlo. (Véase también Bibliografía: *Creative Confidence: Unleashing the Creative Potential Within Us All*).

Por ejemplo, una persona se queja de que tiene demasiados mandos a distancia de TV. En lugar de saltar de inmediato y combinar todos los mandos a distancia en uno gigante y complicado, deberías tomarte un tiempo para entender a tus clientes. ¿Qué hacen cuando se sientan en el sofá? ¿Qué ven? ¿Cuándo lo ven? ¿Quién está con ellos? ¿Para qué utilizan cada mando a distancia y con qué frecuencia? ¿Dónde los dejan? ¿Qué pasa cuando se equivocan de mando?

A partir de ahí llegas a entender el verdadero problema de tus clientes. Llegan tarde a casa y no quieren encender un montón de luces y despertar a su familia, así que intentan encender el televisor a oscuras y nunca encuentran el mando correcto. De acuerdo, podemos encontrar una solución.

2. **Evita la costumbre:** Todo el mundo se acostumbra a las cosas. La vida está llena de pequeños y grandes inconvenientes que ya no notas porque tu cerebro los ha aceptado como realidades inmutables y los ha filtrado.

Por ejemplo, piensa en la pequeña etiqueta que las tiendas de comestibles pegan en los productos. En lugar de comerte una manzana, ahora tienes que buscar la pegatina, despegarla y raspar los restos pegajosos con la uña. Las primeras veces que encontraste la pegatina, seguramente te molestó. A estas alturas apenas te das cuenta.

Pero cuando piensas como un diseñador, estás atento a las muchas cosas de tu trabajo y tu vida que pueden ser mejores. Buscas oportunidades para mejorar experiencias que desde hace mucho tiempo se supone que siempre serán terribles.*

El vocabulario se interpone a veces.
El diseño no es solo una profesión.
Los clientes no son solo personas que compran algo.
Los productos no son solo objetos físicos o software que vendes.

---

* Di una charla TED sobre la costumbre. Si te interesa profundizar más, puedes verla en internet.

296 | CREA TU EQUIPO

Puedes pensar como un diseñador en todo lo que haces.

Imagina que buscas en tu armario porque estás preparándote para una entrevista de trabajo. Tu cliente es tu entrevistador, tu producto eres tú mismo, y estás diseñando tu atuendo para ese día. ¿Deberías ponerte vaqueros? ¿Una camisa? ¿La filosofía de la empresa es formal o informal? ¿Qué quieres proyectar de ti? Tomar esta decisión es un proceso de diseño. Para obtener el mejor resultado es necesario pensar como un diseñador, aunque sea de manera inconsciente.

Consigues el trabajo. Felicidades. Los vaqueros han sido una buena decisión. Pero la oficina está a veinte kilómetros de distancia y no tienes coche. Bienvenido al proceso de diseño de hoy, solo que hoy el cliente eres tú.

Seguramente no saldrás corriendo a comprar un coche al azar, sino que pensarás en tus opciones. ¿De verdad necesitas un coche? Quizá podrías coger el autobús o comprarte una moto o una bicicleta. Si compras un coche, ¿para qué lo utilizarás? ¿Cuál es tu presupuesto? ¿Deberías comprarte un coche híbrido o eléctrico? ¿Encontrarás mucho tráfico? ¿Aparcarás en la calle o en un garaje? ¿Llevarás a familiares, amigos, compañeros de trabajo o mascotas? ¿Harás viajes por carretera los fines de semana?

Pensar como un diseñador te obliga a entender realmente el problema que intentas solucionar. En este caso, el problema no es «Necesito un coche para ir al trabajo». Es mucho más amplio: «¿Cómo quiero desplazarme?». El producto que estás diseñando es una estrategia de movilidad para tu vida.

La única forma de hacer un producto muy bueno es profundizar, analizar las necesidades de tus clientes y examinar todas las opciones posibles (incluidas las inesperadas: quizá podría trabajar desde casa, quizá podría mudarme más cerca del trabajo). No hay diseños perfectos. Siempre hay limitaciones. Pero eliges la mejor de todas las opciones, desde el punto de vista estético y funcional, y al precio necesario.

Esto es un proceso de diseño. Así diseñé el iPod. Así lo diseño todo.

Y algunas personas creen que es imposible para los que no son diseñadores. (Véase también el capítulo 2.3, «Gilipollas»).

He colaborado con muchos diseñadores a lo largo de los años, algunos de ellos con un talento increíble y brillantes, pero también me he enfrentado a directores de diseño moralistas que creen firmemente que el diseño es solo para diseñadores. Piensan que cuando te enfrentas a un desafío difícil, siempre necesitas a un experto. Alguien —preferiblemente ellos— con un sentido estético refinado y un nivel impresionante. He visto a estos diseñadores descartar ideas que surgieron de ingeniería o de fabricación basándose en la idea preconcebida de que no se puede confiar en que los que no son diseñadores entiendan las necesidades de los clientes y encuentren soluciones razonadas. Si no se les ocurre a ellos, no es una solución.

Me saca de mis casillas.

Sobre todo porque esta forma de pensar es contagiosa. Me encuentro con un montón de empresas emergentes que se enfrentan a un desafío de diseño difícil e inmediatamente piensan que tienen que contratar a alguien para resolverlo. No sabemos lo suficiente, no tenemos experiencia, necesitamos que alguien lo haga por nosotros.

Pero no debes subcontratar un problema antes de haber intentado resolverlo tú, en especial si resolver ese problema es fundamental para el futuro de tu negocio. Si se trata de una función crucial, tu equipo tiene que desarrollar músculo para entender el proceso y hacerlo ellos mismos.

En los primeros días de Nest teníamos claro que el marketing iba a marcar la diferencia, así que cuando contraté a Anton Oenning para dirigir el marketing, le pedí que se pusiera a trabajar en el embalaje. Anton posee una intuición y una empatía maravillosas, es un maestro contando historias y un campeón de la experiencia del cliente, pero no es diseñador. Ni publicista. Así lo recuerda él:

«Hacia mi segunda semana en Nest, Tony me dijo que diseñara el embalaje y escribiera el texto. "¿Qué? Oh. Claro. Déjame llamar a

298 | CREA TU EQUIPO

algunos diseñadores y publicistas con los que he trabajado". "No. Tiene que quedarse en casa, en secreto". "Ah. Uf. De acuerdo. Yo me ocupo". Y resultó ser la petición más liberadora de toda mi carrera, creo». Aprendió sobre la marcha. Y fallando. Y volviendo a intentarlo. Reescribimos el texto más de diez veces, y a la vez desarrollamos un proceso y un marco para los mensajes. (Véase también la figura 5.4.1 en el capítulo 5.4). Y después de haber desarrollado una visión básica de lo que podría ser el embalaje y sus limitaciones inherentes, después de tener clarísimo el mensaje, trabajó con diseñadores y publicistas para que quedara perfecto. Pero nada de esto podría haber sucedido si antes no lo hubiera intentado él mismo. Solo necesitaba un empujón. A menudo es lo único que necesita toda persona inteligente y capaz para brillar.

Es posible que ni siquiera necesites que alguien dibuje o tome decisiones estéticas. Por ejemplo, para decidir el nombre, un problema al que se enfrentan todas las empresas. Pero en lugar de llamar a una agencia para que te elija un nombre, siéntate y aborda el problema como un diseñador:

- ¿Quiénes son tus clientes y dónde encontrarán ese nombre?
- ¿Qué quieres que tus clientes piensen o sientan sobre tu producto?
- ¿Qué cualidades o características principales del producto debe resaltar ese nombre?
- ¿Este producto es parte de un grupo de productos o es independiente?
- ¿Cómo se llamará la siguiente versión?
- ¿Debe el nombre evocar un sentimiento, una idea o una descripción directa?
- En cuanto tengas una lista, empieza a utilizar los nombres con contexto.
- ¿Cómo funciona en una frase?

- ¿Cómo lo utilizas en la impresión?
- ¿Cómo lo utilizas gráficamente?

Puede que no se te ocurra un nombre que te encante, pero intentarlo te permitirá al menos valorar y entender el proceso de buscar un nombre. Te dará las herramientas que necesitas para trabajar con una agencia y aprender los trucos que utilizan para llegar a una sugerencia final.

A veces sí necesitas contratar a un experto. A veces, un diseñador brillante puede construirte una escalera y ayudar a tu equipo a salir del hoyo que ellos mismos han cavado. Pero en todo momento tu equipo debe observar, aprender y hacer preguntas para que en el futuro pueda construir las escaleras que necesite.

Así es como personas de cualquier nivel y de cualquier equipo pueden empezar a pensar como diseñadores en su trabajo diario, en embalajes, dispositivos, interfaces de usuario, sitios web, marketing, pedidos, auditivo, visual, táctil y olfativo. Empezarán a diseñar cuidadosamente todo, desde el proceso que utiliza tu empresa para pagar las facturas hasta cómo un cliente puede devolver un producto.

En general, tu equipo empezará a darse cuenta de que está en un hoyo, se quitará de encima la costumbre al statu quo y empezará a mejorar las cosas. En lugar de mirar cómo las hacen otras empresas, cómo las han hecho siempre, y copiarlas, tu equipo empezará a pensar como sus clientes: «Así me gustaría devolver este producto». Después diseñará el proceso desde cero, como debe diseñarse:

- Pregunta por qué en todos los pasos: ¿Por qué es así ahora? ¿Cómo puede ser mejor?
- Piensa como un usuario que nunca ha probado el producto. Profundiza en su forma de pensar, su dolor, sus desafíos, sus esperanzas y sus deseos.
- Divídelo en pasos y establece todas las limitaciones por adelantado. (Véase también el capítulo 3.5, «Ritmos y esposas»).

- Entiende y cuenta la historia del producto. (Véase también el capítulo 3.2, «Por qué contar historias»).
- Crea prototipos durante todo el proceso. (Véase también el capítulo 3.1, «Hacer tangible lo intangible»).

No todo el mundo puede ser un gran diseñador, pero todo el mundo puede pensar como un diseñador. Diseñar no es algo en tu ADN con lo que naces, sino algo que aprendes. Puedes recurrir a coaches, profesores, clases y libros para ayudar a que todos tengan la actitud correcta. Podéis hacerlo juntos.

Ni siquiera los mejores diseñadores del mundo pueden hacerlo solos. La mayoría de las personas miran el diseño de Apple y dicen: Es de Steve Jobs. Es de Jony Ive. Pero no es cierto ni de lejos. No se trata de que una o dos personas viertan su genio en una libreta y después se la pasen a humildes empleados para que lo ejecuten. Miles y miles de personas diseñan para Apple, y esos equipos son los que se unen y crean algo único y maravilloso.

Si quieres ser un gran diseñador, no puedes encerrarte en una habitación. Tienes que relacionarte con tu equipo, con tus clientes y su entorno, y con otros equipos que puedan poner sobre la mesa ideas innovadoras. Debes entender las necesidades de tus clientes y las diferentes formas de abordarlas. Tienes que mirar un problema desde todos los ángulos. Tienes que ser un poco creativo. Y ante todo tienes que ver el problema.

Este último punto no parece gran cosa. Pero es crucial. Es lo que diferencia a un empleado de una empresa de su fundador.

La mayoría de las personas están tan acostumbradas a los problemas en su vida doméstica o laboral que ya ni se dan cuenta de que son problemas. Se limitan a seguir con su vida, se meten en la cama, cierran los ojos, se dan cuenta de que se han dejado la luz de la cocina encendida y bajan la escalera refunfuñando sin pensar: ¿Por qué no hay un interruptor en mi habitación que apague todas las luces de la casa?

No puedes resolver problemas interesantes si no te das cuenta de que están ahí.

Por eso pensé que el iPod podría tener éxito, porque los CD pesaban mucho. Me encanta la música, y en aquel momento mi colección de CD se contaba por cientos. Cada CD estaba cuidadosamente empaquetado en su funda de plástico, junto a cincuenta de sus amigos más cercanos en uno de mis estuches. Yo pinchaba los fines de semana en fiestas, solo por diversión, y los CD pesaban más que mis altavoces.

En los noventa casi todo el mundo cargaba con sus CD. Casi todos tenían un maletín de cuero desgastado en el coche porque era demasiado voluminoso para llevarlo en el bolso. Pero casi nadie pensaba en ello como un problema con solución. Sencillamente daban por sentado que formaba parte de la vida. Si querías escuchar tu música, tenías que llevar tus CD.

Las personas que se dan cuenta de los problemas que las rodean y después buscan soluciones son en su mayoría inventores, fundadores de empresas emergentes y chicos jóvenes. Los jóvenes miran el mundo y lo cuestionan. No están agotados por haber hecho la misma estupidez mil veces. No dan por sentado que todo tiene que ser como es. Preguntan por qué.

Mantener tu cerebro joven es clave. Ver problemas que otros pasan por alto es útil. Encontrar soluciones a esos problemas, utilizando el vocabulario y el proceso de pensamiento de un diseñador, es de un valor incalculable.

Steve Jobs lo llamaba «seguir siendo un principiante». Nos decía siempre que miráramos lo que estábamos haciendo con nuevos ojos. Diseñábamos el iPod no para nosotros, sino para personas que no conocían la música digital. Personas con equipos portátiles y Walkmen, con destartalados estuches de cuero para CD en el coche. Intentábamos presentarles una forma totalmente distinta de pensar en su música. Para ellas, todo pequeño detalle importaba. Podrían estancarse y frustrarse con facilidad al enfrentarse a algo tan nuevo. Tenía que ser suave. Tenía que parecer mágico.

Steve quería que sacaran ese bonito objeto de la caja, les encantara y lo entendieran al instante.

Pero era imposible, por supuesto. Nada era instantáneo. En aquel entonces, todos los productos electrónicos domésticos con disco duro debían cargarse antes de utilizarlos. Comprabas un dispositivo, lo sacabas de la caja y tenías que enchufarlo durante una hora antes de poder encenderlo. Era molesto, pero así era la vida.

Entonces Steve dijo: «No vamos a permitir que esto le suceda a nuestro producto».

Lo normal era que los dispositivos electrónicos se utilizaran durante media hora en la fábrica para asegurarse de que funcionaban. Nosotros utilizamos el iPod durante más de dos horas. La fábrica se ralentizó mucho. El equipo de fabricación se quejó y aumentaron los costes. Pero ese tiempo adicional no solo nos permitía probar totalmente el iPod, sino que también daba tiempo a que la batería se cargara del todo.

Ahora es de rigor. Todos los dispositivos electrónicos vienen con la batería llena. Después de que Steve reconociera el problema, también lo hicieron todos los demás.

Parece algo pequeño, pero fue significativo. Importaba. Abrías la caja y tu iPod estaba ahí para recibirte, listo para cambiar tu vida.

Magia.

Una magia que cualquiera puede hacer.

Solo tienes que detectar el problema. Y no esperar a que alguien te lo resuelva.

5.4

Un método para el marketing

El marketing no tiene que ser suave e intuitivo. Aunque el buen marketing se basa en la conexión y la empatía, crear e implementar tus programas de marketing puede y debe ser un proceso riguroso y analítico.

1. **No debe dejarse el marketing para el final.** Al crear un producto, la gestión y el equipo de marketing deben trabajar juntos desde el principio. A medida que lo creas, debes seguir utilizando el marketing para desarrollar la historia y asegurarte de que tengan voz en lo que llegue a ser el producto.

2. **Utiliza el marketing para hacer un prototipo del relato de tu producto.** El equipo creativo puede ayudarte a hacer tangible el relato del producto. Debe avanzar en paralelo con el desarrollo del producto, alimentándose uno a otro.

3. **El producto es la marca.** La experiencia real de los clientes con tu producto hará mucho más por consolidar tu marca que cualquier anuncio. El marketing es parte de todo punto de contacto con el cliente, tanto si eres consciente de ello como si no.

4. **Nada existe en el vacío.** No puedes limitarte a hacer un anuncio y pensar que has terminado. El anuncio conduce a un sitio

web que te envía a una tienda donde compras una caja que
contiene unas instrucciones que te ayudan a instalarlo, y después recibes un correo electrónico de bienvenida. Debe diseñarse toda la experiencia en conjunto, con diferentes puntos
de contacto que expliquen diferentes partes de tu mensaje
para crear una experiencia coherente y cohesionada.

5. **El mejor marketing es decir la verdad.** El trabajo final del
marketing es encontrar la mejor manera de contar la verdadera historia de tu producto.

Muchos creen que el marketing es solo la parte que llega al final de
crear algo, donde personas que no tienen nada que ver con el desarrollo del producto elaboran un bonito anuncio. Como cuando Coca-Cola te muestra osos polares felices para convencerte de que bebas
agua azucarada.

Son los mismos que descartan el marketing como una banalidad inútil o un mal necesario. Creen que se trata de engañar sin detenerse ante
nada para llevarse el dinero de los clientes. Crear el producto es bueno
y limpio, pero para venderlo tienes que ensuciarte un poco.

Pero el buen marketing no es mentir. No se trata de inventar algo,
crear una ficción, exagerar los beneficios de tu producto y ocultar sus
fallos.

Steve Jobs solía decir: «El mejor marketing es decir la verdad».

Si el mensaje suena verdadero, el marketing es mejor. No tienes
que depender de campanas y silbatos, acrobacias y osos polares bai-
lando. Simplemente, explica de la mejor manera posible lo que estás
haciendo y por qué lo estás haciendo.

Y cuentas una historia, conectas con las emociones de las personas
para que se sientan atraídas por tu relato, pero también apelas a su lado
racional para que se convenzan de que comprar lo que vendes es una

POR QUÉ LO QUIERO	POR QUÉ LO NECESITO		
	CUÁL ES MI DOLOR	ANALGÉSICO	
Estoy atrapado en la rutina. Necesito un poco de INSPIRACIÓN.	**INMOVILIDAD** Todavía estoy en la universidad o en mi primer trabajo. Estoy pensando en dejarlo o en empezar algo por mi cuenta. Pero no sé cuál será mi siguiente movimiento.	Crear me ayuda a encontrar esa chispa una y otra vez. Cada uno tiene que encontrar su propia chispa. Crear me dice dónde buscarla.	**CHISPA**
No sé cómo empezar ni hacia dónde apuntar la brújula. Quiero alguna DIRECCIÓN.	**AJETREO COTIDIANO** Siempre he hecho lo que hacen los demás. Me siento demasiado cómodo compitiendo por recursos cada vez más escasos.	Crear me ayuda a construir un marco mental para el futuro y a trazar el camino más corto hacia él.	**SALTO**
No puedo relacionarme con fundadores como Zuckerberg, Musk, etc. Quiero CONSEJOS realistas de alguien que haya estado en mi lugar.	**INCONCE-BIBLE** Quiero aprender de una persona con la que pueda relacionarme, no con alguien salido de Harvard o de Stanford.	Puedo identificarme con el camino de Tony hacia Silicon Valley. Cuenta errores dolorosos que ha cometido para que yo pueda evitarlos.	**FACTIBLE**
¡No quiero otro libro de autoayuda! Dame a una persona DIRECTA que diga las cosas como son.	**CANSADO** No quiero una torre de marfil. No espero conducir un camión cisterna. Necesito pequeños fragmentos que con el tiempo tengan un gran impacto duradero.	Aquí hay un tipo que construyó su carrera desde cero. Cada paso es un agresivo paso adelante alimentado por la pasión y el sentido común.	**FRESCO**

Fig. 5.4.1: Esta es la plantilla que creamos en Nest y que he pasado a multitud de empresas emergentes. Se ha utilizado para todo, desde herramientas de diagnóstico médico hasta sensores para criadores de gambas. Ahora estamos utilizándola para este libro.

decisión inteligente. Equilibras lo que quieren oír con lo que necesitan saber. (Véase también el capítulo 3.2, «Por qué contar historias»).

Para que la historia parezca real, para que sea tangible, tienes que visualizarla. Necesitas una arquitectura de los mensajes.

Primero desglosa los puntos dolorosos que tu cliente siente o a los que se ha acostumbrado.

Cada dolor es un «por qué». Da a tu producto una razón para existir.

El analgésico es el «cómo», las características que resolverán el problema del cliente.

La columna «lo quiero» explica las emociones que sienten tus clientes.

La columna «lo necesito» cubre las razones racionales para comprar el producto.

Todo el relato del producto debe estar ahí, todo dolor, todo analgésico, todo impulso racional y emocional, y toda información sobre tu cliente. Tiene que abarcarlo todo porque:

1. **Es fundamental para el desarrollo de productos:** La gestión de productos y el marketing trabajan en la arquitectura de los mensajes desde el primer día. Para crear un gran producto, debe entenderse perfectamente todo dolor y responder con un analgésico en forma de característica del producto. La arquitectura de los mensajes es un texto hermano de la lista de características y su funcionalidad que constituye los mensajes básicos de tu producto. Qué y por qué deben coexistir.

2. **Es un documento vivo:** A medida que el producto y la comprensión del cliente por parte de tu equipo evolucionan, también evoluciona la arquitectura de los mensajes.

3. **Es un recurso compartido:** Todos los responsables de cualquier punto de contacto con el cliente deben consultar este documento, no solo marketing. También debe guiar la ingeniería, las ventas y la atención al cliente. Todo equipo debe pensar en el qué, el por qué y en la historia que estás contando.

Pero la arquitectura de los mensajes es solo el primer paso.

Para cada versión de la historia de Nest anotamos las objeciones más habituales y cómo las íbamos a superar: qué estadísticas utilizar, a qué páginas del sitio web enviar a los clientes, qué colaboraciones mencionar y qué testimonios señalar. Descubrimos desde la historia que utilizaríamos en las vallas publicitarias hasta la que les contaríamos a quienes ya hacía tiempo que eran clientes.

El proceso de convencer a una persona de que compre y utilice tu producto tiene que respetar al cliente, tiene que entender sus necesidades en diferentes puntos de la experiencia del usuario. No puedes limitarte a gritar tus diez características principales en un cartel, un sitio web y en el envoltorio, como no puedes limitarte a entregar tu currículo en una entrevista, después en una comida y después en una cita. Ofreces información importante, claro, pero los diferentes momentos del recorrido exigen diferentes enfoques.

Tu mensaje debe adaptarse al contexto del cliente. No puedes decirlo todo en todas partes.

Así que cuando pensábamos en cómo llegaría el termostato a los clientes, expusimos las diferentes formas en que se podría descubrir nuestra marca: publicidad, boca a boca, redes sociales, reseñas, entrevistas, exhibiciones en las tiendas y eventos de lanzamiento.

Después expusimos el siguiente paso del proceso: cómo aprenderían sobre nuestro producto. Folletos, nuestra web, envoltorio, etc.

Y después creamos una matriz de activación de mensajes.

Cuando decidíamos qué iba en cada lugar, era decisivo saber a qué partes de la historia estarían expuestos los clientes en diversos puntos del recorrido.

- Las vallas publicitarias introducirían la idea de un nuevo tipo de termostato.
- El envoltorio destacaría las seis características principales y cómo el producto se conecta al teléfono.

- El sitio web enfatizaría el ahorro de energía y mostraría cómo encaja Nest en la vida diaria.
- El manual de instrucciones incluido en el paquete brindaría más detalles sobre cómo entrenar el algoritmo de aprendizaje y consejos para ahorrar energía.
- El sitio de atención al cliente sería más profundo, con instrucciones exactas y explicaciones detalladas de las características.

MATRIZ DE ACTIVACIÓN DE MENSAJES

	Sitio web	Comunicados de prensa	Presentación de ventas	Ficha del producto	Envoltorio	Publicación en redes sociales	Banner en internet
Misión/Visión	✓	✓					
Característica/beneficio 1	✓	✓	✓	✓	✓	✓	✓
Característica/beneficio 2	✓	✓	✓	✓	✓		
Característica/beneficio 3	✓	✓	✓	✓	✓		
Característica/beneficio 4	✓		✓	✓			
Característica/beneficio 5	✓		✓	✓			
Tecnología	✓		✓				
Aplicaciones	✓		✓			✓	
Especificaciones del producto	✓		✓	✓	✓		
Casos prácticos	✓	✓	✓				
Testimonios	✓	✓	✓		✓		
Quiénes somos	✓	✓	✓				

Fig. 5.4.2: La matriz de activación de mensajes debe orientar respecto de dónde y cuándo incluir determinada información para que no abrumes ni ofrezcas poca formación a tus clientes mientras se mueven por múltiples puntos de contacto en su recorrido como consumidores.

En este punto los mensajes se convertían en marketing. Cuando los hechos que queríamos que se entendieran se convertían en anuncios, vídeos y tweets. Y aquí intervenían los abogados.

El objetivo del equipo creativo es ser creativo, elaborar la versión más elegante y convincente de la verdad y contar tu historia de forma que quede bonita. Pero la creatividad desenfrenada puede hacer que te demanden. No te interesa que lo hagan sin contar con un abogado.

Muchas pequeñas empresas se saltan este paso. Creen que pueden forzar la verdad y que nadie se dará cuenta. Pero si tienes éxito, siempre se dan cuenta, sobre todo los abogados de demandas colectivas. E incluso una inocente mentira piadosa en tu marketing puede contaminar todo lo que haces. Puedes perder instantáneamente la confianza de los clientes.

Por eso durante mucho tiempo Nest no pudo afirmar en el marketing que nuestro producto ahorraba energía. Lo máximo que podíamos hacer era escribir documentos técnicos para explicar nuestros modelos de simulación y vincularlos desde nuestro sitio web. Con el tiempo recopilamos cada vez más datos reales de clientes que demostraban que nuestras simulaciones eran correctas: el termostato ahorraba energía.

Pero que algo sea cierto no significa necesariamente que puedas decirlo.

Cuando el equipo creativo escribió «El Nest Learning Thermostat ahorra energía», el equipo jurídico lo cambió por «puede ahorrar». Cuando escribió «Los clientes ahorraron entre un 20 y un 50 por ciento en las facturas de luz», el departamento jurídico sacó el bolígrafo rojo y lo cambió por «Los usuarios medios experimentaron hasta un 20 por ciento de ahorro de energía». Y entonces los creativos pusieron los ojos en blanco y ofrecieron otra opción. Se produjo un tira y afloja, y negociaron hasta que juntos encontraron las palabras que necesitábamos. (Véase también el capítulo 5.7, «Busca un abogado»: «Aprovechar al máximo a tu abogado»).

Y entonces me trajeron esas palabras.

Yo aprobaba todo lo que publicábamos. Sobre todo al principio. No tenía experiencia en este ámbito. Había visto a Steve Jobs vender iPods y iPhones y trabajar de cerca con marketing, pero yo nunca lo había hecho. Así que la única forma de dominar el marketing era sumergirme en él, hacer el recorrido de los clientes y tocar todos los puntos de contacto. Así que nunca se me presentaba nada sin contexto, porque siempre quería ver lo que iba antes y después. Necesitaba conocer la historia que estábamos contando, a quiénes se la estábamos contando y en qué punto del recorrido estaban. No se puede entender un anuncio sin saber dónde aparecerá y adónde conducirá. No se puede aprobar una página web hasta saber a quiénes redirigirán a esa página, qué necesitarán saber y adónde los llevará. Todo está conectado con todo, así que todo debe entenderse en conjunto.

No era microgestión, sino cuidado. Dedicaba la misma cantidad de energía y de tiempo al inicio del recorrido del cliente que al final. Para los que no están acostumbrados, parece intenso e injustificado, pero era mi trabajo. (Véase también el capítulo 6.1, «Convertirse en director general»: «Tu trabajo es preocuparte»). Quería que las palabras y las imágenes que utilizábamos para describir nuestros productos fueran tan buenas como los propios productos. Quería que toda la experiencia brillara. Quería que el equipo de marketing fuera tan exigente como los equipos de ingeniería y fabricación, que aprendiera de este rigor para que empezara a presionarse tanto o más de lo que lo presionaba yo.

Sabía que el marketing tendría que ser una de nuestras características distintivas, algo que nos llevara más allá de lo que cualquier otro fabricante de termostatos pudiera soñar, así que era importante dedicarle tiempo y atención. Y dinero.

El dinero es importante. Éramos una pequeña empresa con recursos limitados, pero invertíamos en marketing. Invertíamos en crear cosas bonitas porque sabíamos que las amortizaríamos muchísimo. Utilizábamos toda foto bonita y cara en mil lugares diferentes, y reproducíamos todos los vídeos en alta calidad en todos los lugares que podíamos. El equipo seleccionaba los elementos que tendrían más impacto, que podríamos utilizar y volver a utilizar durante años, y después gastábamos dinero para hacerlos bien.

Hoy, diez años después, Google Nest sigue utilizando algunos de los recursos y fotos que creamos antes incluso de lanzar nuestra empresa.

La razón es que el marketing fue parte del proceso desde el primer día. Todos estaban al corriente y nadie lo olvidaba. Sabíamos que era útil, así que lo utilizábamos.

Esta perspectiva y este enfoque nos permitió hacer algo un tanto único para Nest. El marketing creó un prototipo del relato del producto a la vez que lo desarrollábamos.

La expresión más clara fue la página Why We Made It en nest.com.

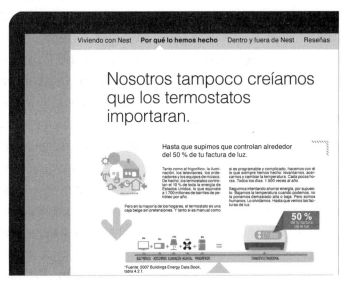

Fig. 5.4.3: Cogimos el «por qué» del desarrollo del termostato y lo colocamos en la página principal de nuestro sitio web. Una de las primeras pestañas de nest.com se llamaba «Por qué lo hemos hecho», donde conectábamos directamente con un público escéptico y donde inoculábamos el virus de la duda. (Véase también el capítulo 3.2, «Por qué contar historias»). Explicábamos por qué nadie daba importancia a los termostatos, por qué se descuidaban y se pasaban por alto, y después contábamos a los clientes el increíble impacto que tenían en los hogares, las facturas y el medio ambiente.

La pregunta de por qué lo hemos hecho se relacionaba explícitamente con por qué comprarlo. Teníamos que hacerlo bien, para nuestros clientes y para nosotros mismos.

Tardamos semanas en escribir esta página. Y a medida que el producto evolucionaba, la página evolucionaba con él. El marketing siempre estaba ahí, asegurando que siguiéramos teniendo una respuesta sólida a «Por qué lo hemos hecho», incluso cuando los departamentos de ingeniería y de gestión de productos modificaban lo que estábamos haciendo.

Esto permitía que marketing tuviera una voz valiosa en el desarrollo de productos. Porque todo gran cambio en el producto provocaría un cambio en la historia. El trabajo de marketing era descubrir si ese cambio contradecía el envoltorio, el sitio web y todos nuestros prototipos del relato del producto. Si algo lo hacía, marketing tenía que decirlo. Hablar con los departamentos de gestión de productos e ingeniería. Descubrir si había una forma de que funcionara o si el cambio era insostenible.

Y la página «Por qué lo hemos hecho» era solo una parte de nuestro prototipo. Ofrecía el argumento racional de por qué debería comprarse un Nest Learning Thermostat: porque los termostatos convencionales malgastan energía, y malgastar energía es malo para ti y para el planeta. Pero también teníamos que hacer un prototipo del argumento emocional, y para eso el equipo creativo hizo un vídeo y una página web de Vivir con Nest que se centraban en la belleza y la simplicidad del producto, que lo convertían en un objeto codiciado, una obra de arte en tu pared para mejorar tu hogar y hacerlo más cómodo.

Cada parte del sitio web destacaba una parte diferente de la historia del producto. Esto nos obligaba a conocer la historia perfectamente, a vivirla y respirarla para poder transmitirla a los demás de la forma más clara y honesta posible.

Encontrar la expresión mejor y más honesta de un producto o característica no es fácil. Por eso hay todo un equipo dedicado a ello. La gestión de productos puede crear el mensaje (las características principales y el resumen del problema), pero encontrar la mejor forma de contar esa historia a los clientes es un arte. Es una ciencia. Es marketing. Esto no quiere decir que siempre lo hiciéramos bien, por supuesto.

No teníamos un modelo exitoso que copiar sobre cómo vender termostatos a personas que los habían utilizado un millón de veces sin plantearse nada. No sabíamos qué conectaría con ellos y qué no, si se reirían de un termostato de 250 dólares que tenías que instalar tú mismo o les encantaría.

Así que hicimos pruebas. Y la cagamos un montón. La cagué un montón.

Lanzamos caras campañas publicitarias solo de marca antes de que nadie conociera nuestros productos. Creamos páginas web tan llenas de información que casi nadie las leía. Y los clientes que imaginábamos no eran los clientes que iban a comprar nuestros productos. Eran todos diferentes, necesitaban cosas diferentes, esperaban cosas diferentes, leían por encima nuestros textos laboriosamente escritos en medio segundo y profundizaban en cosas que nunca se nos habrían ocurrido.

Pero cagándola mejoramos. Aprendimos. Los anuncios de marca hicieron que nuestros egos se sintieran mejor, pero no impulsaron las ventas (tienes que hacer grandes productos durante años antes de que los clientes compren un producto solo por tu marca). El sitio web tenía que ser breve y claro, y ajustar la información del producto al contexto de la vida diaria. Nuestro sitio de atención al cliente debía facilitar las búsquedas porque los clientes no seguían los caminos que les habíamos establecido.

Con cada pieza de marketing que hacíamos, mejorábamos en marketing. Yo mejoraba en marketing. Toda la empresa mejoraba en marketing. La arquitectura y la matriz de activación de los mensajes convirtieron un arte blando en una ciencia dura que todos podían entender. Y cuando todos pueden entenderlo, pueden entender lo importante que es.

5.5

El sentido de los gerentes de productos

La mayoría de las empresas con las que trabajo malinterpretan el papel del gerente de productos, si es que saben que existe. Creen que es marketing (no), gestión de proyectos (no), relaciones/comunicación con la prensa (no), diseño (no), financiación de productos (no) o el trabajo del fundador o director general (en realidad no). La confusión se debe básicamente al hecho de que la gestión de productos se sitúa en la intersección de muchas especialidades y puede ser muy diferente en diferentes empresas. Pero también es por la estúpida abreviatura en inglés. PM puede referirse a:

Gerente de productos o gerente de marketing de productos: Marketing de productos y gestión de productos son básicamente lo mismo, o al menos deberían serlo. La responsabilidad de un gerente de productos es descubrir qué debe hacer el producto y después crear la especificación (la descripción de cómo funcionará), así como los mensajes (los datos que quieres que los clientes entiendan). A continuación trabajan con casi todas las partes del negocio (ingeniería, diseño, atención al cliente, finanzas, ventas, marketing, etc.) para especificar, construir y llevar el producto al mercado. Se aseguran de que se mantenga fiel a su intención original y no se diluya en el camino. Pero lo más importante es que los gerentes de productos son la voz del cliente. Controlan todos los equipos para asegurarse de que no pierdan de vista el objetivo final: clientes felices y satisfechos.

Gerente de proyectos: Coordina tareas, reuniones, calendarios y recursos para que los proyectos individuales se completen a tiempo. Es importante tener en cuenta que los gerentes de proyectos hacen bastante más que anotar alabanzas. Si el gerente de productos es la voz del producto, el gerente de proyectos es la voz del proyecto. Su trabajo es alertar al equipo sobre posibles problemas que podrían estancar o descarrilar el proyecto y ayudar a encontrar soluciones.

Gerente de programas: Supervisa grupos de proyectos y a gerentes de proyectos centrándose tanto en los objetivos comerciales a largo plazo como en los resultados a corto plazo.

Para complicar aún más las cosas, algunas empresas utilizan diferentes nombres para los gerentes de productos. Microsoft, por ejemplo, los llama gestores de programas. También hay trabajos que son adyacentes a la gestión de productos, pero que no son exactamente iguales, en especial fuera del ámbito de la tecnología. Los CPG (grupos de productos de consumo) como Colgate-Palmolive emplean gerentes de marca que no escriben las especificaciones del producto, pero siguen siendo la voz del cliente y responsables de dar forma a lo que será el producto.

Cuando otro director general me dice que no tiene ni idea de lo que hace un gerente de productos, siempre pienso en el diseño de los años ochenta.

Porque la mayoría de las empresas tecnológicas de los años ochenta no tenían diseñadores.

Se diseñaban cosas, obviamente, y esos diseños eran tan importantes como lo son hoy, pero nadie contrataba a diseñadores para diseñar la experiencia del usuario. Diseñar significaba hacer que algo fuera bonito, y eso solo sucedía mientras desarrollabas el producto. Un ingeniero mecánico dibujaba algo, pero si lo querías elegante, subcontratabas esos dibujos a una agencia.

No había escuelas de diseño. No había formación oficial. Y todo diseñador que conseguía que lo contrataran era un ciudadano de segunda clase. No tenían la autoridad para hacer retroceder a los ingenieros, que se encogían de hombros y decían: «Bueno, hemos conseguido casi todo lo que pidió el diseñador. Pero no podemos hacerlo todo. Exige demasiado tiempo y es demasiado caro. ¡Lanzadlo como está!».

Y en los años noventa aparecieron Apple, Frog, David Kelley, IDEO y el Design Thinking, y elevaron el diseño. Los diseñadores dejaron de depender de los ingenieros. Se fundaron escuelas de diseño. La profesión se convirtió en una disciplina oficial, entendida y respetada.

La gestión de productos está ahora en ese camino. Pero desgraciadamente aún no hemos llegado.

Solo en los últimos diez años, desde la llegada del iPhone y la economía de las aplicaciones, algunas empresas han empezado a entender de verdad la gestión de productos y a apreciar su valor. Muchas todavía no lo hacen.

Es un problema que veo en muchas empresas emergentes y equipos de proyectos de grandes empresas. Al principio, el fundador o el jefe de equipo suele desempeñar el papel de gerente de productos. Define la visión y trabaja con todos los departamentos de la empresa para hacerla realidad. El problema surge cuando el equipo crece a 40, 50 o 100 personas. (Véase también el capítulo 5.2, «Puntos de inflexión»). Ahí es cuando el director tiene que alejarse de la tarea diaria de crear el producto y entregar las riendas a otra persona.

Pero no pueden imaginarse entregando a su bebé. ¿Cómo van a entenderlo, quererlo y ayudarlo a crecer tan bien como ellos? ¿Y cómo va a funcionar? ¿Dónde va a estar? ¿Cómo va a mantener el fundador la influencia sobre el producto si ya no es el gerente de ese producto? ¿Y cuál sería el trabajo del fundador? (Véase también el capítulo 6.1, «Convertirse en director general»).

Lo mismo sucede en las grandes empresas. También están despistados. Los ingenieros deciden qué construir o el equipo de ventas les dice qué necesitan los clientes. ¿Dónde encaja la gestión de productos?

Mientras escribimos esto, en 2021, Google ha decidido por primera vez dar más poder a los gerentes de productos. Google siempre se ha centrado en la tecnología y la ingeniería, pero ahora Google Search está reorganizándose para favorecer a los gerentes de productos sobre los ingenieros. Es un movimiento enorme y un cambio de filosofía drástico.

Y la razón es sencilla: el cliente necesita una voz en el equipo. A los ingenieros les gusta crear productos utilizando la tecnología más moderna. Ventas quiere crear productos que les hagan ganar mucho dinero. Pero el único enfoque y la única responsabilidad del gerente de productos es crear los productos adecuados para sus clientes.

Este es su trabajo.

Lo complicado es que las responsabilidades de un gerente de productos varían mucho de una empresa a otra. La gestión de productos no es tanto un papel bien definido como un conjunto de habilidades. Se sitúa en medio de todo, en un espacio en blanco que se transforma en función del cliente, las necesidades del negocio y la capacidad de las personas.

Un buen gerente de productos hará un poco de todo y mucho de esto:

- Especifica lo que debe hacer el producto y la hoja de ruta que indica hacia dónde irá con el tiempo.
- Determina y mantiene la matriz de los mensajes.
- Trabaja con los ingenieros para crear el producto de acuerdo con las especificaciones.

- Trabaja con los diseñadores para que sea intuitivo y atractivo para los clientes a los que se dirige.
- Trabaja con marketing para ayudarlo a entender los matices técnicos a fin de desarrollar una creatividad eficaz para comunicar los mensajes.
- Presenta el producto a gerencia y recibe comentarios de los ejecutivos.
- Trabaja con ventas y finanzas para asegurarse de que el producto tenga un mercado y pueda generar dinero.
- Trabaja con el servicio de atención al cliente para escribir las instrucciones necesarias, ayudar a gestionar los problemas y considerar las solicitudes y quejas de los clientes.
- Trabaja con relaciones públicas para abordar las percepciones del público, escribe el borrador del comunicado de prensa y a menudo actúa como portavoz.

Y luego están las cosas aún menos definidas. Los gerentes de productos buscan lugares en los que los clientes no están satisfechos. Desentrañan los problemas a medida que avanzan, descubren la raíz del problema y trabajan con el equipo para resolverlos. Hacen lo necesario para que los proyectos avancen, como tomar notas en las reuniones, clasificar errores, resumir los comentarios de los clientes, organizar documentos de equipo, sentarse con diseñadores y esbozar algo o reunirse con ingenieros y profundizar en el código. Es diferente para cada producto.

A veces, los gerentes de productos deben ser muy técnicos, generalmente en entornos B2B, donde el usuario del producto también es muy técnico. Si vendes frenos a una empresa de coches, es mejor que entiendas bien los frenos. Tener un conocimiento profundo sobre los frenos es la única forma de conectar con tus clientes y entender lo que les importa.

Pero si construyes coches para personas corrientes, no necesitas saber con todo detalle cómo funcionan los frenos. Solo necesitas saber lo suficiente para comunicarte con los ingenieros que los construyen. Y después debes decidir si esos frenos son una parte importante de la historia de marketing que cuentas a los clientes.

La mayoría de las empresas de tecnología dividen la gestión de productos y el marketing de productos en dos funciones distintas. La gestión de productos define el producto y lo construye. El marketing de productos escribe los mensajes, los hechos que quieres comunicar a los clientes, y consigue que se venda el producto.

Pero, desde mi experiencia, es un grave error. Son y siempre deben ser un solo trabajo. No debe haber separación entre lo que será el producto y cómo se explicará. La historia tiene que estar totalmente cohesionada desde el principio.

Tus mensajes son tu producto. La historia que cuentas da forma a lo que haces. (Véase también el capítulo 3.2, «Por qué contar historias»).

Aprendí a contar historias de Steve Jobs.

Aprendí gestión de productos de Greg Joswiak.

Joz, un compañero de Wolverine, de Michigan, y en general una gran persona, ha estado en Apple desde que dejó Ann Arbor, en 1986, y se ha ocupado del marketing de productos durante décadas. Y su superpoder —el superpoder de todo gran gerente de productos— es la empatía.

No solo entiende al cliente. Se convierte en el cliente. Puede deshacerse de su conocimiento profundo y friki del producto y utilizarlo como un principiante, como una persona normal. Te sorprendería saber cuántos gerentes de productos se saltan este paso tan necesario: escuchar a sus clientes, reunir información, empatizar con sus necesidades y utilizar el producto en el mundo real. Pero para Joz es la única manera.

Así que cuando Joz salía al mundo con su iPod de última generación para probarlo, lo utilizaba como un principiante. Dejaba de lado todas las especificaciones técnicas, excepto una: la duración de la batería.

Nadie quería que su iPod muriera en pleno vuelo, mientras pinchaba en una fiesta o cuando salía a correr. Pero a medida que el producto evolucionaba del iPod clásico al iPod Nano, la lucha era constante. Cuanto más pequeño y elegante era, menos espacio quedaba para la batería. Pero ¿de qué sirve tener mil canciones en el bolsillo si tienes que sacarlas constantemente para recargar la batería?

Una carga tenía que durar días, no horas.

La duración de la batería era importante para los clientes. Y para Steve Jobs. No podías acercarte a Steve y decirle: «La próxima versión del iPod tendrá una batería de doce horas en lugar de quince, como la última versión». Te echaría de la reunión.

Así que Joz y yo no llevamos números a Steve, le llevamos clientes. Los trabajadores como Sarah solo utilizan el iPod al ir y volver del trabajo, los estudiantes como Tom lo utilizan durante todo el día, pero en breves periodos entre clases o partidos de baloncesto.

Creamos perfiles de clientes y repasamos los momentos de su vida en los que utilizaban el iPod: mientras corrían, en fiestas o en el coche. Y mostramos a Steve que, aunque los ingenieros nos habían dado doce horas, en realidad a la mayoría de las personas esas doce horas les duraban toda una semana.

Los números no decían nada sin clientes, y los datos tampoco sin contexto.

Joz entendía siempre el contexto y sabía convertirlo en un relato eficaz. Así pudimos convencer a Steve. Y a los periodistas. Y a los clientes. Así vendimos iPods.

Y por eso la gestión de productos debe ocuparse de los mensajes. La especificación muestra las características, los detalles de cómo funcionará un producto, pero los mensajes predicen las preocupaciones de los clientes y encuentra formas de mitigarlas. Responden a la pregunta: «¿Por qué les importará?». Y esta pregunta debe responderse mucho antes de que alguien se ponga a trabajar.

Descubrir qué hay que crear y por qué es lo más difícil. Y es imposible hacerlo solo. La gestión de productos no puede limitarse a lanzar una especificación al resto del equipo. Toda la empresa debe involucrarse. Esto no significa que el gerente de productos deba crear por consenso, pero ingeniería, marketing, finanzas, ventas, atención al cliente y el departamento jurídico tendrán ideas y conocimientos útiles que ayudarán a dar forma al relato antes de que se cree el producto. Y seguirán mejorando ese relato a medida que evolucione el producto.

Las especificaciones y los mensajes no son instrucciones escritas en piedra. Se modifican y cambian a medida que se introducen nuevas ideas o que nuevas realidades te golpean en la cara. Crear un producto no es como montar una silla de IKEA. No puedes limitarte a dar las instrucciones y marcharte.

Crear un producto es como hacer una canción.

La banda está formada por marketing, ventas, ingeniería, atención al cliente, fabricación, relaciones públicas y departamento jurídico. Y el gerente de productos es el productor, que se asegura de que todos conozcan la melodía, de que nadie desafine y de que cada uno haga su parte. Es la única persona que puede ver y escuchar cómo se unen todas las piezas, así que se da cuenta de cuándo hay demasiado fagot o cuándo un solo de batería dura demasiado, cuándo las interpretaciones se descontrolan o cada uno está tan atrapado en su propio proyecto que olvida la visión de conjunto.

Pero tampoco lo dirige todo. Su trabajo no es ser el director general del producto ni, Dios no lo quiera, lo que algunas empresas llaman el «dueño del producto». No puede dictar por sí solo lo que se hará y lo que no. A veces tendrá la opinión final, a veces tendrá que decir «no» y a veces tendrá que colocarse al frente. Pero debería ser poco frecuente. Básicamente empodera al equipo. Ayuda a todos a entender el contexto de lo que necesita el cliente y después trabajan juntos para tomar las decisiones correctas. Si un gerente de productos toma todas las decisiones, no es un buen gerente de productos.

Lo que al final define la melodía y lo que convierte el ruido en una canción son las contribuciones de todo el equipo.

Pero no siempre fluyen a la perfección, por supuesto.

Los ingenieros pueden querer tener más voz en lo que están construyendo. Pueden afirmar que el gerente de productos no es lo bastante técnico o sencillamente que los ingenieros saben más. Los especialistas en marketing rara vez quieren seguir el manual de estrategia. Quieren ir más allá, ser creativos y utilizar palabras o imágenes que involuntariamente pueden no representar el producto. Las personas no siempre se llevarán bien. Se debatirán hasta la saciedad decisiones basadas en la opinión. Los equipos perderán el paso, los individuos se enfadarán y se empujará el producto en direcciones opuestas.

Así que los gerentes de productos deben ser maestros negociadores y comunicadores. Tienen que influir en las personas sin dirigirlas. Tienen que hacer preguntas, escuchar y utilizar su superpoder —empatía con el cliente y con el equipo— para crear puentes y arreglar hojas de ruta. Tienen que escalar un nivel si alguien necesita jugar al policía malo, aunque saben que no pueden jugar esa carta con demasiada frecuencia. Deben saber por qué pelear y qué batallas dejar para otro día. Deben aparecer en reuniones de toda la empresa donde los equipos representen sus intereses —sus horarios, sus necesidades y sus problemas— y defender a los clientes en solitario.

Tienen que contar la historia del cliente y asegurarse de que todos la sientan. Y así consiguen resultados.

El otro día hablé con Sophie Le Guen, una gerente de productos increíblemente aguda y empática de Nest.

Me habló de una reunión que tuvo muy al principio con el equipo de ingeniería para analizar el «por qué» del nuevo sistema de seguridad Nest Secure. Para el equipo de ingeniería, en su mayoría masculino, el «por qué» era sencillo: Quiero un sistema de seguridad para proteger mi hogar cuando no estoy.

Pero Sophie había entrevistado a diversas personas y había observado que los hombres solían centrarse en la casa vacía, mientras que las mujeres se centraban en la casa llena. Cuando las mujeres estaban solas o con los niños, querían protección adicional. Especialmente por la noche.

El trabajo de Sophie era contar su historia, ayudar a un ingeniero que vivía solo a entender la perspectiva de una persona con hijos. Y después su trabajo consistía en convertir esa perspectiva en características que funcionaran para toda la familia, una familia que quería estar segura y activar el sistema de seguridad cuando entraba por la puerta, pero que no quería sentirse prisionera en su propia casa. Así que cuando se lanzó Nest Secure, los sensores de movimiento tenían un solo botón. Los propietarios (o sus hijos) podían pulsar el botón y abrir una puerta o una ventana desde dentro sin tener que desactivar todo el sistema de seguridad ni provocar una falsa alarma a todo volumen.

La historia del cliente ayudó a los ingenieros a entender el punto de dolor. Crearon un producto para abordar ese dolor. Después marketing elaboró un relato que daba a toda persona que había sentido el dolor una razón para comprar el producto.

El hilo que unía a todas estas personas, equipos, dolores y deseos era la gestión de productos. En todo producto y empresa exitosos, todas las partes de tu negocio terminan volviendo a ellos. Todo se articula en torno a un punto central.

Por esta razón los gerentes de productos son las personas más difíciles de contratar y formar. Por eso los mejores son tan valiosos y queridos. Porque tienen que entenderlo todo y darle sentido. Y lo hacen solos. Son uno de los equipos más importantes de una empresa y uno de los más pequeños.

Como las necesidades de cada producto y cada empresa son tan diferentes, son trabajos tremendamente difíciles de describir (véanse también las tres mil palabras anteriores), y mucho más de contratar.

No hay una descripción del trabajo establecida, ni siquiera un conjunto adecuado de requisitos. Mucha gente da por sentado que los gerentes de productos tienen que ser técnicos, pero no es cierto en absoluto. Y menos en empresas B2C. He conocido a muchos gerentes de productos excelentes que pueden generar confianza y relacionarse con los ingenieros sin ningún tipo de experiencia técnica. Siempre que tengan conocimientos básicos de tecnología y la curiosidad por aprender más, pueden descubrir cómo trabajar con ingenieros.

No existe un título universitario de cuatro años para la gestión de productos, así que no existe una fuente obvia donde contratarlos. Los mejores gerentes de productos suelen surgir de otros trabajos. Empiezan en marketing, ingeniería o atención al cliente, pero, como se preocupan tanto por el cliente, empiezan a arreglar el producto y a trabajar para redefinirlo, en lugar de limitarse a ejecutar las especificaciones o los mensajes de otra persona. Y su interés por el cliente no empaña su comprensión de que, en última instancia, se trata de un negocio, así que también se sumergen en las ventas y las operaciones, e intentan entender la economía unitaria y la asignación de los precios.

Crean la experiencia que necesitan para convertirse en excelentes gerentes de productos.

Esta persona es una aguja en un pajar. Una combinación casi imposible de pensador estructurado y líder visionario, con una pasión increíble pero también un seguimiento firme, una persona vibrante pero fascinada por la tecnología, un comunicador increíble que puede trabajar con ingenieros, pensar en marketing y no olvidar el modelo de negocio, la economía, la rentabilidad y las relaciones públicas. Deben ser agresivos pero con una sonrisa, y saber cuándo mantenerse firmes y cuándo dejarlo correr.

Son increíblemente escasos. Increíblemente valiosos. Pueden ayudar a tu empresa a llegar exactamente donde quiera llegar, y la ayudarán.

5.6

Muerte de una filosofía de ventas

A los vendedores se les suele pagar a comisión. Esto significa que después de que un cliente completa una transacción, al vendedor se le paga un porcentaje del precio de venta o recibe una recompensa o bonificación por cada venta que completa. Cuanto mayor es el trato y cuantos más tratos cierran, más cobran. Las comisiones suelen pagarse en su totalidad a final de mes o de trimestre.

Casi todo el mundo cree que es la mejor manera de alinear los objetivos comerciales con los objetivos del equipo de ventas y alcanzar los objetivos de ingresos que mostrarán a los inversores un avance real. Te dirán, en especial los vendedores, que siempre se ha hecho así, que es la única manera de hacerlo y que es el único camino para contratar un equipo de ventas decente. Se equivocan.

Aunque en la superficie todo parece funcionar, el tradicional modelo de comisiones tiene muchas desventajas. En concreto, puede generar excesiva competitividad y egoísmo e incentivar el ganar dinero rápido en lugar de garantizar que los clientes y el negocio tengan éxito a largo plazo.

Existe un modelo diferente que incorpora objetivos comerciales a corto plazo sin descuidar las relaciones con los clientes a largo plazo. Se basa en comisiones adquiridas.

En lugar de centrarse en recompensar a los vendedores inmediatamente después de una transacción, otorga la comisión a

medida que pasa el tiempo para que tu equipo de ventas tenga incentivos no solo para atraer a nuevos clientes, sino también para
trabajar con los antiguos clientes y asegurarse de que estén contentos y sigan estándolo. Crear una filosofía basada en relaciones
en lugar de en transacciones.

Aquí tienes cómo establecerlo en tu empresa:

1. Si estás iniciando una nueva organización de ventas, no ofrezcas las tradicionales comisiones mensuales en efectivo. Lo mejor es que todos en tu empresa sean compensados de la misma
   manera, así que ofrece a los vendedores un sueldo competitivo y bonificaciones de acciones adicionales que se otorgan a
   medida que pasa el tiempo. Las acciones brindan un incentivo para quedarse e invertir en clientes a largo plazo, que son
   buenos para el negocio.

2. Si intentas hacer la transición a una filosofía basada en las
   relaciones, es posible que no puedas eliminar las comisiones
   tradicionales de inmediato. En ese caso, las acciones o el dinero (siguen siendo preferibles la acciones) de la comisión
   debe entregarse en varias veces. Paga el 10-15 por ciento de
   la comisión al principio, otro tramo unos meses después, otro
   unos meses después, etc. Si el cliente se va, el vendedor pierde el resto de su comisión.

3. Toda venta debe ser una venta de equipo. Así que si tienes
   un equipo de satisfacción del cliente (un equipo que entrega, configura y mantiene todo lo que se vende al cliente),
   este debería aprobar todo trato. Ventas y satisfacción del
   cliente deben estar al mando de una sola persona, en el mismo departamento, y recompensarse de la misma manera.
   En esta configuración, las ventas no pueden limitarse a

conseguir al cliente y no volver a pensar en él. Si no hay un equipo de satisfacción del cliente, el equipo de ventas debe trabajar muy de cerca con atención al cliente, operaciones o fabricación. Crea una junta que apruebe todo compromiso.

No aprendí todo esto en General Magic. Ni en Philips. Ni en Apple. Ni en Nest.

Lo aprendí de mi padre.

Era vendedor de Levi's en los años setenta, cuando los vaqueros Levi's eran una obsesión en todo el mundo. Podría haber ganado muchísimo dinero colocando los diseños más cutres de Levi's en tiendas minoristas y avanzar rápidamente. Pero él era un vendedor genial. Año tras año ganaba todos los premios de ventas. Yo veía los trofeos y las placas que traía a casa. Y su objetivo nunca era ganar a corto plazo. Era la confianza.

Así que mostraba a sus clientes toda la línea de productos y les decía cuáles se vendían bien y cuáles no. Les recomendaba los modelos guais, no los que nadie compraba. Y si los clientes querían algo que él no ofrecía, les indicaba un competidor que lo tenía.

Esos clientes lo recordaban. Y la siguiente temporada o el siguiente año o diez años después, volvían a llamarlo. Hacían un pedido. Y de nuevo la siguiente temporada. Y la siguiente.

Mi padre iba a comisión, pero a menudo sacrificaba una venta por construir una relación personal. Los mejores vendedores son los que mantienen relaciones aunque eso signifique no ganar dinero ese día.

Estos son los vendedores a los que quieres en tu equipo. Porque si lo haces bien, se convertirán en parte del equipo, no en mercenarios que se lanzan en picado, ganan su dinero y después saltan a la siguiente empresa importante dejando tras ellos un rastro de problemas.

El peligro de los modelos de ventas tradicionales basados en comisiones es que crean dos filosofías diferentes: una filosofía de empresa y una filosofía de ventas. Se compensa a los empleados de estas dos filosofías de manera diferente, piensan de manera diferente y se preocupan por cosas diferentes. Con suerte, la mayoría de las personas de tu empresa se centrarán en la misión, en conseguir algo grande juntas, y se esforzarán por alcanzar una gran meta común. A muchos vendedores les importará una mierda tu misión. Se centrarán en cuánto ganan cada mes. Querrán cerrar tratos y cobrar. No importará lo que vendan mientras vendan.

Cuanto mayor sea tu empresa, más se separarán estas dos filosofías. Grandes comisiones, premios y conferencias de ventas en las que todos van a una isla a pasar un fin de semana tomando copas puede parecer una opción válida para tu equipo de ventas en ese momento. Pero puede hundir la moral del resto de la empresa. ¿Por qué estamos aquí trabajando mientras ellos se emborrachan con chupitos en Hawái con su trofeo al mejor vendedor del año?

Y esto no quiere decir que las ventas no sean importantes. Son fundamentales. Consiguen clientes y dinero, que son imprescindibles para mantener viva una empresa. Pero no son más importantes que la ingeniería, el marketing, las operaciones, los temas jurídicos o cualquier otra parte de tu negocio. Es solo uno de muchos equipos fundamentales, todos trabajando juntos para hacer algo grande.

Pero que las ventas estén a un lado haciendo lo suyo, formando apenas parte de la empresa, aunque cumpliendo sus objetivos mensuales, puede generar una filosofía transaccional aislada. Y el trato a los clientes en este tipo de filosofía puede ser brutal, incluso en lugares donde se supondría que deben tratar bien a los clientes para que los vendedores ganen dinero.

Trabajé a comisión una sola vez, cuando tenía dieciséis años, vendiendo cristalerías y porcelanas en unos grandes almacenes llamados Marshall Field's. Y lo hacía muy bien. Las ancianas me adoraban. Me pellizcaban las mejillas, me preguntaban por mi madre, me pedían mi dirección para enviarme una postal de Navidad y se marchaban cargadas de vasos, platos y extrañas figurillas de porcelana. Los demás vendedores se cabreaban. Nos pagaban casi en su totalidad a comisión cada dos semanas, y aquel crío de mierda estaba quitándoles el pan de la boca. Así que cada vez que una ancianita venía directamente hacia mí, intentaban llevársela y robarme mi venta. Peleaban por quién iba a hacer la venta incluso delante del cliente. No les importaba quién era esa persona ni qué quería. Solo buscaban la comisión de cinco o diez dólares.

Y esto fue en el puto Marshall Field's. La sensación se multiplica exponencialmente a medida que aumentan la cantidad de dólares y la presión. Las cosas se ponen mucho más feroces. Y dan asco.

Hay muchas películas sobre terribles filosofías de ventas, como *El informador*, *El lobo de Wall Street* y *Éxito a cualquier precio*. Son sensacionalistas, pero no tanto. La supercompetencia suele generar palmaditas en la espalda típicas de vestuario, impulsadas por el ego y el alcohol, y todos acaban en un local de striptease intentando darse patadas por debajo de la mesa. Las personas sensatas están atrapadas y sienten que tienen que mantener las apariencias mientras personas poco razonables pierden el control, vomitan en el vestíbulo del hotel, y la policía tiene que sacarlos de la fiesta.

Sucede en todas partes, desde Silicon Valley hasta Nueva York y Yakarta, en pequeñas empresas y grandes corporaciones. Las empresas creen que pueden controlarlo, que esa mala conducta es solo el coste de un equipo de ventas de alto nivel. ¿Cuál es el problema si todos alcanzan sus objetivos de ventas?

El problema es que algún día algo saldrá mal. Quizá con el producto. Tendrás un problema y el negocio se ralentizará. En ese momento, cuando más lo necesites, tu equipo de ventas te abandonará. Se marcharán a otra empresa que venda mucho. ¿Por qué iban a quedarse contigo si ahora mismo no pueden ganar dinero?

O puedes descubrir que, en el fondo, los grandes números que han ido acumulando no son tan grandes. Quizá han ido diciendo pequeñas mentiras piadosas sobre la capacidad de tu equipo o la capacidad de tu producto para satisfacer las necesidades de los clientes. Quizá a todos esos clientes que han llegado a tu negocio se les haya vendido algo que en realidad no puedes darles. Y ahora están enfadados.

Cuando empiezas, tus primeros clientes son muy valiosos. Son los que más te quieren y los que se arriesgan contigo. Y pueden hacer o deshacer tu empresa. Son los primeros que hacen que tu empresa vaya de boca en boca. Al principio parece que conoces prácticamente a todos los clientes por su nombre, su cara y su apodo en Twitter. Pero a medida que tu negocio crece y se arraiga una filosofía de ventas tradicional, dejas de ver a estos clientes como individuos. Se convierten en números. En signos de dólar.

Pero siguen siendo personas, aunque tu empresa esté creciendo a toda velocidad. Las relaciones que entablas con ellas siguen siendo importantes y necesarias. Los vendedores buenos y con amplitud de miras se aferran a esas relaciones. Pero muchos otros no.

Si tu filosofía de ventas se basa en las transacciones, toda relación que el vendedor cultive se esfumará en cuanto el cliente firme en la línea de puntos. No estableces una relación con un cajero automático. Te limitas a dirigirte a él y sacar tu dinero. Y cuando un cliente se siente como un cajero automático, es casi imposible recuperarlo. Tienes que retroceder y retorcerte para intentar convencerlos de que vuelvan a confiar en ti. El departamento de satisfacción del cliente se disculpará una y otra vez, se retractará y se cagará en el equipo de ventas para sus adentros.

Aun así, seguramente perderás a ese cliente.

Por eso las filosofías de ventas basadas en las relaciones no son ingenuas ni simplistas. Son necesarias. Y está demostrado que funcionan. Es la filosofía de ventas que establecimos en Nest. Es la filosofía que he empujado a decenas de empresas emergentes a adoptar. Funciona mejor. Siempre. Tus clientes están más contentos. Tu filosofía es más feliz. Consigues trabajo en equipo, te centras en tu objetivo y avanzas.

Lo ideal es que organices tu negocio así desde el principio. Todos tienen un sueldo, acciones y bonificaciones de rendimiento: ventas, satisfacción del cliente, atención al cliente, marketing, ingeniería, todos. Esto no quiere decir que se les pague lo mismo, pero el modelo de compensación es el mismo. Todos están al mismo nivel.

Y nadie trabaja en ventas solo. Durante el proceso de ventas, el vendedor cuenta con el apoyo del departamento de satisfacción del cliente, de atención al cliente o de todos los que trabajen en estrecha colaboración con el cliente después de la venta. Y estos equipos firman el trato. Nunca hay sorpresas. Todos saben exactamente lo que se espera de ellos para que el nuevo cliente funcione. Y cuando se cierra el trato, el vendedor no desaparece. Se queda como contacto para ese cliente, y si hay algún problema, interviene.

Si tienes una organización de ventas basada en las transacciones y quieres basarla en las relaciones, será más complicado. Seguramente los vendedores se marcharán. Muchos de ellos te dirán que estás loco. Pero puedes hacerlo.

Primero convoca una pequeña junta interna formada por los demás equipos —atención al cliente, satisfacción del cliente y operaciones— para que aprueben todo acuerdo de ventas. Esto hará que los vendedores solitarios empiecen a cambiar de mentalidad y se acostumbren a formar parte de un equipo. Después empieza a hablar sobre el cambio en las comisiones. No digas que vas a eliminarlas, porque se molestarán. Di que funcionarán de manera diferente. Aumenta las comisiones, pero empieza a adjudicarlas repartidas en el tiempo. Y di al equipo de ventas que perderá el resto de la comisión si el cliente se va. También puedes ofrecer comisiones aún mayores si aceptan acciones en lugar de dinero.

En cuanto las comisiones se asignan en un programa que prioriza las relaciones con los clientes, desaparece gran parte de la fealdad que suele definir las filosofías de ventas. Los vendedores califican mejor a los clientes, la supercompetencia se relaja, las palmadas

332 | CREA TU EQUIPO

en la espalda se desvanecen y los equipos comparten expectativas y objetivos.

Todo funciona mejor. Para todos.

El viejo modelo de comisiones es un anacronismo. Está anticuado y recompensa el peor comportamiento. Pero es útil para una cosa: deshacerse de los gilipollas.

Hay muchos vendedores increíbles por ahí que levantarán una ceja ante la idea de comisiones adquiridas, y después se acercarán y te pedirán que les sigas contando. Otros se burlarán, pondrán los ojos en blanco y te dirán que nunca podrás contratar a nadie. No te escucharán cuando se lo expliques y saldrán por la puerta pavoneándose, seguros de que saben más que tú y de que estás totalmente loco.

No contrates a esas personas.

Busca a vendedores a los que les interese la idea de las comisiones adquiridas. Busca a vendedores que se den cuenta de que en realidad pueden ganar más dinero así. Busca a vendedores que sean buenas personas además de buenos en ventas. Busca a vendedores que se preocupen por tu misión y a quienes les encante el importante papel que desempeñarán para hacerla realidad.

Puede que no sea fácil. Sobre todo si hay mucha competencia por el talento. Hay situaciones y sectores en los que crear una organización y una filosofía de ventas totalmente nuevas no es factible. En este caso solo necesitas a uno. Busca a un director de ventas que entienda y valore las relaciones con los clientes, que no acepte el egoísmo ni la competencia despiadada y que no contrate a gilipollas ni a mercenarios. Este director dará forma a la filosofía de su organización para que se oriente hacia las relaciones, hasta que el mundo se ponga al día con lo que haces y puedas implementar comisiones adquiridas.

Estas personas existen. También están cansadas de las filosofías transaccionales. Quieren hacer lo correcto por sus clientes. Quieren sentirse parte de un equipo. Contrátalas.

5.7
Busca un abogado

Normalmente tu empresa necesitará todo tipo de abogados: para contratos, para defenderte si te demandan y para evitar que cometas errores tontos o caigas en trampas que no has visto venir. Al principio puedes arreglártelas con un bufete de abogados externo, pero al final te resultará demasiado caro (te sorprenderá lo caro que es) y tendrás que contratar abogados internos.

Si tienes un negocio, recuerda que toda decisión que involucre asuntos jurídicos es una decisión basada en el negocio. Las decisiones exclusivamente jurídicas solo tienen lugar en los juzgados. Tu equipo jurídico está para informarte, no para tomar decisiones por ti. Así que un «no» del departamento jurídico no es el final de la conversación, sino el principio. Un buen abogado te ayudará a identificar los obstáculos. Después sortéalos y busca soluciones.

La mayoría de los abogados se destacan en dos cosas: decir «no» (o «quizá») y pasarte la factura.

No es necesariamente porque sean malos abogados. Así funciona el sistema.

Los bufetes de abogados suelen facturar por horas. Los primeros quince minutos que hablen contigo pueden ser gratis, pero en adelante te cobrarán por cada quince minutos, incluso por cada cinco. Te facturarán el tiempo que han pasado en la ducha pensando en tu empresa. Te cobrarán las fotocopias, los desplazamientos y los gastos de envío (con una tarifa adicional por gastos de tramitación). Cobrarán extra cada vez que necesiten llamar a alguien con una experiencia jurídica concreta, así que si tu abogado te lleva a una reunión telefónica con otro abogado, espera una factura sorprendente.

Una vez tuve un abogado que empezaba todas las conversaciones con un poco de cháchara: ¿Qué tal la familia? ¡Qué mal tiempo hace! Yo no quería ser grosero, así que pasaba unos minutos charlando con él. Pero esa charla trivial y educada significaba que las preguntas que debería haberme contestado en 15 minutos o menos exigían 30 o incluso 45. Y este abogado cobraba entre 800 y 1.000 dólares por hora. Le pagaba cientos de dólares por hablar sobre el concierto de mi hijo. Después de tres o cuatro conversaciones, me di cuenta de lo que hacía y dejé de contar con él. No quiero ni pensar cuánto inflaba las horas que me facturaba cuando yo no estaba al teléfono.

Cuando contratas un bufete de abogados externo, quieres a un abogado que hable rápido y que no se preocupe por tus hijos, al menos cuando está trabajando.

La buena noticia es que algunos bufetes de abogados están cambiando a un nuevo modelo: contratos de precio fijo o que impiden superar el precio acordado. Algunas firmas jurídicas ayudarán en la formación de la empresa y en asuntos jurídicos repetitivos por una pequeña tarifa o algunas acciones. Y hay un nuevo movimiento de «código abierto» de muchos documentos jurídicos importantes, de versiones genéricas que funcionan para la mayoría de las empresas.

Aunque utilices documentos jurídicos de código abierto, necesitas a un abogado que maneje los detalles. Y ese abogado seguramente también te cobrará por pensar en la ducha.

Así que para aprovechar al máximo a tu abogado tienes que entender cómo funcionan y cómo abordan su trabajo. Los abogados se han formado para pensar desde el punto de vista del oponente, del gobierno, de clientes enfadados, de socios, proveedores, empleados o inversores furiosos. Miran lo que estás haciendo y dicen: «Si lo haces así, seguramente te meterás en problemas». O en un día muy bueno: «Si lo haces así, pueden demandarte, pero seguramente podremos manejarlo».

Nunca recibirás un sencillo «Sí, adelante, no hay peligro», porque es imposible evitar toda demanda. Cualquiera puede demandarte por cualquier cosa, al menos en Estados Unidos. Los clientes te demandarán por cambiar algo que les gustaba. Los competidores te demandarán como táctica comercial para que cierres. Da igual si lo mereces o no. Te machacarán con juicios molestos solo para vaciar tus arcas y tu voluntad.

Si tienes cierto éxito en algo revolucionario, seguramente serás un objetivo. Si tienes mucho éxito, sin duda lo serás.

Así que siempre debes considerar la posibilidad de que te demanden. Pero una demanda no es el fin del mundo. Y un «quizá» o incluso un «no» de tus abogados no siempre es una razón para dejar de hacer lo que haces. Debes sopesar sus valoraciones frente a las necesidades de tu negocio y frente al hecho de que debes asumir riesgos para innovar y tener éxito. Esto no significa que no debas seguir los consejos jurídicos. Solo significa que lo jurídico no debe ser lo único que consideres.

Por supuesto, esto no se aplica a algo que sea realmente ilegal. Ni a las mentiras. Ni a cualquiera de las cosas básicas para las que necesitas a un abogado: contratos, recursos humanos o los términos que incluyes en tu aplicación para protección y privacidad. Para este tipo de cosas no la cagues. Escucha a tu abogado y sigue sus consejos al pie de la letra. Si no tienes a un abogado en plantilla, contrata un bufete y paga la factura. No te interesa que tu negocio se derrumbe por un error tonto, porque la cagaste en los acuerdos laborales o en los términos y condiciones.

Pero para las zonas grises, para las cosas difíciles, para los millo-nes de decisiones matizables basadas en opiniones que determinarán la dirección de tu empresa, recuerda siempre que los abogados viven en un mundo en blanco y negro. Legal frente a ilegal. Defendible frente a indefendible. Su trabajo es decirte lo que es legal y explicar-te los riesgos.

Tu trabajo es tomar la decisión.

La primera vez que tuve que lidiar con una demanda fue en Apple. Recuerdo que me sentía como un ciervo deslumbrado por los faros de un coche. Creative, el fabricante del segundo reproductor de mú-sica más popular después del iPod, nos demandó por la interfaz de iTunes para transferir canciones al iPod y la tecnología que lo permi-tía. No estaba claro si habíamos infringido la ley o no, si ganaríamos o no, así que Steve estaba preocupado. Habíamos creado el primer gran producto de Apple en años, y nos demandaban.

Chip Lutton, que dirigía todo el trabajo jurídico de propiedad in-telectual en Apple, se unió a Jeff Robbin, vicepresidente de iTunes, y a mí para buscar soluciones a los problemas. Propusimos diferentes formas de cambiar el producto, pero Steve acabó tomando la deci-sión comercial de llegar a un acuerdo. De hecho, ofreció 100 millo-nes de dólares, decenas de millones más de lo que había pedido Crea-tive. Quería que se marcharan bien lejos para no volver.

Fue una lección interesante sobre lo que significa ganar. No fue una victoria legal, no nos defendimos, no fuimos al juzgado, pero sí fue una victoria para Steve. Para él era más importante no pasar ni un segundo de su vida preocupado por esa demanda que ahorrar di-nero o hacerle frente.

Poco después de haber lanzado el Nest Learning Thermostat, Honeywell nos demandó. Esta demanda fue muy diferente. Estaban decididos a litigar para que dejáramos de existir. Su estrategia era aplastar al pequeño y robar su tecnología por una miseria. Nuestro equipo jurídico confiaba en que podíamos ganar. La demanda era ridícula, frívola, una conocida táctica para frenar a un competidor que está creciendo muy deprisa. Pero yo había aprendido de mi experiencia en Apple. No podía dejar la decisión de qué hacer en manos del departamento jurídico.

A los abogados les encanta ganar. Nunca abandonarán la lucha. Batallarán hasta la muerte. Pero esto es un negocio. Morir no es una opción aceptable. La muerte no te permite recuperar lo invertido.

Cuando estás en cualquier negociación que incluya temas legales, debes resolver los puntos fundamentales del trato antes de llamar a los abogados: cuánto pagas por algo, cuánto estás dispuesto a gastar, cuánto tiempo debe durar un contrato, exclusividad, etc. Consigue que aprueben los términos y después deja que los abogados discutan los temas legales. De lo contrario, las negociaciones pueden durar una eternidad, y mientras tus abogados discuten con los suyos, tú pagas la factura.

Nadie quiere lidiar con eso.

Por esta razón, aunque estábamos a punto de ganar la demanda de Honeywell, llegamos a un acuerdo extrajudicial. En ese momento, Google había comprado nuestra empresa, y Honeywell era uno de sus principales clientes. No importaba que nosotros tuviéramos razón y Honeywell no. Era una decisión de negocios. Google decidió que pagar a Honeywell y mantener esa relación era preferible a ir al juzgado, sobre todo porque el coste del acuerdo salió de las arcas de Nest, no de Google.

Nos cabreó lo que no está escrito. Habríamos ganado, pero a Nest le tocó pagar la factura. Era como para cabrearse. Pero era la decisión correcta para Google.

Los mejores abogados lo entienden. Piensan no solo como abogados. Tienen en cuenta toda su formación y sus conocimientos, pero también sopesan los objetivos empresariales. Pueden ayudarte a entender los riesgos y a la vez ser muy conscientes de los beneficios.

Te dan consejos razonados en lugar de decirte lo que puedes y no puedes hacer. Son conscientes de que su voz es parte de un coro. Y a medida que trabajéis juntos, os conozcáis y entiendan cómo es el panorama competitivo y quiénes son tus clientes y tus socios, los buenos abogados se relajarán un poco. A la mayoría de los abogados les lleva meses o incluso años de trabajo con una empresa entender de verdad por qué riesgos merece la pena preocuparse y cuáles pueden pasarse por alto. Pero un abogado con experiencia en negocios que sepa comunicar el riesgo de manera efectiva puede valer su peso en oro.

Conseguir a un abogado así generalmente exige que contrates a uno interno. Sabrás que ha llegado el momento de empezar el proceso de contratación cuando los temas jurídicos sean demasiado caros, cuando tengas que dedicar demasiadas horas a lidiar con los mismos acuerdos y preguntas, demasiadas idas y venidas, cuando demasiadas veces necesites que busquen a especialistas muy escasos.

Un abogado interno no resolverá tu necesidad de contratar a especialistas —en impuestos, recursos humanos, recaudación de fondos, M/A, propiedad intelectual y patentes, normas gubernamentales—, pero te ayudarán a negociar las facturas cuando las recibas. Porque siempre hay espacio para la negociación, en especial con abogados. Un abogado con experiencia que entiende el modelo de negocios de los bufetes y conoce los trucos puede mirar su factura y preguntar por qué ha habido que dedicar tantas horas a esta tarea o por qué esta conversación se ha facturado así.

Al considerar tu primera contratación de un abogado, puedes sentir la tentación de contratar a un generalista, una persona que pueda hacer un poco de todo. Suele creerse que esto reducirá la necesidad de contratar a especialistas externos. Pero es todo lo contrario.

En este momento no contratas para todo. Tienes que entender qué es lo más importante de tu empresa, de qué se trata en última instancia, y contratar para esas especialidades jurídicas concretas.

Muchas veces veo empresas en las que su mayor distintivo es la propiedad intelectual, pero que buscan a un abogado de contratos para dirigir el equipo jurídico. Es un error caro. El abogado acaba subcontratando todo el trabajo jurídico de propiedad intelectual, lo que anula todo ahorro de costes, y después ni siquiera puede orientar a un abogado externo. Cuando el primer empleado jurídico no tiene experiencia ni conocimientos en ámbitos fundamentales, el equipo acaba siendo más débil, más reacio al riesgo, menos flexible y menos capaz de trabajar con el resto de la empresa para resolver problemas de manera creativa y construir soluciones eficaces a largo plazo.

En Nest sabíamos desde el principio que todo se reduciría a la propiedad intelectual. La especialidad de Nest siempre serían nuestras innovaciones tecnológicas. Y tendríamos que luchar por patentarlas para mantenerlas fuera del alcance de la competencia.

Así que nuestro primer abogado fue Chip Lutton, el mismo con el que había trabajado en la demanda del iPod.

Necesitábamos a un líder que entendiera en profundidad los principales problemas a los que nos enfrentaríamos, que pudiera pensar en ellos desde el primer día y crear su equipo teniendo en mente esta perspectiva. Y necesitábamos a una persona que pudiera actuar como brújula moral, que pudiera trabajar codo con codo con ejecutivos, ingenieros y personal de marketing.

Necesitábamos a un líder que supiera liderar.

Que fuera lo suficientemente respetado y considerado como para ser una parte activa del desarrollo del producto.

Chip y su equipo nunca fueron un departamento auxiliar. Siempre estaban en el meollo con nosotros, pensando en características del producto, asegurándose de que pudiéramos defender nuestras patentes, revisando nuestro marketing y evitando demandas. Y peleándose conmigo.

Como la pelea del bebé.

En junio de 2015 lanzamos la Nest Cam, una cámara de vídeo que podía utilizarse para seguridad, como cámara para mascotas o como monitor para bebés. Y en Estados Unidos, todo dispositivo electrónico destinado a utilizarse en la habitación de un bebé debe llevar esta advertencia:

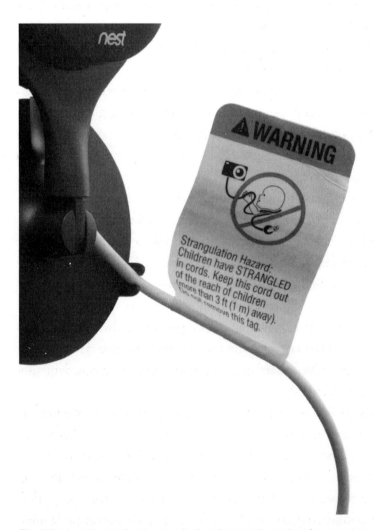

Fig. 5.7.1: La etiqueta de advertencia de color naranja y rojo más espantosa y agresiva del mundo, requerida en todos los dispositivos electrónicos que pueden utilizarse en la habitación de un bebé.

Y yo dije: «Ni hablar. No vamos a lanzar nuestro nuevo producto con el dibujo de un bebé estrangulado».

Ya habíamos incluido las advertencias sobre el estrangulamiento en toda la aplicación, en las instrucciones de instalación, el manual y la configuración. Era imposible pasarlas por alto. Ninguno de los productos de nuestros competidores había llegado a nuestro nivel. ¡Y todos tenían los mismos cables!

Estaba molesto y enfadado. Di vueltas por la sala hecho una furia. Dije que no. Bajo ningún concepto.

Y Chip me contó con calma las consecuencias: en el mejor de los casos, una multa considerable y la retirada del mercado. En el peor, medidas legales por parte del gobierno federal.

La etiqueta no podía reducirse. No podía cambiarse. Ni siquiera podía ser de otro color.

En este caso no había matices, ni zona gris, ni discusión. La ley era prescriptiva. No era una decisión basada en opiniones donde lo jurídico era solo una voz del coro y yo podía seguir mi instinto. En este caso, pasar por alto el consejo de Chip no sería un movimiento comercial estratégico. Sería un error tonto. Los riesgos no compensaban las ganancias.

Hay veces en la vida en que tienes que colocar tu nuevo producto al lado del dibujo de un bebé en peligro de muerte. Si queríamos comercializar la Nest Cam como un monitor para bebés, debíamos tener la etiqueta.

Aun así, Chip trabajó conmigo para encontrar una solución. No se limitó a decir que no y se marchó. Siempre nos ayudó a llegar a un acuerdo y a buscar otra posibilidad, una dirección diferente.

Acabamos haciendo la etiqueta aún más grande y fea de lo necesario, y la colocamos al lado del producto para que fuera imposible no verla. Sabíamos que todo el mundo se limitaría a arrancar la mierda de etiqueta, así que hicimos que fuera muy fácil rasgarla y nos aseguramos de que no quedaran restos pegajosos. Incluso hicimos varias sesiones de prueba para asegurarnos de que funcionaba. (¿No te gustaría que en los colchones nuevos pasara lo mismo?).

Chip se aseguró de que estuviéramos a salvo.

Es un gran abogado, pero también un socio increíble.

Es lo que buscas en última instancia. No quieres a un abogado que crea que su único trabajo es señalar el sumidero en el que podrías caer y bloquearte el camino. Contrata a una persona que te ayude a encontrar otro camino. Contrata a una persona que construya un puente. Contrata a un abogado que no solo piense como un abogado.

SEXTA PARTE

Ser director general

El hogar conectado iba a florecer con el detector de humo y monóxido de carbono Nest Protect.

El Nest Protect actuaría como un sensor de temperatura y humedad para el Nest Learning Thermostat de modo que pudieras controlar la temperatura habitación por habitación. Utilizaría su sensor de movimiento para detectar cuándo no había nadie en casa, en cuyo caso el termostato apagaría la calefacción o el aire acondicionado de inmediato para ahorrar energía. Y utilizaría la voz para hacer algo más que advertir del peligro. La visión del Nest Protect era que fuera un altavoz excelente. Como hay un detector de humo en todas las habitaciones de la casa, planeamos que reprodujera música e incluso funcionara como intercomunicador. Desde la cocina avisarías con el Nest Protect de que la cena estaba lista, y el detector de humo llevaría tu voz hasta la habitación de tus hijos.

Ahora añade una cámara de vídeo o una cerradura inteligente a la mezcla y tendrás un sistema de seguridad incorporado con sensores en todas las habitaciones y alarmas en toda la casa. Con cada nuevo Nest que instalaras, tus viejos productos Nest mejorarían. Harían más cosas. Abrirían nuevas vías de ventajas y posibilidades. Y te exigirían muy poco. Todo se limitaría a… funcionar.

El objetivo del hogar conectado era que fuera fácil. Que tu casa cuidara de ti y no tú de ella.

Y estuvimos atentos a las decenas de otros productos conectados que surgían a nuestro alrededor en cuanto el Nest Thermostat mostró que era posible. En lugar de tratarlos como a competidores a los que aplastar, alimentamos el ecosistema con una tecnología de red de bajo consumo llamada Thread. Si habías creado un dispositivo inteligente decente, podrías conectarlo al sistema Nest y hacer que funcionara con productos Nest. Tu ventilador de techo inteligente podría conectarse a nuestro termostato, o Nest podría decir a tus luces inteligentes que estabas de vacaciones para que fingiera que estabas en casa y engañar a los posibles ladrones.

Nest estaba construyendo una plataforma —un ecosistema de productos propios y de terceros, todos controlados por una aplicación— que convertiría el hogar conectado en algo mágico. Íbamos a tejer un tapiz de tecnologías que cambiaría radicalmente lo que sería el hogar.

En todo caso, esa era la visión.

La visión que Google compró por 3.200 millones de dólares en 2014.

Google había estado cerca de Nest desde el principio. Yo había mostrado a Sergey Brin varios prototipos antes del lanzamiento, y Google quería comprar nuestra empresa en 2012. Querían ayudarnos a alcanzar nuestra visión más deprisa. Cuando nos negamos, se ofrecieron a invertir.

En 2013, cuando estábamos en medio de otra exitosa ronda de financiación, volvieron a presionar para comprarnos.

Sabía que si estaban tan impacientes por comprar Nest significaba que se tomaban en serio la creación de hardware para el hogar inteligente. Y si Google se lo tomaba en serio, entonces Apple, Microsoft, Amazon, Facebook y los demás gigantes tecnológicos también podrían estar investigando. Nest había echado a rodar esta bola de nieve y estaba provocando una avalancha.

Si no teníamos cuidado, podríamos quedar enterrados rápidamente.

A Nest le iba muy bien y vendíamos nuestros productos en cuanto los fabricábamos. Podríamos habernos limitado a seguir construyendo el termostato, porque su impacto ya había eclipsado nuestras expectativas más locas. Se dejaban termostatos —¡termostatos!— debajo de los árboles de Navidad. David Letterman y Kanye West nos escribían preguntando por nuestro producto cuando se agotaba.

Pero estábamos decididos a crear una plataforma grande y significativa que pudiera durar décadas, y eso requeriría una gran inversión.

Grandes empresas como Google o Apple, con otras fuentes de ingresos muy rentables y toneladas de productos, podrían desplazarnos rápidamente con su propia plataforma. Lo único que tenían que hacer era anunciar un plan para entrar en el ámbito del hogar conectado. No importaría si su plataforma era buena o no. Cuando una empresa gigante hace un anuncio, basta para inclinar la balanza a su favor. Podrían tentar a nuestros posibles socios y desarrolladores, o evitar que se comprometieran con nosotros y decidieran esperar a ver cómo acababa la cosa.

Había visto morir demasiados productos y plataformas exitosos de pequeñas empresas emergentes cuando jugadores más grandes intervinieron y absorbieron todo el oxígeno.

Pero uniéndonos a Google no solo nos protegeríamos, sino que aceleraríamos nuestra misión. Es lo que realmente entusiasmó al equipo ejecutivo. El potencial de crecimiento.

Así que, tras mucha deliberación y muchos nervios, decidimos, como equipo, que era el momento adecuado para vender. Teníamos bazas a nuestro favor: mucha financiación, más inversores dando vueltas y una economía unitaria sólida. Nuestro negocio era firme, nuestros termostatos eran rentables, estábamos preparando otro producto y teníamos más en desarrollo.

Y Google se comprometió a invertir 4.000 millones en nuestra plataforma de hogar conectado en cinco años y proporcionar los recursos necesarios: servidores, algoritmos de inteligencia artificial y relaciones con desarrolladores. Acordamos que dejarían de lado lo que habían empezado en hardware para el hogar conectado y se centrarían totalmente en Nest. Acordamos reuniones de coordinación cada dos semanas con los equipos con cuya tecnología tuviéramos que integrarnos.

Nos preocupaba mucho el choque de filosofías, pero el equipo de Google nos aseguró que la filosofía basada en la misión de Nest establecería un nuevo estándar y ayudaría a impulsar la evolución de la filosofía de Google. Nos dijo que tendríamos un gran impulso en las ventas y que podríamos hacer que nuestra plataforma cobrara vida años antes de lo que podríamos como empresa independiente.

Nos dijo que iba a ser un bonito matrimonio.

Tras tres o cuatro meses de intensas discusiones, ambos llegamos a la boda en enero de 2014 creyendo que seguiríamos juntos para siempre. Que iba a funcionar. Que lo haríamos funcionar. Ambas empresas tenían las mejores intenciones.

Pero todo el mundo sabe con qué está pavimentado el camino al infierno.

A las pocas horas de la adquisición, Nest intentó apaciguar una ola de mala prensa declarando públicamente que nuestra filosofía y nuestros sistemas estaban separados de Google. Después de eso el órgano sufrió rechazo. Los anticuerpos naturales de Google detectaron algo nuevo, diferente y extraño, e hicieron todo lo posible para evitarlo o ignorarlo. No dejaban de sonreír, pero las prometidas reuniones, la supervisión de la gerencia de Google y los planes que habíamos hecho para integrarnos empezaron a desmoronarse.

Incluso lo más básico y obvio se estancó. ¿Podemos vender productos Nest en Google Store? No. Al menos durante un año. ¿Podemos salir de Amazon Web Services y pasar a Google Cloud? No, al menos si no cambian muchas cosas. Y de hecho será más caro.

Aunque no debería habernos sorprendido. Todo era más caro.

En 2014, justo antes de su adquisición por Google, Nest gastaba unos 250.000 dólares por empleado y año. Esto incluía un despacho decente, un buen seguro médico y comidas gratis y gratificaciones divertidas de vez en cuando.

Después de la adquisición, la cifra se disparó a 475.000 dólares por persona. Parte del incremento se debió a la burocracia y al aumento de salarios y beneficios, pero en buena medida se debió a las gratificaciones adicionales de autobuses gratis, desayuno, comida y cena gratis, toneladas de comida basura, salas de conferencias relucientes con equipos completos de audio y vídeo, y nuevos edificios de oficinas. Incluso la informática era cara. Conectar el ordenador de cada empleado a la red de Google costaba 10.000 dólares al año, en los que ni siquiera estaba incluido el precio del portátil.

Nest tampoco era perfecta, por supuesto. Teníamos tantos proyectos diferentes a la vez que nos indigestábamos. El sistema de seguridad Nest Secure llevaba un retraso permanente mientras lanzábamos un Nest Protect de segunda generación y un termostato de tercera generación. También compramos una empresa llamada Dropcam, creamos la primera Nest Cam, la añadimos a la aplicación Nest y pasamos infinidad de horas intentando integrarnos con Google y descubrir direcciones de correo electrónico, seguridad corporativa, en qué servidores estaban los datos, políticas de privacidad, etc.

Y a pesar de formar parte de Google, hicimos pocos intentos por ser como ellos y por compartir su filosofía. Un pequeño contingente de Nest procedía de Apple, donde Google era el enemigo número uno, así que las conversaciones eran difíciles. Pero a la mayoría de nosotros simplemente nos gustaba nuestra forma de hacer las cosas. No queríamos ser como Google. Yo no estaba dispuesto a ponerme una gorra de béisbol con hélice, como hacen los nuevos empleados de Google. Entiendo que estuviéramos fuera de lugar y que no nos recibieran con los brazos abiertos.

Aun así, la adquisición no fue un desastre total. Era un trabajo en curso.

Nuestra marca y nuestra economía unitaria eran sólidas. Seguíamos creciendo rápidamente. De hecho, la adquisición de Google había dado a un grupo de minoristas la confianza para empezar a vender productos Nest en sus tiendas. Los desarrolladores de nuestro ecosistema también tenían muchos más registros. Y estábamos haciendo avances menores con determinados equipos de Google, aunque no tantos como habíamos esperado. Pero teníamos tiempo. El plan eran cinco años para crear una auténtica plataforma de hogar inteligente. Y en Google había muchas personas increíbles, muchos equipos increíbles creando tecnología increíble con la que podríamos trabajar para crear algo espectacular e importante. Solo teníamos que seguir adelante. Podríamos llegar.

Y en agosto de 2015, algo más de un año después del cierre de la adquisición, el cofundador de Google, Larry Page, me llamó a su despacho. Me dijo: «Tenemos una nueva y emocionante estrategia corporativa. Se llama Alphabet. Y queremos que Nest sea el modelo para hacerlo bien».

Estaban reestructurando Google, creando una empresa paraguas llamada Alphabet para mantener Google y sus «otras apuestas» como subsidiarias. Así Wall Street vería la salud de Search y Ads sin que nada enturbiara el panorama financiero. Las «otras apuestas», como Google Fiber, Calico, Verily, Capital G, Google Ventures, Google X con su gran cantidad de proyectos «moonshot» y, por supuesto, Nest, se convertirían en empresas hermanas independientes que ya no formarían parte de Google. De repente Nest se convertiría en una de las hermanas mayores, con mayor presencia en bolsa y más caras.

Durante dieciséis meses nos habíamos centrado en intentar integrarnos con Google, fusionarnos con la nave nodriza y conseguir todo lo que necesitábamos para acelerar nuestra visión. Esa integración y el acceso a la tecnología fueron las principales razones por las que aceptamos la adquisición. Pero Larry me dijo que se había acabado. Nueva dirección. Nueva estrategia.

—¿Desde cuándo lo tienes en mente? —le pregunté.

—Desde hace años —me contestó.

—¿Cuántas personas de Google lo han tenido en mente?

—Tres o cuatro desde hace un par de meses. Eres una de las primeras personas a las que se lo digo.

Pensé: «¡Genial! ¡Gracias!». Pero le dije:

—Bien, tenemos que entender los detalles para asegurarnos de que todos estemos alineados. ¿Cuánto tiempo tenemos para profundizar y elaborar un plan concreto? ¿Unos meses?

Sabía que no podía negarme sin argumentarlo. Pero necesitaba tiempo para encontrar la manera de impedirlo, para que nuestro equipo consiguiera un trato mejor.

—No tenemos unos meses.

—¿Ocho semanas?

—No.

—¿Un mes?

—Vamos a anunciarlo la semana que viene —me dijo—. Somos una empresa que cotiza en bolsa. Sería un desastre que se filtrara a la prensa. Es solo un cambio financiero y contable. No te preocupes, lo resolveremos.

Me quedé en shock. Sin habla. Se acabó la intuición tardía. Pensé: «Dispararemos primero y preguntaremos después».

No había ningún plan en marcha. Ninguno. Siempre defiendo el «Haz. Aprende. Fracasa», pero no se puede poner patas arriba toda una empresa sin la menor estrategia. Lo que debería haber sido una decisión basada en datos se convirtió en una decisión basada en opiniones.

Larry me dijo que había observado cómo lo hacía Warren Buffett en su empresa. Incluso había volado a Nebraska para hablar con él al respecto. Berkshire Hathaway compra empresas no relacionadas que se gestionan por separado y funciona muy bien. «¿Por qué no podemos hacer lo mismo?».

Le señalé que Berkshire Hathaway compra empresas que tienen diez, quince o cincuenta años. Están ya formadas y tienen muchos ingresos. Son adultos sanos. Las otras apuestas de Alphabet eran bebés, niños pequeños y adolescentes que intentaban encontrarse a sí mismos. Aún se esforzaban por innovar y encontrar un camino hacia la rentabilidad. Las bases eran totalmente distintas.

Pero no importaba. La apisonadora ya estaba en camino.

Veinticuatro horas después del anuncio de Alphabet, Google Facilities dijo: «Ya no sois parte de Google, así que necesitaréis esto», y nos entregó una factura de millones por nuestra nueva oficina, que acababan de remodelar.

Para colmo de males, nuestro coste por empleado se multiplicó por 2,5. Y nada había cambiado. En Nest todos hacían el mismo trabajo en el mismo lugar. Pero ahora teníamos que pagarlo nosotros, incluido un impuesto corporativo de Alphabet por todo servicio que nos proporcionara Google. Así que los departamentos básicos en los que confiábamos —informático, jurídico, financiero y recursos humanos— se encarecieron en el acto. A veces eran ridículamente caros. Nos dijeron: «Lo siento, tenemos que hacerlo. Es un requisito de la FASB (Financial Accounting Standards Board). No hay forma de evitarlo porque somos una empresa que cotiza en bolsa».

En ese mismo instante, los equipos de tecnología de Google en los que por fin empezábamos a integrarnos felizmente se lavaron las manos. «No sois Google», nos dijeron. Los anticuerpos lanzaban un ataque a gran escala.

Fue impactante ver la velocidad a la que cambiaban sus prioridades.

Pero lo peor fueron las tonterías.

Empezó a darme alergia la palabra «considerar». Cada vez que los altos mandos de Google querían que nos tragáramos otra estrategia, nos decían que, a pesar de las apariencias, la habían considerado muchísimo. «Consideraremos la integración de Nest en Google».

«Vamos a considerar vuestra transición a Alphabet». «Matt y Tony, no os preocupéis, lo hemos considerado».

Los oía y pensaba: «Oooh nooo, ya estamos otra vez. Como me engañaron consideradamente, esperan que pase esta mierda a mi equipo».

Matt y yo habíamos defendido la integración durante más de un año, pero ahora teníamos que dar un giro de 180 grados y defender Alphabet. Tenía que decir a nuestro equipo que las cosas iban bien mientras veía a los directivos de Google considerando un plan cuando la transición ya estaba en marcha, y después cambiar ese plan constantemente durante los meses siguientes. Era un desastre total de reuniones de implementación de Alphabet semanales: departamento financiero, jurídico, informático, ventas, marketing, relaciones públicas, instalaciones y recursos humanos. Un día nos decían que facturarían de determinada manera los autobuses, las instalaciones o el servicio jurídico, y dos semanas después lo reconsideraban.

Después, cuando se supo el coste de integrar Nest en Alphabet, el nuevo régimen financiero se nos echó encima.

El comité directivo de Alphabet dijo que teníamos que racionalizar los gastos de Nest y alcanzar la rentabilidad más rápido. Señalaron que no estábamos alcanzando nuestras cifras de ventas. Repliqué que se habían inventado esas cifras. Daban por sentado que los productos de Nest se venderían en Google Store y que eso aumentaría nuestras ventas entre un 30 y un 50 por ciento. Pero Google Store se estancó y se tambaleó, y nuestras ventas de hecho cayeron porque los clientes que desconfiaban de la política de privacidad de Google no se acercaban a nosotros.

Cuando tuvieron claro que yo no iba a ceder, Larry me dijo que teníamos que alcanzar la rentabilidad. «Necesito que seas audaz y creativo, y descubras cómo reducirlo todo en un 50 por ciento». Y se refería a todo, literalmente: cantidad de empleados, gastos y hoja de ruta.

«¡¿QUÉ?!». dije. Nada había cambiado. Nuestro acuerdo era el mismo y nuestro plan era el mismo. Pero ahora querían que despidiera a la mitad de nuestro equipo, que en su mayoría habíamos contratado hacía unos meses.

Larry me dijo que no me preocupara por despedir a todo el mundo. Dijo que había muchos puestos vacantes en Google a los que podrían acceder fácilmente. Y pensé: «¿Alguna vez ha tenido este tío que despedir a alguien en persona? No puedes jugar así con la vida de la gente».

Pero Google quería mostrar a Wall Street que uno de sus negocios, al margen de la búsqueda y la publicidad, podía ser rentable. Todos los demás artículos de hardware que fabricaba —teléfonos móviles y Chromebooks— perdían dinero. Nest era la única empresa que tenía la oportunidad de ser rentable, así que centraron su atención en nosotros.

Pero de ninguna manera, absolutamente de ninguna manera, iba a cortar Nest por la mitad.

Propusimos reducciones del 10-15 por ciento, pero nos negamos en redondo a cambiar nuestra hoja de ruta. No daríamos marcha atrás en nuestra misión.

No hace falta decir que hubo tensiones.

Cuatro meses después me lanzaron otra bomba.

Larry Page me dijo que quería el divorcio.

Iba a vender Nest.

Aunque en realidad no me lo dijo Larry. Bill Campbell, mi mentor y mentor de Larry, me pidió que me quedara hasta tarde un día después de una reunión de la junta, solo unos días antes de las vacaciones de fin de año. Todos se marcharon, y Larry y él se quedaron. Bill me miró y me dijo: «Voy a ir al grano. A Larry le costará mucho decírtelo y no quiero engañarte. Larry quiere vender Nest. No lo entiendo, pero es lo que quiere hacer».

Larry miró a Bill, sorprendido. «¡No tenías que decirlo así!».

Pero me lo había dicho. Bill me conocía. Y Larry no. En realidad, no. Sospecho que quería que Bill estuviera con nosotros porque le preocupaba que me volviera loco. Quería un testigo y un amortiguador para nuestra ruptura por si las cosas se calentaban.

Pero me quedé en silencio, intentando no perderme una sola palabra y observando hasta las más mínimas expresiones de sus rostros mientras Larry me explicaba la situación.

Después le dije: «Larry, compraste Nest. Puedes venderla si quieres. Pero en ningún caso puedes contar conmigo».

No tenía más que decir.

Bill miró a Larry y le dijo: «Lo sabía. Te dije que esta sería su respuesta».

Ni siquiera ahora estoy del todo seguro de por qué Google decidió vender. Quizá todo se reducía al choque de filosofías o quizá Larry pensó que estábamos demasiado distantes y que éramos incompatibles. Cuando lo pregunté, me dieron las razones habituales: hemos decidido que Nest ya no es estratégica y que nos cuesta demasiado dinero. Google había cambiado, pero nuestro acuerdo no. Habíamos sido sinceros sobre nuestra hoja de ruta y nuestro plan para el futuro. Cuando firmaron el acuerdo sabían que éramos una inversión cara. Y estuvieron más que dispuestos. De hecho, estaban ansiosos por financiar nuestra visión hacía apenas dos años.

«Ahora tenemos otra estrategia financiera», dijeron. Y esto fue todo.

Bill estaba fuera de sí después de la reunión. «Tenéis productos populares, economía y crecimiento sólidos, y una cartera de nuevos productos con potencial real. Tenéis mucho más a vuestro favor que la mayoría de los proyectos de la empresa —me dijo llevándose las manos a la cabeza—. No tiene ningún sentido. ¡Estábamos empezando!».

A pesar de sus objeciones, Google trajo a los banqueros para que le ayudaran a «preservar el valor de los activos». Y como yo ya había dicho que me marchaba, lo único que podía hacer era intentar minimizar los daños y suavizar la transición para mi equipo en la medida de lo posible. Caí en el papel de ser un buen soldado. Hice lo que me dijeron y ayudé a los banqueros a preparar la documentación para la venta. Pusieron en venta Nest en febrero de 2016.

Los banqueros trabajaron en su lista de posibles compradores, y varias empresas se sentaron a la mesa. La primera de la fila era Amazon.

Los banqueros preguntaron a Larry si la vendería a Amazon, y él contestó: «Sí, creo que sí». Volvió a sorprenderme. ¿Venderla a un competidor? Parecía otra bofetada.

Mientras avanzaban las conversaciones, cumplí mi palabra. Me marché de Nest. Me alejé de nuestro matrimonio. Dijeron que querían el divorcio, así que les di el divorcio.

Y meses después de haberme marchado, Google cambió de opinión. Otra vez.

Al final decidió no vender Nest.

De hecho, decidió que era mejor que Nest formara parte de Google en lugar de agruparla con las «otras apuestas» de Alphabet. Y reabsorbió Nest.

Era la estrategia del momento: unirse a Google, marcharse de Google y unirse a Google. Entretanto, el equipo de administración de Nest tuvo que dar la cara ante los empleados y prometerles que todo iría bien. Pero no se podía negar que el cambio de rumbo era doloroso para nuestros clientes, para el equipo y para sus familias. Los directores ejecutivos parecían despreciar totalmente a nuestros empleados y el trabajo que estaban haciendo.

Al final, cuando Google reabsorbió Nest, en 2018, siguieron adelante con las reducciones del 10-15 por ciento que yo había propuesto a finales de 2015. Reincorporarse a la nave nodriza también eliminó los costes generales de Alphabet, esos 150.000 dólares adicionales por cabeza y la miríada de impuestos y tarifas. De repente parecía que Nest volvía a ser una gran inversión.

No puedo explicarlo. Así como nunca supe sus verdaderas razones para vender Nest, nunca oí una explicación de por qué decidieron quedársela. Quizá el hecho de que Amazon estuviera interesada hizo que Larry se diera cuenta de que al fin y al cabo Nest era un activo valioso. Quizá todo fue un elaborado juego del gallina para hacerme cumplir y reducir costes. Quizá en realidad nunca tuvieron un plan, y todo sucedió por el capricho de algún ejecutivo. Te sorprendería con cuánta frecuencia es la razón que hay detrás de cambios importantes.

Se tiene esta visión de lo que es ser ejecutivo, director general o líder de una gran empresa. Se da por sentado que todos los que están en ese nivel tienen suficiente experiencia y conocimientos para que al menos parezca que saben lo que están haciendo. Se da por sentado que hay consideración, estrategia, pensamiento a largo plazo y acuerdos razonables sellados con firmes apretones de manos.

Pero unos días toca instituto, y otros guardería.

Así fue cuando me uní por primera vez al C-suite de Philips, cuando me convertí en vicepresidente de Apple, cuando fui director general de Nest y cuando entré en las filas de los ejecutivos de Google. Todos estos trabajos parecían absolutamente diferentes, pero en el fondo las responsabilidades eran las mismas. Se trataba menos de lo que hacías que de con quién lo hacías.

Como director general, dedicas casi todo tu tiempo a los problemas de las personas y la comunicación. Intentas avanzar por una enmarañada red de relaciones e intrigas profesionales, escuchar pero también no hacer caso de tu junta, mantener la filosofía de tu empresa, comprar empresas o vender la tuya y no perder el respeto de tus empleados mientras te esfuerzas por crear algo grande aunque ya apenas tienes tiempo para pensar en lo que estás creando.

Es un trabajo muy raro.

Si has ascendido a la cima de la montaña empresarial, estás congelado y sin oxígeno y te preguntas cuándo llegará el sherpa, aquí tienes algunas de las cosas que he aprendido.

6.1

Convertirse en director general

No hay nada como ser director general, y nada que te prepare para serlo, ni siquiera ser jefe de un gran equipo o división de una empresa y formar parte del C-suite. En estos cargos siempre hay alguien por encima de ti, pero la responsabilidad última es del director general. Y como director general, estableces la pauta de la empresa. Aunque cuentes con una junta, socios, inversores y empleados, en última instancia todos recurren a ti.

Las cosas a las que prestas atención y que te preocupan se convierten en las prioridades de la empresa. Los mejores directores generales empujan al equipo a luchar por la excelencia y después lo cuidan para asegurarse de que pueda conseguirla. Los malos directores generales solo se preocupan por mantener el statu quo.

En general, hay tres tipos de directores generales:

1. **Los directores generales niñeras** son administradores de la empresa y se centran en mantenerla segura y predecible. Suelen supervisar el crecimiento de los productos que heredaron y no asumen riesgos que puedan asustar a ejecutivos o accionistas. Esto conduce necesariamente al estancamiento y el deterioro de las empresas. La mayoría de los directores generales de empresas que cotizan en bolsa son niñeras.

2. **Los directores generales progenitores** empujan la empresa a crecer y evolucionar. Asumen grandes riesgos en busca de mayores beneficios. Los fundadores innovadores, como Elon Musk y Jeff Bezos, son siempre directores generales progenitores. Pero también es posible ser director general progenitor aunque no fundaras la empresa, como Jamie Dimon en JPMorgan Chase o Satya Nadella en Microsoft. Pat Gelsinger, que hace poco asumió este cargo en Intel, parece ser el primer director general progenitor de la empresa desde Andy Grove.

3. **Los directores generales incompetentes** suelen ser simplemente inexpertos o fundadores que no son aptos para dirigir una empresa en cuanto alcanza determinado tamaño. No están a la altura para ser niñeras o progenitores, así que la empresa sufre.

El trabajo consiste en preocuparte. En que te importe. Todo.

Recuerdo haber ido una vez a la fábrica de Aston Martin para reunirme con el director general. Eran las nueve de la mañana y llovía a cántaros mientras cruzábamos el aparcamiento. En un momento tuvimos que detener el coche porque un tipo con un impermeable amarillo brillante y botas de agua se cruzó en nuestro camino. Cuando llegamos a la reunión, entra el tipo de las botas de agua. Era el director general. Andy Palmer había recorrido a pie el aparcamiento para revisar personalmente los coches que estaban en malas condiciones.

El director general marca la pauta de la empresa. Todos los equipos miran al director general y al equipo ejecutivo para ver qué es más importante y a qué deben prestar atención. Así que Andy se lo mostraba. Salía bajo la lluvia y miraba los motores, la tapicería, los salpicaderos, los tubos de escape, todo. Rechazaba todo coche que no estuviera perfecto.

Si un director no presta atención a los clientes, si los objetivos comerciales y las hojas de cálculo llenas de números para los accionistas son prioritarios frente a los objetivos del cliente, es fácil que toda la organización olvide lo que es más importante.

Así que Andy mostraba a todo el personal de su empresa dónde debería colocar sus prioridades. No le importaba lo que costara alcanzar la perfección ni cuántas veces hubiera que reequipar y revisar los coches. Lo importante era entregar exactamente lo que los clientes esperaban. Incluso más.

Si quieres crear una gran empresa, debes esperar la excelencia de cada parte de ella. El resultado de todo equipo puede beneficiar o perjudicar la experiencia del cliente, así que todos ellos deben ser una prioridad. (Véase también el capítulo 3.1, «Hacer tangible lo intangible»).

No puedes descartar ninguna función como secundaria, en la que aceptes con indiferencia la mediocridad porque en realidad no importa.

Todo importa.

Y no se trata solo de ti.

Si tus expectativas son que todos hagan su trabajo lo mejor posible, si miras los artículos de información al cliente que se publicarán en tu sitio web con el mismo ojo crítico que el departamento de ingeniería o de diseño, los redactores técnicos de esos artículos sentirán la presión, se quejarán y protestarán, se estresarán y después escribirán los artículos más increíbles de su vida.

No es un ejemplo hipotético. En Nest leía casi todos los artículos importantes de información al cliente de todos nuestros productos. Esos artículos eran lo primero que veía un cliente que tenía problemas. Este cliente estaría frustrado y enfadado, casi enfurecido. Pero una experiencia espectacular con el departamento de atención al cliente podría convertir instantáneamente su frustración en un momento de placer, en un cliente que se quedara con nosotros para siempre. No podía pasar por alto la importancia de ese momento porque «solo» fuera atención al cliente. Así que leía los artículos. Y los criticaba. De hecho, mediante este proceso aprendí cosas sobre la experiencia del producto que no sabía, y que no me gustaban, y trabajé para solucionarlas.

Y leía estos artículos con los equipos de atención al cliente e ingeniería a mi lado. Quería que todos cuestionáramos el contenido para asegurarnos de que nuestro sitio de atención al cliente fuera tan claro y fácil de entender como nuestros materiales de marketing y ventas. Con mi actitud les mostraba que lo que hacían era importante. Y cuando volvían con una nueva versión, también la leía. Y la rompía hasta que todo artículo contaba una historia. Hasta que no se limitaba a lanzar instrucciones confusas, sino que orientaba con amabilidad a los clientes para que las entendieran.

Cuando de verdad te preocupas y te importa, no te rindes hasta que estás satisfecho y descartas las cosas hasta que son muy buenas.

Tu equipo te entregará algo en lo que ha trabajado incansablemente durante semanas, en lo que ha pensado, de lo que está orgulloso y que será bueno en un 90 por ciento. Les dirás que vuelvan al trabajo y lo mejoren. Tu equipo se quedará en shock, aturdido y puede que incluso desanimado. Te dirán que ya es bastante bueno y que han trabajado muy duro.

Les dirás que bastante bueno no basta. Así que saldrán por la puerta y volverán a hacerlo. Y si es necesario, otra vez. Puede que se enreden tanto que sea más sencillo empezar de cero. Pero con cada repetición, cada nueva versión, cada reorganización y cada reinvención, descubrirán algo nuevo. Algo genial. Algo mejor.

Casi todo el mundo se queda contento con algo bueno al 90 por ciento. Casi todos los directores se apiadarán de sus equipos y lo dejarán correr. Pero pasar del 90 al 95 por ciento es avanzar la mitad del camino hasta la perfección. Hacer bien la última parte del recorrido es la única manera de llegar a tu destino.

Así que presionas. Al equipo y a ti mismo. Presionas para que descubran lo geniales que pueden ser. Presionas hasta que ellos empiezan a presionar también. En estos momentos, es preferible pecar por exceso. Sigue presionando hasta que descubras que lo que pides es imposible o exigiría demasiado trabajo. Llega al punto del dolor para que empieces a ver cuándo el dolor es real. Ahí es cuando retrocedes y buscas un nuevo término medio.

No es fácil. Pero esta atención, este cuidado y la búsqueda de la perfección elevarán los estándares del equipo. Lo que esperan de sí mismos. Después de un tiempo, trabajarán muy duro no solo para tenerte contento, sino también porque saben lo orgullosos que se sienten cuando hacen un trabajo de primera clase. La filosofía de la empresa evolucionará y todos esperarán la excelencia de los demás.

Así que tu trabajo es preocuparte.

Porque eres la cima de la pirámide. Tus intereses y tu pasión se filtran hacia abajo. Si no te importa una mierda el marketing, tendrás un marketing de mierda. Si no te importa el diseño, tendrás diseñadores a los que tampoco les importe.

Así que no te preocupes por elegir tus batallas. No te estrujes el cerebro intentando decidir qué partes de tu empresa necesitan tu atención y cuáles no. Todas la necesitan. Puedes priorizar, pero no dejes nada fuera de la lista. Evitar o pasar por alto cualquier parte de tu empresa solo sirve para que vuelva a atormentarte tarde o temprano.

En Nest me reunía con los equipos de productos y marketing cada dos semanas, y con el servicio de atención al cliente cada mes, y me reunía con todos los equipos de la empresa al menos dos veces al año. Aunque crearas herramientas de software internas para recursos humanos u operaciones, al final te llamaría para que me mostraras tu estrategia. Yo vería la presentación y después profundizaría: ¿Tenemos el soporte informático adecuado para hacerlo? ¿Cómo piensas solucionar este problema? ¿Cómo pueden ayudar otras personas del equipo? ¿Cómo puedo ayudar yo?

No importaba que el equipo creara herramientas internas que los clientes nunca verían. La empresa dependía de esas herramientas, y había que tratar tan bien a los clientes internos como a los externos. Así que los escuchaba, les prestaba toda mi atención —no mires el móvil ni el ordenador— y los ayudaba a superar los obstáculos. A menudo no se necesita más.

Y si no eres experto en herramientas de software internas, relaciones públicas, análisis, crecimiento o lo que necesite tu opinión, si no estás seguro de qué es muy bueno y qué está solo bien, pregunta. Me encanta hacer preguntas tontas y obvias, o preguntas desde la perspectiva del cliente, normalmente tres o cuatro. Estas preguntas llegarán a la raíz de lo que quieres entender, y después puedes profundizar más. Y si no basta, llama a los expertos. Reúne a personas con experiencia de tu equipo (o a veces de fuera) que puedan confirmar tus sospechas o guiarte en la dirección correcta hasta que aprendas lo suficiente como para confiar en tu instinto.

No tienes que ser experto en todo. Solo tienes que preocuparte.

No importa tu estilo de dirección ni qué tipo de persona seas. Si quieres ser un gran director, debes seguir esta regla fundamental.

Los demás puntos en común de los directores con éxito son igual de sencillos:

- Responsabilizan a las personas (y a ellos mismos) y buscan resultados.
- Son prácticos, pero hasta cierto punto. Saben cuándo retroceder y delegar.
- No pierden de vista la visión a largo plazo sin dejar de estar atentos a los detalles.
- Siempre están aprendiendo y siempre se interesan por nuevas oportunidades, nuevas tecnologías y tendencias y nuevas personas. Y lo hacen porque se comprometen y son curiosos, no porque estas cosas puedan acabar haciéndoles ganar dinero.

- Si la cagan, lo admiten y asumen sus errores.
- No les da miedo tomar decisiones difíciles, incluso sabiendo que el personal se molestará y se enfadará.
- Se conocen a sí mismos (en su mayoría). Tienen una visión clara tanto de sus fortalezas como de sus desafíos.
- Saben diferenciar entre una decisión basada en opiniones y una decisión basada en datos, y actúan en consecuencia. (Véase también el capítulo 2.2, «Datos frente a opinión»).
- Se dan cuenta de que nada debería ser suyo, aunque sean los fundadores. Todo tiene que ser del equipo. De la empresa. Saben que su trabajo es celebrar con alegría los éxitos de los demás, asegurarse de que se les reconozcan y quedarse con poco para sí mismos.
- Escuchan. A su equipo, a sus clientes, a su junta y a sus mentores. Prestan atención a las opiniones y pensamientos de las personas que los rodean y ajustan sus puntos de vista cuando reciben nueva información de fuentes en las que confían.

Los grandes dirigentes reconocen buenas ideas aunque no sean suyas. Saben que buenas ideas hay en todas partes. En todas las personas.

A veces se olvida. Algunos creen firmemente que si ellos no han pensado en algo, no merece la pena. Este egocentrismo también puede extenderse mucho más allá de los individuos. Muchos directores generales se involucran tanto en su empresa que descartan a la competencia. Si no se ha inventado aquí, no puede ser bueno.

Es la forma de pensar que mata las empresas, que derrumbó Nokia y que derribó Kodak. Seguramente era lo que Steve Jobs tenía en mente cuando se negó a reunirse con Andy Rubin.

Yo conocía a Andy, el fundador de Android, desde que trabajamos juntos en General Magic. Y en la primavera de 2005 le llegaron rumores de que Apple estaba trabajando en un teléfono. Así que me llamó. Se preguntaba si Apple podría estar interesada en invertir o en comprar Android, su último proyecto para crear software de teléfono de código abierto.

Me dirigí a Steve. Le indiqué que era un equipo eficiente y con una gran tecnología. Podríamos utilizar su tecnología para impulsar el iPhone y a la vez eliminar a un posible gran competidor futuro.

Como era propio de él, Steve Jobs me contestó: «A la mierda. Lo haremos nosotros mismos. No necesitamos ayuda».

Sin duda, parte de la reacción de Steve respondía a la confidencialidad, pero la otra parte era el síndrome de «No se ha inventado aquí».

Pero conocía a Andy y la amenaza que podría representar su proyecto, así que volví a sacar el tema dos semanas después delante de ejecutivos de Apple y directores de desarrollo del iPhone. Steve no quería oír hablar del tema. Una semana después envié un correo electrónico a Andy y no recibí respuesta. Y un mes después vimos el anuncio de que Google había comprado Android.

Es difícil imaginar lo que podría haber pasado si Steve se hubiera reunido una sola vez con Andy para entender su estrategia, y mucho menos si hubiera comprado su empresa. ¿Cómo habría cambiado el mundo? ¿Cómo habría cambiado Apple?

Pensar que las grandes ideas solo pueden ser tuyas, que solo tú puedes atesorarlas, es un veneno y una idiotez. Un desperdicio.

Un director general tiene que reconocer las ideas fantásticas, vengan de donde vengan. Pero Apple era el bebé de Steve, y todos los demás bebés del mundo eran más feos y tontos que el suyo.

El otro día leí un estudio que decía que los patrones cerebrales de los empresarios que piensan en sus nuevas empresas son muy similares a los de los padres que piensan en sus hijos. (Véase también Bibliografía: «Why and how do founding entrepreneurs bond with their ventures?»). Eres un progenitor de este negocio, literalmente. Lo quieres como si le hubieras dado la vida, como si fuera parte de ti.

Y a veces el amor a tu hijo te impide ver sus defectos o la brillantez de otras formas de hacer las cosas, de otras formas de pensar.

Por otro lado, ese amor que absorbe toda tu atención puede ayudarte a impulsar tu empresa.

Como progenitor, nunca dejas de preocuparte por tu hijo, de hacer planes para él, de empujarlo a que haga las cosas mejor y a que sea mejor. El trabajo de un progenitor no es ser amigo de sus hijos todo el tiempo, sino convertirlos en seres humanos independientes y reflexivos que algún día estarán listos y podrán prosperar en el mundo sin sus padres.

Los niños a menudo se molestan con ellos por eso. Gritan, dan portazos, lloran de angustia cuando les obligas a apagar la tele, hacer los deberes o buscar trabajo. Pero no puedes ser un buen progenitor si te preocupa que tu hijo se enfade contigo.

A veces no gustarás a tu hijo.

A veces tampoco a tus empleados. A veces no les gustará tu valentía.

Recuerdo que entraba en las reuniones y todos ponían los ojos en blanco y suspiraban. Lo veía en sus caras: «Oh, mierda, ya estamos otra vez». Sabían que iba a seguir insistiendo en algo en concreto que todos estaban hartos y cansados de escuchar. Ese algo que ya era excelente en un 90 por ciento y que daría mucho trabajo cambiar, demasiado trabajo, pero que yo sabía que era lo correcto para nuestros clientes.

Tener a veinte personas mirándote así no es una sensación agradable. Como si estuvieras siendo ridículo y poco razonable. Como si lo que quieres fuera imposible.

Así miramos a Steve Jobs cuando nos dijo, cinco meses antes de que venciera el plazo de entrega del primer iPhone, que la cara frontal que cubría la pantalla debía ser de vidrio, no de plástico. La cara frontal es la parte más importante del hardware, porque es la superficie que se toca constantemente.

Se dio cuenta de que el plástico no funcionaría. Si queríamos que fuera genial, tendría que ser de vidrio. Aunque no teníamos ni idea de cómo hacerlo. Aunque sabía que todos tendríamos que trabajar sin descanso hasta conseguirlo, sacrificando el tiempo que dedicábamos a nuestras familias, nuestros planes y los días de fiesta.

Pero Steve era un director general progenitor. Un padre insistente. Una madre tigre. Sabía que si seguíamos empujando juntos, lo resolveríamos. Los sacrificios valdrían la pena.

Y tenía razón. Esta vez. Pero no todas las veces. Steve se arriesgó mucho, tomó malas decisiones y lanzó productos que no funcionaron: el Apple III original, el teléfono Motorola ROKR iTunes, el Power Mac G4 Cube, y la lista continúa. Pero si no fracasas, no te esfuerzas lo suficiente. Aprendía de las cagadas, mejoraba constantemente, y sus buenas ideas, sus éxitos, borraron sus fracasos. Presionaba en todo momento a la empresa para que aprendiera y probara cosas nuevas.

Así se ganó el respeto del equipo. Incluso cuando el producto daba un giro, a todos nos caía encima gran cantidad de trabajo extra y sabíamos que Steve no retrasaría el calendario ni un milisegundo. Nos volvía locos, pero el equipo respetaba su dedicación para hacerlo bien.

En este trabajo siempre es más importante que te respeten que caer bien.

No puedes complacer a todos. Intentarlo puede ser una ruina.

Los directores generales deben tomar decisiones tremendamente impopulares: despedir a empleados, cancelar proyectos y reorganizar equipos. A menudo tendrás que tomar medidas decisivas y hacer daño a personas para salvar la empresa, para extirpar un cáncer. No puedes omitir la cirugía por no molestar al «equipo tumor».

Retrasar las decisiones difíciles, esperar que los problemas se resuelvan solos o mantener en el equipo a personas agradables pero incompetentes puede hacer que te sientas mejor. Puede darte la ilusión de que eres amable. Pero socava la empresa poco a poco y erosiona el respeto que el equipo siente por ti.

Te convierte en una niñera. Y a los niños les puede caer bien la niñera al principio. Es agradable ir al parque, ver películas y comer pizza. Durante un tiempo es divertido. Pero al final los niños quieren ir más allá y hacer más cosas. Quieren ir en skateboard. Quieren explorar. Así que pueden empezar a poner a prueba sus límites para ver en qué pueden salirse con la suya. Pueden poner los ojos en blanco cuando la niñera les dice lo que tienen que hacer. Porque las niñeras no son madres. Todos los niños necesitan a alguien a quien respeten y que los conozca de verdad. Que les dé un empujón en el momento adecuado y que les ayude a crecer.

Y necesitan a alguien en quien puedan proyectar sus esperanzas y aspiraciones.

En el pasado, en aquellos días brumosos en que todavía no podíamos buscar en Google todo sobre todos, es lo que sucedía con los dirigentes. Era una de las cosas que les permitían tener éxito. Las personas creían, confiaban y seguían una versión idealizada de Lincoln, Churchill, Edison y Carnegie.

Cuando tu equipo sabe demasiado de ti como persona, no solo como director general, empieza a diseccionar tu vida personal para intentar entender tus decisiones. Tus motivaciones. Tu forma de pensar. Y es no solo una pérdida de tiempo que distrae, sino también contraproducente. Cuando explicas por qué haces algo, debe tratarse de los clientes, no de ti.

Así que es aconsejable estar solo y no permitir que nadie en el trabajo se acerque demasiado. Aunque te gustaría tomar una copa con tu equipo como solías.

Es un tópico decir «En la cima estás solo». Pero también es cierto.

Casi todo el mundo da por sentado que ser director general es un trabajo duro, estresante y con grandes presiones. Pero el estrés es una cosa, y el aislamiento otra. Puede que cuentes con un cofundador, pero no deberías tener otro director general. Es trabajo de una sola persona, y ahí arriba estás solo.

Y el hecho de que estés al cargo no significa que tengas el control. Planificas tu día, piensas que al final vas a tener algo de tiempo para hablar con el personal, mirar el producto y reunirte con los ingenieros. Entonces tu día desaparece. Siempre hay una nueva crisis, un nuevo problema con alguien, una persona que se marcha, que se queja o que se desmorona.

Y nunca sabes si estás haciéndolo bien. Cuando eres un empleado, normalmente puedes mirar algo que has hecho esa semana y estar orgulloso. Cuando eres gerente, puedes mirar el logro colectivo de tu equipo, sentir que lo habéis conseguido y estar orgulloso. Cuando eres director general, sueñas que quizá dentro de diez años alguien pensará que hiciste un buen trabajo. Pero nunca sabes cómo te va en este momento. Nunca puedes relajarte y mirar un trabajo bien hecho.

Este trabajo puede dejarte seco si lo permites.

También puede ser una de las experiencias más liberadoras de tu vida.

Desde niño intentaba convencer a los demás de que siguieran mis locas ideas. Dedicaba mucho tiempo, energía y emoción intentando que hicieran las cosas de manera diferente. Cuanto más loca era la idea, más a contracorriente, más tiempo y más duro tenía que luchar por ella.

Y muy a menudo la respuesta que recibía era no. No. Ahora no. Mucho antes de que Apple entrara en el juego, presenté la idea para uno de los primeros reproductores de MP3 tipo iPod a RealNetworks, Swatch y Palm. Todas lo rechazaron. No. No. Quizá lo consideremos el trimestre que viene. Quizá el año que viene.

Pero cuando eres director general, tú decides. Estás limitado por el dinero, los recursos o tu junta, claro, pero por primera vez tus ideas no tienen límites. Por fin puedes poner a prueba las cosas que otros te dijeron que no se podían hacer. Es tu oportunidad de pasar del dicho al hecho.

Esta libertad es emocionante, fortalecedora y absolutamente aterradora. No hay nada más aterrador que conseguir por fin lo que quieres y tener que asumir la responsabilidad, para bien o para mal. Y las tornas empiezan a cambiar. Como director general, no puedes decir «sí» a todo. Tienes que convertirte en el que dice «no». La libertad es una espada de doble filo.

Pero no deja de ser una espada. Puedes utilizarla para acabar con las gilipolleces, las dudas, la burocracia y la costumbre. Puedes utilizarla para crear lo que quieras. El camino correcto. A tu manera.

Puedes cambiar las cosas.

Por eso creas una empresa. Por eso te conviertes en director general.

6.2

La junta

Todo el mundo necesita un jefe al que rendir cuentas y coaches que puedan ayudar en tiempos difíciles, incluso los directores generales. Sobre todo los directores generales. Por eso las empresas tienen una junta directiva, que normalmente llamamos solo «la junta», cuyos miembros dirigen la empresa.

La responsabilidad principal de una junta es contratar y despedir al director general. Es su forma de proteger la empresa y su único trabajo que de verdad cuenta. Lo demás se reduce a dar buenos consejos y hacer comentarios respetuosos que, con suerte, orienten al director general en la dirección correcta.

En última instancia, el director general es el responsable de dirigir la empresa. Pero los directores generales deben demostrar a la junta que están haciendo un buen trabajo o corren el riesgo de que los despidan. Por eso las reuniones de la junta son tan importantes, y por eso es fundamental entender el tema y prepararlo a fondo de antemano. Los mejores directores generales siempre saben el resultado de las reuniones de la junta antes de cruzar la puerta.

Los malos directores generales asisten a las reuniones de la junta y esperan que la junta los ayude a tomar decisiones.

Los buenos directores generales llegan con una presentación en la que cuentan dónde estaba la empresa, dónde está ahora y hacia dónde se dirige este trimestre y en los próximos años. Cuentan a la junta lo que funciona, pero también son transparentes sobre lo que no funciona y cómo lo están abordando. Presentan un plan completo que la junta puede poner en cuestión, objetar o intentar modificar. Las discusiones pueden ser algo acaloradas y tensas, pero al final todos salen de la reunión entendiendo y aceptando la visión del director general y el camino que debe seguir la empresa.

Luego están los grandes directores generales. Con los grandes directores generales, la reunión va como la seda.

Ver a Steve Jobs en una reunión de la junta directiva de Apple era como ver a un director de orquesta. No había confusiones ni conflictos. Los miembros de la junta ya sabían buena parte de lo que iba a decir, así que se limitaban a sonreír y a asentir. De vez en cuando alguien iniciaba una discusión sobre «qué pasaría si», y Steve lo dejaba divagar un par de minutos y después decía: «Hablemos de esto fuera de la reunión. Todavía nos queda mucho por tratar», y todos se quedaban en silencio. Después, haciendo gala de su gran estilo, Steve comentaba algo divertido y emocionante para sorprender a la junta: un nuevo prototipo o una demostración nunca vista. Todos salían de la sala contentos y seguros de que Steve dirigía Apple en la dirección correcta.

Bill Campbell me ayudó a entender cómo lo hacía. Bill siempre decía que si algún tema podía resultar sorprendente o controvertido, el director general debía dirigirse a cada miembro de la junta, uno por uno, para explicárselo antes de la reunión. Eso les permitía hacer preguntas y ofrecer diferentes perspectivas, y después el director general tenía tiempo de trasladar esos pensamientos al equipo y revisar sus ideas, su presentación y su plan.

En las reuniones de la junta solo debe haber sorpresas buenas. ¡Hemos superado nuestras cifras! ¡Nos hemos adelantado a la fecha prevista! ¡Mirad esta estupenda demostración! Todo lo demás debe saberse de antemano. Es mejor no debatir nuevos elementos de discusión en la sala de juntas. Nunca hay tiempo para tratarlos con detalle y llegar a una resolución. Nunca va a ninguna parte.

Esto es especialmente cierto en el caso de juntas de empresas que cotizan en bolsa. Se debe sobre todo a su gran tamaño —pueden tener más de quince miembros, lo que hace casi imposible que el debate sea productivo—, pero también a la burocracia y las leyes que las rodean. Las juntas de estas empresas dan mucho más trabajo tanto a los miembros como a los ejecutivos, y son infinitamente más complicadas que las de las empresas privadas. Puede haber hasta diez reuniones de comité adicionales por cada reunión de la junta, así que en total puede llevar días.

(Si un banquero intenta convencerte de que salir a bolsa no es gran cosa y que no cambiará radicalmente a qué dedicas tu tiempo, no le hagas caso. Es solo la punta del iceberg).

Las reuniones de junta de las empresas privadas son más cortas, normalmente más tranquilas y más centradas en el trabajo y la tutoría. Suelen durar de dos a cuatro horas, a veces cinco. Son menos funcionales y menos formales. Es de esperar que no haya comités en los primeros años de tu empresa, y solo uno o dos (como una auditoría para supervisar tus datos financieros) cuando estés en la etapa de crecimiento.

Lo mejor de las juntas privadas es que puedes mantener su reducido tamaño. Lo ideal es que estén formadas por de tres a cinco miembros. Puedes tener a un inversor, un interno y un externo con la experiencia concreta que necesitas.

Pero también debes recordar que, aunque la junta sea reducida, la reunión no lo es. En la sala hay el doble de personas de lo que cabría esperar. Además del director general y los miembros de la junta, hay un abogado, observadores formales con alguna participación en la empresa y asistentes informales, como miembros de tu equipo ejecutivo.

Antes de lanzar tu primer producto, normalmente antes de que genere ingresos, las reuniones son bastante sencillas. Revisas cualquier cosa urgente que necesite la aprobación de la junta y después te centras en tu avance inmediato para construir el producto. ¿Cómo vamos de plazos? ¿Estamos gastando el dinero que teníamos presupuestado? Todo se reduce a lo que sucede internamente y si vas en camino de cumplir tus objetivos.

Después del lanzamiento de tu producto y, con suerte, con la entrada de ingresos, las reuniones de la junta se centrarán más en los datos y en lo que sucede externamente: qué hace la competencia, qué piden los clientes, cómo atraemos y mantenemos a los clientes y qué tipo de asociaciones has establecido. Y como siempre cuando presentas números, se vuelve mucho más importante elaborar un relato. Tienes que contar una historia. (Véase también el capítulo 3.2, «Por qué contar historias»). Tu junta no está en la empresa todos los días como tú. No puede entender de inmediato los matices o lo que realmente significan los números si no le das el contexto.

Saber ayudar a la junta a entender exactamente lo que está sucediendo también es bueno para el director general. Cuanto mejor expliques algo, más lo entenderás. Enseñar es la mejor prueba de lo que sabes. Si te cuesta explicar lo que estás creando y por qué, si presentas un informe sin terminar de entenderlo, si la junta te hace preguntas a las que no puedes responder, no has interiorizado lo que de verdad sucede en tu empresa.

Ahí es donde podrías tener un problema.

No sucede con mucha frecuencia, pero a veces una junta hace su trabajo más importante y menos agradable: despedir al director general. En general se debe a que el director general se equivoca, es incapaz o incompetente, o establece una agenda que llevará a la ruina. O, a veces, un fundador primerizo ha hecho un gran trabajo hasta ese momento, pero la empresa necesita a alguien con diferentes conocimientos y habilidades para llevarla al siguiente nivel.

Pero a veces el problema no es el director general, sino la junta. La famosa frase de Tolstói «Todas las familias felices se parecen, pero cada familia infeliz lo es a su manera» se aplica también a las juntas. Las juntas felices, funcionales y eficaces son relativamente pequeñas y están formadas por directores experimentados que han creado empresas, que se consideran mentores y coaches, y que de verdad hacen el trabajo. Te ayudan a reclutar, conseguir financiación, ampliar tu experiencia, afinar tu negocio y la estrategia del producto, estar atento a las minas terrestres y decírtelo directamente cuando estés a punto de pisar una.

Juntas malas hay de todas formas y tamaños, y la cagan de un millón de maneras diferentes. Pero en general se dividen en tres categorías:

1. **Las juntas indiferentes** tienen lugar cuando la mayoría de los miembros no se compromete. A veces un inversor forma parte de varias juntas diferentes, tiene una mentalidad de «a veces se gana, y otras se pierde», y ya ha colocado tu empresa en la columna de pérdidas. A veces los miembros de la junta están motivados por razones equivocadas, quieren su paga y no les importa la empresa ni su misión. A veces ven problemas obvios con el director general, pero no quieren trabajar para eliminarlos. Porque exige trabajo, trámites y problemas emocionales, después buscar a un sustituto, las entrevistas, los quebraderos de cabeza, las transiciones internas, la prensa y las crisis en la filosofía. Dicen: «No está tan mal, ¿verdad?», y todos sufren con el statu quo porque nadie tiene ganas de intervenir para solucionarlo.

2. **Las juntas dictatoriales** son todo lo contrario. Se involucran y controlan demasiado. Sujetan las riendas con tanta fuerza que el director general no tiene libertad para dirigir con independencia. Muchas veces la junta incluye a un fundador anterior

(o dos o tres) que quiere seguir controlando. Así que el director general acaba comportándose como un jefe de operaciones: recibe órdenes, cumple solicitudes, mantiene los trenes en funcionamiento, pero no tiene demasiado que decir respecto de adónde van.

3. **Las juntas sin experiencia** están formadas por personas que no conocen el negocio, no saben cómo es una buena junta o un buen director general, y son incapaces de hacer preguntas difíciles al director general, por no hablar de destituirlo. A estas juntas les asusta actuar con decisión. A los inversores les preocupa que si desafían al director general no puedan invertir en la siguiente ronda de financiación, adquieran fama de despedir a los fundadores y otras empresas no quieran trabajar con ellos.

Normalmente las empresas con juntas sin experiencia siempre se quedan sin dinero. Nunca alcanzan sus objetivos trimestrales y siempre culpan a «problemas del mercado» en lugar de al director general o a sí mismos. No saben cómo atraer nuevos talentos y nueva experiencia, y se limitan a sonreír y asentir mientras se hunden.

Pero incluso cuando una junta no es excelente, cuando presiona demasiado o no lo suficiente o cuando toma la decisión equivocada, es una parte necesaria de la infraestructura de toda empresa. Tiene que existir.

Una de las partes más dolorosas de la adquisición de Nest por parte de Google fue perder nuestra junta. En Nest teníamos una junta increíble, estructurada e informada, operativa y activa. Podíamos ir a la junta y llegar a un acuerdo firme sobre una estrategia y un plan claros: Sí, vamos a hacerlo, me pondré en contacto contigo en una semana con los próximos pasos.

Cuando nos compraron, nuestra querida junta se disolvió y la sustituyó... nadie. Se suponía que íbamos a tener una junta de gobierno formada por varios ejecutivos de Google, pero reprogramaban constantemente nuestras reuniones o apenas asistían. Proponíamos un camino a seguir y todos decían: «Sí, bueno, pensémoslo un poco más». Se le daba una patada hasta la siguiente reunión, a la que nadie asistía, y nos quedábamos de brazos cruzados.

Se podría decir: «¿Y cuál es el problema? Si la junta no te orienta, hazlo tú mismo. Eres el director general».

Pero no es esa la solución. Incluso los directores generales más increíbles del mundo necesitan una junta. No las reuniones necesariamente, sino los consejos de personas inteligentes, comprometidas y experimentadas. Incluso grandes proyectos de una empresa deben tener una minijunta, un grupo de ejecutivos útiles que trabajen para orientar a un gestor de proyectos e intervenir si las cosas van mal.

Una vez vi una empresa en su etapa inicial con una junta de cinco personas en la que el director general controlaba cuatro asientos. Colocaba a empleados y amigos ajenos a la empresa en todos los puestos disponibles, y si alguien votaba de una manera que no le gustaba, lo echaba. El único miembro de la junta sensato era totalmente inútil.

El director general tenía total libertad para seguir su visión, para hacer las cosas como quería y para crear el producto de sus sueños. Hasta que menospreciaron a su equipo, gritaron a los clientes y hundieron el negocio.

Se perdieron millones y muchas personas se marcharon, pero lo más doloroso fue la estúpida pérdida de tiempo y recursos. El conflicto innecesario.

Ni siquiera el mejor director general puede estar solo, ser intocable, indiscutible y no tener que responder ante nadie. Todos deben informar a alguien, aunque sea una junta de dos personas con la que se reúnen durante una hora cada pocos meses.

Siempre tiene que haber alguna válvula para liberar presión. Siempre tiene que haber alguien que pueda negar con la cabeza y decirte las cosas directamente.

Y si lo haces bien, nunca deberías ser víctima de tu junta. Como director general, ayudas a darle forma. Las juntas siempre cambian según el director ejecutivo. La junta con Steve Jobs era diferente de la que estaba con Tim Cook. Las juntas complementan las fortalezas de un director general, y no hay dos directores generales iguales.

Así que cuando elijas a los miembros de tu junta, estos son los tipos de personas que debes considerar:

1. **Cristales semilla:** Así como necesitas cristales semilla para que tu equipo crezca, quieres a alguien en la junta que conozca a todos, lo haya hecho antes y pueda sugerir a otras personas increíbles que añadir a la junta o a tu empresa. (Véase también el capítulo 4.2, «¿Estás listo?»: «Cristales semilla»). Un cristal semilla señala lo que falta en tu junta y te dice a quién llamar, o los llama por ti. Nuestro cristal semilla para la junta de Nest fue Randy Komisar, el primero en sugerir que trajéramos a Bill Campbell. Y a él acudíamos si necesitábamos ayuda para conseguir a un candidato perfecto.

2. **Un presidente:** No es obligatorio, pero puede ser útil. Un presidente establece la agenda, dirige las reuniones e intenta controlar a los que no cooperan. A veces el director general es el presidente, a veces lo es otro miembro de la junta y a veces no hay presidente. He visto funcionar las tres versiones. Pero lo que funcionaba mejor para la junta de Nest era tener a Randy Komisar como nuestro presidente no oficial. En lugar de tener que hablar yo personalmente con cada uno de los miembros de la junta, Randy hablaba con ellos, negociaba previamente y presentaba la opinión del grupo. También entrevistaba a ejecutivos para Nest y ayudaba a completar la lista de ejecutivos. El presidente es la relación más cercana del director general en la junta, un mentor y un socio. Ayuda al director general a resolver sus problemas con otros miembros de la junta o interviene

cuando el negocio se complica y el equipo se asusta. Asistirá a las reuniones de empleados y les dará la perspectiva de la junta sobre cómo va la empresa. Dirá: «La directora general no irá a ninguna parte. Está haciendo un gran trabajo». O: «A la junta no le preocupan las últimas ventas, y a vosotros tampoco deberían importaros. Estamos impacientes por volver a invertir». O a veces: «Sí, esta persona se ha marchado, pero no hay problema. Este es el plan que apoya la junta».

3. **Los inversores adecuados:** Cuando seleccionas a inversores, también seleccionas a uno o dos de ellos para que sean miembros de la junta. Así que no quieres a inversores que solo piensen en números y signos de dólar y que no entiendan el duro trabajo de la creación. (Véase también el capítulo 4.3, «Casarse por dinero»). Busca a inversores que tengan experiencia en tu trabajo y entiendan lo difícil que es hacerlo bien. Busca a seres humanos con los que te encantaría cenar. Si tienes una empresa lo bastante interesante, puedes hablar con tus inversores previamente y seleccionar a la persona que la empresa incluirá en tu junta. A veces los directores generales no aceptan el trato de inversión de más alto valor para asegurarse que conseguirán a un mejor miembro de la junta.

4. **Operadores:** Son personas que han estado en tu puesto antes y conocen la montaña rusa de crear una empresa. Cuando los miembros de la junta de inversores empiezan a machacarte por no alcanzar tus cifras, los miembros de la junta operadores pueden intervenir y explicar la realidad de la situación. Pueden contar que nunca sale nada como se ha planeado. Después pueden ayudarte a forjar un nuevo plan con nuevas técnicas y nuevas herramientas.

5. **Experiencia:** A veces necesitarás a alguien que entienda profundamente algo muy concreto —patentes, ventas B2B, fabricación de aluminio o lo que sea—, pero esa persona tiene

demasiada experiencia o está demasiado arraigada en su proyecto actual para aceptar un trabajo en tu empresa. Así que la única forma de conseguirla es con un puesto en tu junta. Cuando Apple pensaba en entrar en el comercio minorista por primera vez, ni Steve Jobs ni nadie de la junta sabía cómo hacerlo. Así que llamaron a Mickey Drexler, el director general de GAP. Mickey fue quien les dijo que consiguieran un hangar para aviones y crearan varios prototipos completos de diseños de tiendas diferentes y después los recorrieran en persona como haría un cliente antes de decidir cuál llevar al público. (Véase también el capítulo 3.1, «Hacer tangible lo intangible»).

Los mejores miembros de la junta son ante todo mentores. Pueden ofrecer consejos sólidos y útiles en momentos críticos de la vida de tu producto o en la tuya. Y dan tanto como toman. Disfrutan del proceso de estar en tu junta porque también aprenden algo.

Pero tienes que asegurarte de que no utilicen lo que aprenden en tu contra.

Cuando alguien se une a una junta, tiene la obligación legal de defender los intereses de la empresa a la que sirve. Se llama deber de diligencia y deber de lealtad. Normalmente los miembros de una junta se toman en serio este compromiso. Pero no siempre.

A veces se aprovechan de su posición. A veces es necesario expulsarlos. A veces es dramático.

Pero no es frecuente. Reorganizar una junta suele ser incómodo y complicado, pero no imposible. Verás que sucede cuando acabas de empezar como director general de una empresa y has heredado la junta, o si quieres añadir a un experto, pero no un puesto. La clave es hacerlo por etapas y con límites de tiempo establecidos. Primero traslada a un miembro de la junta a un papel de observador durante un par de trimestres, y después sustitúyelo por la persona que quieres que entre. Hacerlo bien exige tiempo y paciencia.

Y como siempre, incluso con presión, la avalancha de reuniones, las conversaciones individuales y la planificación, no puedes olvidarte de tu equipo. Las reuniones de la junta siempre son momentos de gran estrés para toda la empresa, porque todos quieren saber qué está pasando y empiezan a ponerse nerviosos por el resultado.

Así que no hagas que esperen, chismorreen y se retuerzan. En Nest la mayoría del equipo ejecutivo sabía exactamente lo que estaba pasando porque estaban en la sala de juntas conmigo, y siempre mostrábamos una versión redactada de la presentación de la junta a toda la empresa lo antes posible después de la reunión. Hemos hablado de esto, esto es lo que me preocupa, esto es lo que la junta ha preguntado y esto lo que haremos.

Esto mantenía a todos en sintonía y anulaba los rumores. Y si algo cambiaba, el personal podía empezar a trabajar en esos cambios de inmediato.

Cuando tienes una gran junta a la que respetas, las reuniones son un gran latido, casi externo, que centra a toda la empresa y te obliga a organizar tus pensamientos, tu programa y tu historia. (Véase también la figura 3.5.1 en el capítulo 3.5).

Merece la pena. Pero eso no reduce el trabajo. Para nadie.

Por eso Jeff Bezos me dijo una vez que nunca me uniera a la junta directiva de otra empresa. «Es una pérdida de tiempo —me dijo—. Solo voy a estar en la junta directiva de mi empresa y mi fundación. ¡Nada más!».

Pienso en él cada vez que rechazo un puesto en una junta.

Pero no los rechazo todos. Mi primer instinto siempre es «No», pero de vez en cuando, con poca frecuencia, ese duro «No» se convierte en un «No, a menos que…».

Si estás intentando cubrir los puestos y crear la mejor junta posible, recuerda que es una calle de doble sentido. La mayoría de los posibles candidatos tienen experiencia, están ocupados y están muy buscados, así que ofréceles un incentivo para que se unan a ti. Y no me refiero solo a acciones. Una de las mejores cosas de formar parte del consejo de administración de una empresa en ascenso es que puedes obtener una visión temprana del comportamiento del consumidor o de las nuevas tendencias o disrupciones. Toda persona que formó parte de la junta de Apple a principios de la década de 2000, por ejemplo, vio el iPhone antes de su lanzamiento y pudo planificar con anticipación cómo afectaría a su empresa.

Estos conocimientos son muy emocionantes para los posibles miembros de la junta y la razón principal por la que todo el mundo quiere formar parte de la junta de Apple. Otra razón es que les encanta Apple. Realmente quieren ayudar a que la empresa tenga éxito. Están dispuestos a dedicar tiempo y esfuerzo porque Apple es importante para ellos.

Pero ten en cuenta que las juntas de empresas que cotizan en bolsa son muy diferentes de las privadas. Formar parte de las primeras exige mucho más riesgo y trabajo, así que tendrás que ofrecer mayores beneficios para atraer a los miembros que necesitas. Sobre todo porque la mayoría de los miembros de tu junta, si no todos, seguramente dimitirán cuando la empresa salga a bolsa. Los accionistas pueden demandar a los miembros de la junta. Tienen que asistir a un sinfín de reuniones de comités para auditorías, compensaciones o dirección. Si las cosas salen mal, es posible que la prensa los machaque.

Por lo tanto, la resistencia para aceptar un puesto en la junta de una empresa que cotiza en bolsa es muy diferente que en una junta privada en etapa inicial.

Por otra parte, todo puesto en una junta ofrece cierto nivel de prestigio. Es bueno para el ego. Y para el bolsillo. Pero no te interesa que estos sean tus principales atractivos. Evita a las celebridades, a personas que forman parte de diez juntas o más, y a personas que solo buscan completar su currículo. Les resulta demasiado fácil marcharse, aburrirse, que todo les dé igual o poner sus intereses por delante de los de tu empresa.

Quieres miembros de la junta a los que de verdad les entusiasme lo que haces. Que estén impacientes por enterarse de lo que has hecho. Que no solo estén ahí para las reuniones, sino que estén contigo día tras día, ayudándote y buscando oportunidades para que tengas éxito. Quieres una junta que ame tu empresa. Y a los que tu empresa ame.

6.3

Comprar y que te compren

Cuando dos empresas totalmente formadas se fusionan, sus filosofías deben ser compatibles. Como en toda relación, en última instancia todo se reduce a cómo se llevan las personas, cuáles son sus objetivos, cuáles son sus prioridades y qué las vuelve locas. Entre el 50 y el 85 por ciento de todas las fusiones fracasan debido a desajustes en las filosofías.

Si una gran empresa adquiere un equipo pequeño —hasta doce personas—, el desajuste de filosofías es un problema mucho menor. Pero incluso en este caso, el equipo pequeño debe evaluar cuidadosamente cómo lo digerirá la organización más grande y tomarse su tiempo para entender la filosofía de la empresa a la que está a punto de unirse.

No me arrepiento de haber vendido Nest a Google. Nuestro equipo ejecutivo tampoco. Cuando nuestro antiguo equipo se reúne, siempre volvemos a este tema. Lo único que lamentamos es no haber podido terminar lo que empezamos. Pero tomamos la decisión de vender juntos, y todos la seguimos manteniendo.

Con los datos que teníamos en ese momento, volveríamos a hacerlo.

Sobre todo porque teníamos razón. Como preveíamos, en cuanto Nest dio vida a la idea del hogar conectado, los gigantes de Apple,

Amazon y Samsung quisieron una parte. Formaron equipos para competir con Google y Nest, y crearon sus productos, plataformas y ecosistemas para el hogar. Esquivamos una bala.

Y Google fue y sigue siendo una empresa increíble. Está llena de personas brillantes en todos los niveles. Ha cambiado el mundo muchas veces. La filosofía de Google les funciona, y por algo muchas personas nunca abandonan la nave nodriza.

Pero esa filosofía es posible y está impulsada por el hecho de que el negocio de búsqueda y publicidad de Google prácticamente imprime billetes. Incluso los trabajadores de Google lo llaman el «árbol del dinero». Ha convertido Google en un lugar de abundancia exuberante donde cualquiera puede hacer más o menos cualquier cosa, o a veces absolutamente nada. La empresa ha sido tan rentable durante tanto tiempo y han sufrido tan pocas amenazas comerciales que nunca se han visto obligados a hacer recortes o reducirse, nunca han pasado necesidad. No han tenido que luchar por nada en décadas. ¡Afortunados ellos!

Pero en Nest éramos luchadores. Nuestra filosofía nació a la manera de Apple, una filosofía que sobrevivió a múltiples experiencias cercanas a la muerte durante sus más de cuarenta años de existencia. Estábamos dispuestos a luchar por nuestra misión y nuestro lugar en la mesa, a luchar por mantener nuestra filosofía y nuestra manera de hacer las cosas.

Después, a las pocas horas de la adquisición, tuvimos que luchar por nuestros clientes. Cuando se enteraron de que Google iba a comprar Nest, a los clientes les asustó que les mostraran anuncios en los termostatos. Los periódicos gritaron que Google, en su insaciable deseo de datos, rastrearía a tu familia, tus mascotas y tu horario. Así que Google y Nest juntas lanzaron un comunicado de inmediato:

«Nest funciona de forma independiente del resto de Google, con un equipo de gestión, una marca y una filosofía independientes. Por ejemplo, Nest tiene un modelo comercial de pago, mientras que

Google generalmente ha tenido un modelo comercial apoyado en la publicidad. No tenemos nada en contra de los anuncios. Al fin y al cabo, Nest hace mucha publicidad. Pero no creemos que los anuncios sean adecuados para la experiencia del usuario de Nest».

Era lo mejor para nuestros clientes. Pero era justo lo peor para nuestra relación con Google.

El primer día, con solo una cantidad de palabras (muy públicas) que cabría en un tweet, inocente e ingenuamente nos enemistamos con la empresa a la que acabábamos de unirnos. Muchos empleados de Google nos vieron como una banda de combatientes corriendo hacia ellos, armados hasta los dientes y listos para la guerra, que ya había declarado su independencia, que ya había rechazado el negocio principal de Google, y pensaron: ¡Eh! ¿Qué les pasa? No son Google.

Los equipos de Google con los que habíamos planeado integrarnos y desarrollar conjuntamente tecnologías y productos eran reacios a trabajar con nosotros. Pedían a sus ejecutivos más detalles para descubrir si realmente tenían que ayudarnos a expensas de sus propios proyectos. ¿Por qué? ¿Por qué? ¿Por qué tenemos que ayudar a un equipo que no es Google? En los meses siguientes, cada vez que teníamos que aclarar una vez más a los clientes que Nest era una empresa independiente de Google, nuestra reputación interna recibía otro golpe.

Debería haber recordado cómo era Apple los meses posteriores a que empezáramos a crear el iPod. No se me ocurrió. Nest era mucho más grande y estaba más establecida que mi pequeño equipo del iPod, así que pensé que la situación era totalmente distinta. Pero era la misma. En aquel entonces, los anticuerpos ejecutivos de Apple nos vieron llegar para quitarles tiempo y recursos, así que intentaron bloquearnos el camino y no hacer caso de nuestras solicitudes.

Fue entonces cuando Steve Jobs nos dio cobertura aérea, lanzó bombas sobre los equipos que nos frenaban, forzó el tema y a veces gritó para asegurarse de que nos dieran lo que necesitábamos. Que

Steve Jobs luchara por nosotros fue básicamente lo que nos permitió tener éxito.

Pero Google no tenía a Steve Jobs. Tenía a Larry Page y Sergey Brin, ambos empresarios brillantes e inteligentes, pero sin el espíritu de lucha de Steve, que había surgido de sus múltiples experiencias cercanas a la muerte profesional.

En un momento en que las integraciones que habíamos planeado se estancaron, cuando los miembros de Google no se presentaban a las reuniones y no contestaban nuestros correos electrónicos, Sundar Pichai me dijo que todos los equipos con los que intentábamos trabajar estaban muy ocupados. No tenían tiempo que dedicar a Nest. Y nadie en Google podía dictarles cómo hacer las cosas. Cada equipo decidía cómo empleaba su tiempo.

Lo miré con los ojos como platos. Veía estrellas. Fue como si hubiera tenido un accidente de coche. El tiempo se ralentizó. Lo único que pude pensar fue: Oooooooooh, mieeeeeeeerda.

Sabía que Google no era Apple y que una fusión de este tamaño sería accidentada. Sabía que teníamos diferentes filosofías y diferentes estilos de liderazgo. Pero en ese momento me di cuenta de que habíamos estado hablando también en idiomas diferentes.

Cuando Larry me dijo durante la adquisición que Google organizaría al equipo y alinearía sus prioridades con las nuestras, me decía la verdad al cien por cien. Pero en Google eso significaba dar al equipo el croquis de un plan y dejar que completara el resto a medida que avanzaba. Después mantenían una reunión de vez en cuando para preguntar cómo iban las cosas.

Pero yo había interpretado sus palabras a través de una lente de Apple. Si Steve Jobs decía que iba a dirigir al equipo, significaba que estaría allí en cada paso del camino, semanalmente, a veces a diario. Reunía a todo el equipo, les decía adónde ir, se aseguraba de que avanzaban juntos y arrastraba a los rezagados a su lugar por pura fuerza de voluntad.

Aunque nos prometieron un bombardeo completo, nadie iba a lanzar bombas en Google. Ni siquiera sabían lo que significaba.

En cuanto me di cuenta, entendí que habíamos estado desalineados desde el principio. No nos habíamos preparado para eso. No habíamos planeado cobertura aérea por parte de algún gerente. No habíamos planeado el rechazo del órgano.

Aunque habíamos planeado meticulosamente casi todo lo demás.

En la mayoría de las adquisiciones se tardan de dos a ocho semanas en redactar un documento con los términos necesarios y en llegar a un acuerdo.

Con Nest tardamos cuatro meses.

Y ni siquiera discutimos el precio de venta hasta diez semanas después.

Google Ventures, ahora conocido como GV, era un inversor. Conocían nuestras finanzas y siempre habían sido un gran apoyo, por lo que no me preocupaba la cifra. Me preocupaba con qué equipos trabajaríamos, qué tecnología compartiríamos y qué productos crearíamos. Nest no se unía a Google por el dinero, sino para acelerar nuestra misión. Así que la misión fue siempre lo primero, y el dinero lo segundo.

Junto con Google, revisamos todas las funciones: marketing, relaciones públicas, recursos humanos, ventas y todas las partes de la empresa. Establecimos dónde podríamos crear sinergias y dónde no, determinamos qué gerentes se nos asignarían, cómo haríamos la contratación, qué gratificaciones recibiría el personal, qué sueldos podrían esperar, qué equipos trabajarían juntos y cómo se establecerían esas relaciones.

Nos llevó mucho tiempo. De hecho, casi todos ponían ya los ojos en blanco. «¿En serio, Tony? ¿Quieres entrar en los detalles de esto ahora?». Sí, sí, quiero. Es importante.

Y lo era. Era fundamental, y solía pasarse por alto.

La mayoría de las adquisiciones las impulsan y supervisan banqueros, y los banqueros solo ganan dinero si el trato se lleva a cabo, así que les interesa que se mueva rápido y cobrar. No les importa aclarar todos los detalles de lo que les sucederá a los empleados. No les importa el ajuste de filosofías. Al menos no mucho.

Normalmente ambas partes contratan a banqueros para que trabajen en los detalles de la transacción, para que ayuden a entender o racionalizar el precio del acuerdo y de acuerdos comparables. Recorren el mercado, los clientes y las sinergias operativas.

Pero no puedes concretar la filosofía en un acuerdo de fusión. No puedes escribirla y hacer que todos firmen en la línea de puntos. Es demasiado blanda y sensible, y depende de relaciones humanas inefables. Y lo que más importa a los banqueros son las transacciones, no las relaciones.

Así que la mayoría de los banqueros no quieren que dos empresas se sientan lentamente, se conozcan y tengan citas antes del matrimonio. Quieren que se conozcan y se comprometan esa misma noche. Los quieren en una capilla temática de Elvis en la que todos estén un poco borrachos para que no hagan demasiadas preguntas. Quieren cerrar el acuerdo en treinta y seis horas, antes de que alguien tenga dudas, para poder darse palmaditas en la espalda por el trabajo bien hecho y dejarte plantado con tu esmoquin azul con volantes intentando descubrir qué va a pasar ahora. Y si a la larga no funciona, bueno, ellos hicieron su trabajo.

Es una de las razones por las que nosotros no teníamos a un banquero en el acuerdo de adquisición de Google. Sabía que a los banqueros no les importaría tanto como a nuestro equipo. Estarían allí para sacar un buen porcentaje del acuerdo por muy poco trabajo en comparación con los años de sangre, sudor y lágrimas de nuestro equipo y nuestros inversores.

Aun así, a la mañana siguiente de anunciarse la adquisición, un banquero se presentó en el vestíbulo de Nest.

—No vi ningún banco representándoos en el acuerdo que anunciasteis ayer.

—Sí, fue a propósito —le contesté.

—¿Sabes? Vuestros accionistas podrían demandaros —me dijo.

Le conté que el trato estaba hecho y que no necesitábamos a un banquero.

—Bueno, como no tenéis a un banquero en este trato, ¿podríais poner nuestro nombre?

Levanté una ceja, lo miré fijamente y me marché.

El banquero se molestó. No podía creerse que no le hiciera ese favor.

La mayoría de los banqueros de inversión en fusiones y adquisiciones no son amigos tuyos. He visto muchas pequeñas empresas emergentes, sobre todo en Europa, llamar a un banquero para que las ayude a recaudar dinero o a vender su empresa. Los banqueros prometen las estrellas y la luna, pero rara vez cumplen.

Pero puedes necesitar a un banquero por varias razones, y los hay buenos, por supuesto, pero no puedes dejar que controlen tu fusión ni que establezcan tus plazos.

Tanto si estás comprando como si estás vendiendo, tu trabajo es descubrir si los objetivos de las dos empresas están alineados, si sus misiones encajan entre sí y si sus filosofías tienen sentido juntas. Tienes que considerar el tamaño de las empresas. ¿Puede una ser fácilmente absorbida por la otra? ¿Se trata de un equipo pequeño que acaba de empezar o de una empresa totalmente formada con ventas, marketing, recursos humanos y una forma de trabajar arraigada? Si es esto último, tienes que entender qué sucederá al superponer equipos, qué cambiará para los empleados y qué sucederá con tus proyectos y tus procesos. Y esto exige tiempo.

Y aunque en Nest no teníamos problemas de tiempo, cometimos algunos errores importantes:

1. Enviamos un comunicado a los clientes sin pensar siquiera en cómo afectaría a nuestras relaciones internas.

2. Di por sentado que, como el acuerdo era importante —más de 7.000 millones de dólares en total—, habría un nivel de atención y una responsabilidad fiduciaria que garantizaran que fuera un éxito.

3. Creí en lo que dijeron Larry y Bill sobre cambiar la filosofía de Google en lugar de hablar con los empleados para saber en qué medida esa filosofía estaba arraigada y cuáles eran sus expectativas.

4. No hablé con otras empresas que Google había comprado antes que a nosotros.

5. Abrimos la puerta a empleados de Google que saltaban de un proyecto a otro y no tenían ningún interés en nuestra misión ni intención de quedarse cuando las cosas se ponían difíciles. Empezaron a diluir nuestra filosofía de inmediato y causaban quebraderos de cabeza interminables porque se quejaban de que no éramos como Google. (Véase también el capítulo 5.1, «Contratar»: «Pero tuvimos cuidado de no crecer demasiado deprisa»).

Si hubiera hablado con otros vicepresidentes y directores de la empresa, habría descubierto que deberíamos haber sido muchísimo más exigentes con las contrataciones desde la primera ola de empleados de Google que llegó a nosotros tras la adquisición. No me enteré de que debería haber tenido más cuidado hasta seis meses después, cuando amigos de Google me contaron la regla no escrita: si quieres sacar a grandes personas de sus equipos, tienes que luchar por ellas. Los que deambulan por tu organización solo están probando el sabor del mes. Y como Google es reacia a despedir, muchos empleados que no son precisamente buenos pasan de un equipo a otro hasta el infinito.

Si hubiera pasado más tiempo con los directores de adquisiciones anteriores, como Motorola Mobility y Waze, habría tenido una idea mucho más clara de cómo Google digiere las empresas que compra.

La mayoría de las grandes adquisiciones de Google, aparte de YouTube, habían tenido poco éxito. Como no tardé en descubrir, Google saltaba habitualmente de objeto brillante en objeto brillante, y no importaba que el precio de Nest fuera de miles de millones. En cuanto nos hubieron devorado, volvieron a tener hambre y pasaron a la siguiente comida. No había tiempo para asegurarse de que nos acomodáramos bien en el vientre de la bestia, ni interés en consultarnos. Solo éramos la cena del día anterior.

Si hubiera hablado con los empleados de los equipos con los que queríamos integrarnos, habría descubierto cuáles eran sus prioridades y si estaban remotamente interesados en trabajar con nosotros. Habría entendido mejor lo que significaba ser de Google, si teníamos la oportunidad de abrirnos paso y si alguna vez podríamos cambiar lo que significaba ser de Google.

La filosofía es tremendamente pegajosa. Debería haberlo recordado. Larry, con la insistencia de Bill Campbell, quería que Nest llegara y cambiara la forma de pensar de Google, que le diera la magia de una empresa emergente. Pero la filosofía no funciona así. No puedes dar una mano de pintura a una fábrica vieja, mostrar a los trabajadores un vídeo de formación y creer que has cambiado algo. Tienes que derribarlo todo y construirlo de nuevo.

La mayoría de las personas y de las empresas necesitan una experiencia cercana a la muerte para cambiar de verdad.

No puedes dar por sentado que la adquisición significará asimilarse a otra filosofía. Por eso Apple no compra empresas con grandes equipos. Solo adquiere equipos o tecnologías concretas, normalmente cuando acaban de empezar y no generan ingresos. Así Apple puede absorberlas fácilmente y no tiene que preocuparse por la filosofía. También evita la inevitable duplicación de funciones entre equipos, como finanzas, jurídico y ventas, o el doloroso proceso de integrar un gran equipo en otro. Con la notable excepción de la adquisición de Beats, Apple se ha centrado en llenar las pequeñas brechas tecnológicas de sus productos en evolución en lugar de adquirir nuevas líneas de negocio.

Todas las adquisiciones se reducen a lo que intentas hacer cuando compras una empresa. ¿Quieres comprar un equipo? ¿Tecnología? ¿Patentes? ¿Producto? ¿Base de clientes? ¿Negocio (es decir, ingresos)? ¿Una marca? ¿Algún otro activo estratégico?

Cuando vendes, son pertinentes las mismas preguntas. ¿Qué estás buscando? Algunos esperan utilizar los recursos de una empresa más grande para acelerar su visión. Otros buscan ganancias financieras. Luego están las empresas que tienen problemas e intentan vender el negocio a alguien que crea en él. A Bill Campbell le gustaba decir: «Las grandes empresas no se venden, las compran». Si van a comprar tu empresa, quieres que el comprador esté desesperado por comprar, no ser tú un vendedor desesperado por vender. Si estás considerando vender, debes tener cuidado con cualquier persona que se te eche encima con demasiada fuerza.

Pero no existe ningún manual para comprar o vender bien. Hay un millón de cosas que hay que tener en cuenta, pero cambian con cada empresa y con cada acuerdo. Simplemente no pases por alto las cosas difíciles solo porque son difíciles. No olvides hablar de la filosofía de la empresa solo porque nadie sabe cómo hablar de la filosofía de la empresa.

Por desgracia, no puedes conocer de verdad una filosofía hasta que estás en ella. Es como cuando sales con alguien. Cuando dos personas están interesadas la una en la otra, dan lo mejor de sí mismas y guardan las apariencias. Las cosas se vuelven mucho más reales cuando se van a vivir juntas y se casan. Ahí es cuando te enteras de que tu mujer deja los platos «en remojo» en el fregadero durante varios días. Cuando te das cuenta de que tu marido siempre olvida limpiarse las uñas de los pies.

Así que en toda posible adquisición es muy importante la etapa de conocerse. Tienes que revisar el fregadero para ver si hay platos sucios. Tienes que ver la uña del pie en la mesa del comedor. Mira quién reporta a quién, y cómo contratan y despiden a los empleados. Profundiza en las gratificaciones que obtiene cada uno. Habla de filosofía de gestión. Haz planes concretos de lo que sucederá exactamente después de la venta. ¿Vais a integraros o a mantener vuestras filosofías separadas? ¿Qué harás con la superposición? ¿Hacia dónde irá este equipo? ¿Quién trabajará en este producto?

Pero sé siempre consciente de que no podrás predecir el futuro. Las cosas cambiarán, quizá a tu favor o quizá no. Y al final solo tienes que hacerlo. Firma en la línea de puntos. Confía en que funcionará.

Mi consejo es que seas siempre optimista, pero con cautela. Confía, pero verifica.

Piensa que las personas tienen las mejores intenciones, y después asegúrate de que las cumplen. Y arriésgate. Salta. Compra la empresa. Vende la empresa. O ninguna de las dos cosas. Sigue tu instinto y no tengas miedo (o mejor, ten miedo, pero toma la decisión).

¿Quién sabe lo que habría pasado si no hubiéramos vendido? Nest podría haber tenido éxito en solitario, o quizá nos habríamos hundido cuando inevitablemente hubieran aparecido grandes competidores. O quizá los demás jugadores principales no habrían empezado a trabajar en sus productos conectados y todo el ecosistema se habría derrumbado. ¿Quién sabe? No se puede llevar a cabo el experimento dos veces.

Y Nest no ha muerto. Todo lo contrario. Está viva y coleando. Ahora es Google Nest y está totalmente integrada, como siempre habíamos planeado. Y sigue haciendo nuevos productos, creando nuevas experiencias y cumpliendo su versión de nuestra visión. No salió exactamente como queríamos, pero fue una gran experiencia de aprendizaje y, maldita sea, obtuvimos el 70 por ciento. Nest sigue en marcha, sigue creando y solo puedo sentirme feliz.

Me encontré con Sundar Pichai, ahora director general de Alphabet y Google, en una fiesta hace un par de años. Me dijo: «Tony, quería que supieras que nos aseguramos de mantener la marca y el nombre de Nest. Nest sin duda será parte de nuestra estrategia futura». Sonreí y le di las gracias, conmovido de que se hubiera tomado la molestia de decírmelo. Sundar es una persona destacada y le agradezco que esté cuidando al equipo.

Tengo mucho que agradecer.

Agradezco que Sergey Brin empujara a Google a invertir temprano en Nest y que tanto Larry como Sergey impulsaran la máquina de Google para comprarnos. Agradezco que los demás titanes de la industria se hayan centrado en la tecnología del hogar inteligente y que cien pequeños advenedizos intenten desplazarlos. Al final, es lo que, de forma indirecta, permitirá que alguien alcance nuestra visión.

Y también sé que lo que pasó después de la adquisición no fue personal. En realidad, no. Eran solo negocios. Cosas que pasan. Sin rencores. La vida es demasiado corta.

Les deseo lo mejor, sinceramente.

6.4

A la mierda los masajes

Cuidado con las excesivas gratificaciones. Cuidar de los empleados es tu responsabilidad al cien por cien. Distraerlos y mimarlos no. La guerra fría de gratificaciones cada vez mayores entre empresas emergentes y grandes tecnológicas ha convencido a muchas empresas de que deben servir tres comidas gourmet al día y ofrecer cortes de pelo gratis para atraer a empleados. No los atraen. Y no deberían.

Ten en cuenta que hay una diferencia entre prestaciones y gratificaciones:

Prestación: Cosas como un plan de jubilación, seguro médico, seguro dental, planes de ahorro para empleados, permiso de maternidad y paternidad, es decir, las cosas que realmente importan y pueden tener un gran impacto en la vida de tus empleados.

Gratificación: Una sorpresa agradable, especial, novedosa y emocionante. Ropa gratis, comida gratis, fiestas y regalos. Las gratificaciones pueden ser totalmente gratuitas o estar subvencionadas por la empresa.

Obtener prestaciones es de vital importancia para tu equipo y sus familias. Quieres apoyar a las personas con las que trabajas y mejorar su vida. Las prestaciones permiten que tu equipo y sus familias estén sanos y felices, y alcancen sus metas económicas. Aquí deberías gastar tu dinero.

Las gratificaciones son otra historia. En sí mismas, no son malas. Sorprender y deleitar a tu equipo es maravilloso y muchas veces necesario. Pero cuando las gratificaciones son siempre gratuitas, aparecen constantemente y se tratan como prestaciones, tu negocio se verá afectado. El exceso de gratificaciones perjudica los resultados de una empresa y, a diferencia de lo que suele creerse, la moral de los empleados. Algunas personas pueden obsesionarse con lo que pueden conseguir en lugar de con lo que pueden hacer, y creer que las gratificaciones son un derecho, no un privilegio. Después, cuando llegan tiempos difíciles o cuando las gratificaciones no aumentan, se indignan porque les están quitando sus «derechos».

Y si la forma principal de atraer talento es mediante gratificaciones, sin duda llegarán tiempos difíciles.

Un amigo me dijo una vez con orgullo: «Le llevo flores a mi mujer cada semana».

Esperaba mi admiración, creo. ¡Qué romanticismo! ¡Qué generosidad!

Le dije: «¿Qué? Nunca haría algo así».

Yo llevo flores a mi mujer de vez en cuando, pero siempre es una sorpresa.

Si llevas flores a una persona constantemente, transcurridas unas semanas no serán tan especiales. Transcurridos unos meses, apenas les prestará atención. Cada semana irá perdiendo el interés.

Hasta el momento en que dejes de hacerlo.

Sin duda debes hacer cosas buenas para tus empleados. Deberías recompensarlos por trabajar duro. Pero recuerda cómo funciona el cerebro humano. Hay una psicología del derecho.

Si quieres ofrecer una gratificación a tus empleados, ten en cuenta dos cosas:

1. Para valorar las cosas hay que pagarlas. Si algo es gratis, no vale nada. Si los empleados reciben gratificaciones constantemente, deberían ser subvencionadas, no gratuitas.
2. Si algo sucede muy de vez en cuando, es especial. Si sucede constantemente, deja de ser especial. Si reciben una gratificación de vez en cuando, puede ser gratis. Pero debes dejar muy claro que no va a ser frecuente y cambiar la gratificación para que siempre sea una sorpresa.

Hay una diferencia enorme entre ofrecer comida gratis siempre, comida gratis de vez en cuando y subvencionar la comida. Apple subvenciona comidas en lugar de ofrecerlas gratis por una razón. Si trabajas allí, puedes conseguir productos con descuento, pero no gratuitos, por una razón. Steve Jobs casi nunca regalaba productos Apple. No quería que los empleados devaluaran las cosas en las que estaban trabajando. Creía que si merecían la pena y eran importantes, debías tratarlas como tales.

En Google, todos los empleados solían recibir cada año como regalo de vacaciones un producto de la empresa. Un teléfono, un ordenador portátil, el Chromecast o algo de valor. Y cada año el personal se quejaba: No es lo que quería, esto es muy barato o el año pasado fue mejor. Y cuando un año no recibieron regalo, se indignaron. ¡Cómo se atreven a no hacernos un regalo! ¡Siempre recibimos regalos!

Las cosas gratis te joderán siempre. Recibir una buena oferta crea una mentalidad totalmente diferente de la de esperar conseguirlo por nada.

Subvencionar gratificaciones en lugar de regalarlas obviamente también es mucho mejor para tu negocio desde el punto de vista económico. Las empresas que cubren a sus empleados de gratificaciones gratuitas suelen ser miopes y no tienen una estrategia a largo plazo para mantener esas gratificaciones, o tienen un negocio problemático desde siempre y las gratificaciones son una tapadera. Facebook es famosa por cuidar mucho a sus empleados, pero también gana todo su dinero vendiendo datos de clientes a los anunciantes. Si Facebook cambiara su modelo de negocio, su rentabilidad se vería muy afectada y todas esas gratificaciones desaparecerían.

La tendencia a regalar a los empleados todo lo que quisieran o necesitaran en la oficina empezó con Yahoo y Google. La idea surgió de un deseo bueno, noble y honorable: el de cuidar a las personas y hacer que su empresa fuera acogedora y divertida. Su intención era que la oficina pareciera la universidad, mejor que la universidad, un lugar cómodo y agradable en el que instalarse. Y como Google ha estado ganando dinero a manos llenas durante mucho tiempo (vendiendo sus clientes a los anunciantes, por supuesto), el resto del mundo pensó que en parte se debía a su filosofía. Así se extendió esta filosofía. Ahora, la inmensa mayoría de las empresas emergentes de Silicon Valley ofrecen comidas gourmet, barriles de cerveza siempre llenos, clases de yoga o masajes gratis.

Pero a menos que tengas los márgenes de beneficio y el crecimiento de los ingresos de Google, no deberías ofrecer gratificaciones como las de Google.

Ni siquiera Google debería ofrecer gratificaciones como las de Google.

Llevan años intentando reducir costes. Incluso empezaron a ofrecer platos más pequeños en los cafés para alentar a coger menos comida y no desperdiciarla tanto. Pero en cuanto sientas precedente y cambias las expectativas, es casi imposible volver atrás.

En Nest, al principio teníamos tentempiés y bebidas en la cocina, sobre todo fruta. Nada de comida basura envasada. ¿Por qué envenenar tu talento? Una o dos veces por semana comprábamos tacos o sándwiches para el equipo o algo un poco más elaborado para la comida. De vez en cuando alguien encendía la barbacoa y el personal se quedaba a cenar.

Pero con la adquisición de Google llegó la comida de Google. Construimos una enorme y bonita cafetería que servía desayuno, comida y cena gratis todos los días. Cinco o seis puestos de comida diferentes ofrecían diferentes cocinas y menús, y había pasteles frescos todas las mañanas. Galletas y pasteles por todas partes. Todo el mundo creía que era genial. Pero era muy muy caro.

Tras los costes astronómicos de Alphabet, intentamos reducir algunas opciones en el café. Seguíamos ofreciendo mucha comida increíble, pero eliminamos el puesto de sopa vietnamita. Eliminamos las minimagdalenas. Todo el mundo protestó de inmediato. «¿Qué mierda es esto? ¡No podéis llevaros nuestras minimagdalenas!».

El escándalo fue casi tan grande como cuando tuvimos que prohibir los recipientes de comida para llevar, porque nos dimos cuenta de que un montón de personas no se quedaban hasta tarde a trabajar. Se quedaban hasta la cena, llenaban recipientes con menús completos para su familia y se largaban corriendo.

El objetivo de servir la cena era recompensar a los empleados que trabajaban muy duro. Pero, como era gratis, la gente se aprovechaba. ¡Es gratis! ¡Es nuestro! ¿Dónde está el problema?

Un par de años antes, los «martes de tacos» eran una sorpresa. El personal se quedaba encantado cuando le entregaban la caja de fruta. Pero ahora habíamos sentado un precedente.

Y un nuevo sentido del derecho.

Una vez vi a una persona ponerse de pie en la TGIF, la reunión semanal de Google —una reunión de decenas de miles de personas, literalmente— y quejarse de que su yogur preferido había desaparecido de las pequeñas cocinas. Google necesita estas salas para asegurarse de que ningún empleado tenga que caminar más de sesenta metros en busca de comida. Esta persona sintió que estaba en su derecho, es más, que era su responsabilidad quejarse directamente al director general, con todo Google como testigo. Sobre el yogur. Yogur gratis. ¿Por qué la marca que me gusta no está al alcance de la mano? ¿Cuándo volverá a estarlo?

Así como es posible aprovecharse y abusar de cualquier persona buena y generosa, también se puede abusar de las buenas intenciones de una empresa. Algunas personas no dejan de coger cosas y creen que están en su derecho. Y después de un tiempo, la filosofía de la empresa evoluciona, lo acepta e incluso lo alienta.

Por eso dije: «A la mierda los masajes».

Cuando Google adquirió Nest, aprobé a regañadientes la comida y los autobuses gratuitos a todas horas. Eran parte del trabajo en Google, todos los esperaban y eran realmente útiles para nuestros empleados. Sabía que significaría un cambio en nuestra filosofía, pero esperaba que todos recordaran nuestras raíces. Cuando anunciamos la adquisición por parte de Google al equipo, presenté una transparencia que decía: «No cambiéis». Lo que nos había llevado hasta allí era exactamente lo que necesitábamos para seguir adelante. El hecho de que cambiáramos de inversores no significaba que tuviéramos que cambiar nuestra filosofía ni lo que nos había permitido tener éxito.

Después de la adquisición, cuando Google nos dio oficinas nuevas, preciosas y de calidad, di las gracias a Larry Page. Le dije que eran muy bonitas. Y le dije tanto a él como a nuestro equipo que no las merecíamos.

Me parecía mal. Todavía no nos las habíamos ganado. Ese edificio estaba destinado a una empresa rentable que ya hubiera demostrado su valía. Estaba destinado a personas que pudieran relajarse y pasar el tiempo discutiendo sobre quién se quedaría el sitio junto a la ventana y quién se quedaría con la mejor vista. Pero en Nest no se trataba de eso. Estábamos centrados en nuestra misión, en quedarnos hasta tarde, resolver problemas, trabajar duro y luchar contra todo obstáculo que encontrábamos en nuestro camino.

Quería que todos siguieran centrados en lo que estábamos haciendo, en la visión que intentábamos alcanzar. Ni gratificaciones, ni lujos, ni extras.

Así que ni hartos de vino íbamos a gastar el dinero de la empresa en ofrecer masajes gratis.

Necesitábamos ese dinero para levantar el negocio. Para alcanzar márgenes netos. Para hacer mejores productos. Para asegurarnos de que nuestros cimientos fueran sólidos y pudiéramos seguir empleando a todas esas personas. Y lo necesitábamos para ayudar a nuestros empleados a llevar la vida que querían fuera del trabajo. En lugar de hacer que la oficina fuera tan lujosa que los empleados nunca quisieran marcharse, gastábamos nuestro dinero en prestaciones importantes para ellos y sus familias: mejor atención médica, fecundación in vitro y cosas que de verdad cambian la vida de las personas.

Cuando ofrecíamos gratificaciones, quería que también tuvieran un propósito. Así que no pretendíamos dejar a los empleados atrapados en la oficina. Los recompensábamos pagándoles una cena con su familia o una estancia de fin de semana. Y nos alegraba invertir mucho dinero en cosas que realmente mejoraban la experiencia de las personas, que las unía, les ofrecía nuevas ideas y filosofías, y convertía a los compañeros de trabajo en amigos. En Nest todo el mundo podía unirse a un club y solicitar dinero para hacer algo divertido: barbacoas para toda la empresa, una celebración Holi que pintara la mitad del aparcamiento o batallas de aviones de papel que se volvían más elaboradas cada semana.

Pero a medida que los empleados de Google se unían a nuestras filas y los de Nest se ponían al corriente de las gratificaciones que ofrecía Google, se produjo un gran debate interno sobre lo que se les ofrecía y lo que no. ¿Por qué los empleados de Google tienen masajes? ¿Por qué tienen más autobuses para poder llegar tarde y marcharse después de comer? ¿Por qué pueden disponer del 20 por ciento de su tiempo (la famosa promesa de Google de que sus empleados pueden dedicar una quinta parte de su tiempo a otros proyectos de Google al margen de su trabajo habitual)? ¡Nosotros también lo queremos!

No me lo podía creer. Necesitábamos el 120 por ciento de todos. Todavía estábamos intentando crear nuestra plataforma y convertirnos en un negocio rentable. En cuanto lo consiguiéramos, podríamos hablar de que los empleados utilizaran dinero de Nest para trabajar en proyectos de Google, recibieran masajes gratis y terminaran su jornada laboral a las dos y media de la tarde. Como puedes imaginar, mis decisiones no eran populares entre los nuevos empleados.

Pero en ningún caso iba a permitir privilegios cuando todavía quedaba mucho por hacer. No iba a repartir más gratificaciones solo porque los empleados de Google estaban acostumbrados a ellas.

La experiencia de ser empleado de Google no es normal. No es la realidad. Clive Wilkinson, el arquitecto de la enorme y lujosa Googleplex, incluso lo ha reconocido. Ahora dice que su obra más famosa es «básicamente poco saludable». «No puede conseguirse el equilibrio entre el trabajo y la vida pasando la vida en un campus de trabajo. No es real. No te relacionas con el mundo como la mayoría de las personas», dijo. (Véase también Bibliografía: «Architect behind Googleplex now says it's 'dangerous' to work at such a posh office»).

Es el mismo problema al que se enfrentan los muy ricos, una deriva gradual hacia arriba, que los aleja de los problemas corrientes de las personas corrientes. Si no mantienes los pies en el suelo —utilizas el transporte público, compras tu comida, caminas por las calles, configuras tus sistemas informáticos, eres consciente del valor de un dólar y de lo que puedes hacer con él en Nueva York, Wisconsin o Indonesia—,* empezarás a olvidar los dolores diarios de las personas

---

* Echa un vistazo a www.gapminder.org/dollar-street para ver cuánto se gana en todo el mundo al mes y cómo es la vida. Es un recurso increíble para aprender cuán diferentes o similares podemos ser.

para las que se supone que creas analgésicos. (Véase también el capítulo 4.1, «Cómo detectar una gran idea»: «Las mejores ideas son analgésicos, no vitaminas»).

No es solo el cliente el que empieza a desenfocarse. A medida que aumentan las gratificaciones, la razón para estar en el trabajo también empieza a desdibujarse. He visto a personas a las que les encantaba su trabajo, que encontraban sentido y alegría haciendo algo, que trabajaban duro y que nunca sintieron que estaban desperdiciando su tiempo hasta que cayeron en Google, Facebook u otra empresa gigante y se perdieron totalmente. Cuantas más cosas gratis veían que conseguían otras personas, más querían. Pero conseguir esas gratificaciones solo era una satisfacción breve, y las gratificaciones perdían su valor con el tiempo. Así que pretendían conseguir cada vez más. Acabaron centrándose en eso. Y hacer cosas, preocuparse por el trabajo que estaban haciendo, crear algo significativo y disfrutar de verdad de su trabajo se perdieron en el camino.

Y todo empezó con los putos masajes.

Que quede claro que apoyo totalmente los masajes. Me encantan los masajes. Me los hacen a menudo. A todo el mundo deberían hacerle masajes. Pero en ningún caso la filosofía de tu empresa debe formarse en torno a la idea de que los masajes son tu deber. En ningún caso debes prometer a los empleados que recibirán masajes para siempre. En ningún caso las gratificaciones deben definir tu negocio ni hundirlo.

Las gratificaciones son glaseado. Jarabe de maíz con mucha fructosa. Y nadie te reprochará un poco de azúcar. A todo el mundo le gustan los dulces de vez en cuando. Pero atiborrarse de dulces de la mañana a la noche no es precisamente una receta para la felicidad. Así como el postre no debe llegar antes de la cena, las gratificaciones no deben llegar antes de la misión que quieres lograr. La misión debe llenar y alimentar tu empresa. Las gratificaciones deben ser una pizca de azúcar por encima.

6.5

Dejar de ser director general

Un director general no es un rey o una reina. No es una cita de por vida. En algún momento tienes que dejar el cargo. Aquí tienes cómo sabrás que ha llegado el momento:

1. **La empresa o el mercado han cambiado demasiado:** Algunos fundadores de empresas emergentes no están destinados a ser directores generales de empresas más grandes. Algunos directores generales tienen capacidad para manejar una serie de desafíos y otros no. Si todo ha cambiado tanto que no sabes cómo gestionarlo y las soluciones que tienes que implementar están fuera de tu alcance, probablemente ha llegado el momento de marcharse.

2. **Te has convertido en un director general niñera:** Te has adaptado al modo de mantenimiento en lugar de asumir desafíos continuamente y hacer crecer tu empresa.

3. **Te presionan para que te conviertas en un director general niñera:** Tu junta te exige que dejes de correr grandes riesgos y te limites a mantener los trenes en marcha.

4. **Tienes un plan de sucesión claro y la empresa está en alza:** Si las cosas van muy bien y crees que uno o dos ejecutivos del

equipo están listos para ascender, puede ser el momento de hacerles sitio. Intenta siempre salir con una nota positiva y deja la empresa en buenas manos.

5. **Lo odias:** Este trabajo no es para todo el mundo. Que no lo soportes no significa que hayas fracasado. Simplemente significa que has descubierto algo útil sobre ti mismo y que ahora puedes utilizar este descubrimiento para buscar un trabajo que te encante.

Una vez tuvimos que llamar a la madre de un director general. Mi empresa de inversión Future Shape había invertido en su empresa —tenían una visión increíble y mucho potencial—, pero el director general era un fundador primerizo y no estaba preparado para el trabajo. Oía nuestros comentarios, asumía su responsabilidad, decía que no volvería a pasar, y luego, por supuesto, pasaba. Nunca escuchaba de verdad y nunca aprendía. Después de haber intentado formarlo personal y profesionalmente durante más de dieciocho meses, las cosas iban cada vez peor: humillaba al personal en las reuniones, discutía en los pasillos e incluso discutía con los clientes. Hasta aquí habíamos llegado. Así que la junta despidió al director general.

Pero el director general no se marchaba.

Lo intentamos con zanahorias. Lo intentamos con palos. No se movía y no atendía a razones. Luego nos puso una pistola en la cabeza: contrató a abogados y empezó a prepararse para demandar a la junta, la empresa y los inversores.

Así que llamamos a su madre, la única persona que creímos que podría escucharnos. Le contamos lo que sucedería si nos demandaba: la junta presentaría una contrademanda feroz, las mentiras del director general a los inversores se harían públicas y probablemente nunca más conseguiría financiación para montar otra empresa. Quizá ni siquiera conseguiría otro trabajo.

Tras casi un año arrastrando peleas, fue lo que por fin le hizo rendirse. Su madre.

Pero fue tan amargo que tuvimos que impedirle el acceso al edificio y asegurarnos de que no tuviera más afiliación con la empresa. Era la única forma de salvar a un equipo increíble con mucho potencial para cumplir su misión.

En otra empresa, la misma conversación duró dos minutos. Le dijimos al director general que debería dejar de serlo. Suspiró y después sonrió. «Gracias —nos dijo—. ¡Qué alivio!».

Como unos cuantos directores generales fundadores se han hecho famosos y alucinantemente ricos, existe el mito de que la transición entre montar una empresa y hacerla funcionar en todas sus fases, buenas y malas, es natural. Inevitable. Si creas una empresa, por supuesto que te quedarás con ella mientras se convierte en una empresa real y luego en una corporación. ¿No se trata de eso?

Pero una empresa emergente con cinco amigos inteligentes no tiene nada que ver con una empresa de 100 personas, por no hablar de 1.000. El trabajo y las responsabilidades de un fundador que empieza y de un director general que ya lleva tiempo en el puesto son polos opuestos.

No todos los fundadores tienen madera para ser directores generales en todas las etapas de una empresa.

A veces no saben cómo funciona una empresa mediana, y mucho menos una grande. Puede que no tengan los mentores adecuados, que no sepan cómo formar un equipo o atraer a clientes. Y cuando todo eso se les viene encima, suelen volver a lo que hacían bien cuando eran empleados y abandonan las responsabilidades del director general, no hacen caso de las advertencias de la junta, se tambalean y se derrumban. Es una lección dura pero valiosa, y muchos empresarios aprenden de ella y vuelven a intentarlo, normalmente con más éxito. Yo fui uno de ellos.

Pero ese tipo de experiencia es evitable. Cuando estás cayendo en picado, lo notas. Miras a tu alrededor y sientes el viento en el pelo. Y puedes hacer algo al respecto: admitir lo que está sucediendo y dimitir.

Pero la mayoría de los directores generales que están al borde del fracaso se limitan a cerrar los ojos y a esperar a que todo se derrumbe. A menudo es un problema de ego, porque han dedicado mucho tiempo y mucho trabajo a llegar a ser directores generales. Se han pasado la vida esforzándose por dirigir una empresa. Lo convierten en el centro de su autoestima y de su identidad. La perspectiva de dejarlo, de marcharse, puede ser aterradora.

Y sucede tanto cuando eres un fundador primerizo como cuando llevas décadas al frente de empresas. El ego es una droga infernal.

Por eso algunos directores generales, incluso fundadores, se convierten en percebes. No sabría decirte a cuántos directores generales que llevaban mucho tiempo en el puesto he visto aferrarse a él incluso cuando ya no les apasionaba su trabajo. Cuando poco a poco han pasado de director general progenitor a una niñera cuyo único interés es proteger lo que han construido para mantener su posición y el statu quo. (Véase también el capítulo 6.1«Convertirse en director general»).

Estos directores generales se engañan a sí mismos pensando que está bien que ya no sientan la misma intensidad, que trabajaron duro al principio y ahora pueden relajarse y disfrutar del botín.

Pero no funciona así.

Tu trabajo como director general es impulsar constantemente tu empresa y generar nuevas ideas y proyectos para mantenerla fresca y viva. Así que tienes que trabajar duro en esos nuevos proyectos, apasionarte por ellos como te apasionabas por el primer problema que tuviste que resolver. Entretanto, otras personas de tu equipo se centran en tu negocio y optimizan las piezas que ya están configuradas.

Si no te entusiasma, si no se te ocurren nuevas ideas ni adoptas las temerarias con las que sueña tu equipo, la señal es inequívoca: te has convertido en un director general niñera. Ha llegado el momento de marcharse.

Un director general niñera no asume desafíos. No disfruta. Y lo peor es que perjudica al equipo. Perjudica a la empresa.

Pero no siempre es obvio para todos. A veces la junta obliga a los directores generales a actuar más como jefes de operaciones. Limítate a que todo siga como está, le dicen. Todo funciona. ¿Por qué arriesgarse? No asustes a los accionistas. Sabemos lo que hacemos. Sigue nuestras órdenes.

A esto me enfrenté en Google. Y por eso me marché.

No solo porque Google quisiera vender Nest, ni porque quisiera que dejara de actuar como un director general progenitor, sino como advertencia para mi equipo. Me habían ordenado que guardara silencio, así que no podía contar a mi equipo que algo iba muy mal. Pero podía mostrárselo.

Dicen que un capitán debería hundirse con el barco. Tonterías. Si es obvio que el barco está hundiéndose, seguramente los pasajeros se darán cuenta. En ese momento, el trabajo del capitán es quedarse a bordo hasta que todos estén a salvo en los botes salvavidas. Pero si eres director general o un ejecutivo de alto nivel y ves cómo sube el nivel del agua antes que los demás, tu responsabilidad es señalar claramente el peligro a tu equipo. Y no hay señal más clara de que algo no va bien que salir por la puerta.

A veces la única bandera de advertencia que puedes ondear es tu carta de dimisión.

Y a veces es incluso más grande. Más grande que tú. Más grande que tu equipo o tu empresa. A veces cambia todo el mercado. A veces las prioridades del planeta evolucionan. Son los momentos en los que la empresa que antes dirigía un director general ya no tiene sentido en el mundo. Los directores generales de petróleo y gas están en la cuerda floja en este momento. También los fabricantes de coches. Ha llegado el momento de apostar por un nuevo modelo.

Y necesitamos sangre nueva.

Los directores generales inteligentes ven venir el cambio, tarde o temprano, ya sea el suyo personal, el de la empresa o el del mundo. Y elaboran un plan de sucesión.

Nunca sabes cuándo te quedarás sin apoyos. Quizá todo el sector cambie, o te aburras de tu trabajo, o te atropelle un autobús. Por eso haces testamento. Y también por eso contratas a otros ejecutivos y probablemente a un jefe de operaciones con el que te sientas cómodo y al que puedas entregar la empresa.

Incluso en una emergencia, quieres que la transición a un nuevo director general sea lo más fluida y segura posible.

Pero no debería ser necesaria una emergencia para que te marches. No debes considerar que tu éxito es una invitación a quedarte para siempre. No mires a tu alrededor, veas el increíble equipo que has creado, la empresa que has hecho crecer, y pienses: Sí. Así es. Es un éxito. No me muevo de aquí.

Tampoco funciona así.

Ese increíble equipo que has creado necesita espacio para crecer, y ahora mismo ocupas el primer puesto. Si no ven ninguna posibilidad de ascender en su carrera, empezarán a marcharse y a buscar otras oportunidades.

Y los buenos tiempos no durarán para siempre. Las subidas se convertirán inevitablemente en bajadas. Y te interesa marcharte cuando las cosas van bien, cuando puedes entregar la empresa con orgullo al siguiente director general, no lanzársela presa del pánico cuando la junta te despide.

Mientras escribimos este libro, Zhang Yiming, el fundador y director general de ByteDance, los creadores de TikTok, ha anunciado su dimisión. TikTok nunca ha sido más popular. Zhang está experimentando un ascenso que pocos directores generales alcanzan. Pero ve que van a producirse cambios. Y en este caso, internos. Y sencillamente no quiere el trabajo. No le conviene. «La verdad es que carezco de algunas de las habilidades que convierten a un gerente en ideal —ha dicho—. Me interesa más analizar los principios organizativos y de mercado».

Esta autoconciencia y esta sensatez lo convierten en un gran dirigente. Parece estar haciendo el movimiento correcto, motivado por su instinto, no por su ego.

Y ahora tiene opciones. Puede marcharse del todo y quizá montar una nueva empresa. Puede ascender, unirse a la junta y seguir teniendo gran influencia en el desarrollo de la empresa.

O puede quedarse en la empresa, en un puesto diferente. Parte del mito del director general fundador es que si has sido director general no hay vuelta atrás, que nadie quiere dejar el puesto una vez que lo tiene. Pero las personas pueden moverse.

Sin embargo, si un fundador deja el puesto de director general, pero se queda en la empresa, las cosas pueden complicarse.

Si el fundador no es muy cuidadoso, puede crear todo tipo de problemas al nuevo director general y los ejecutivos que deja atrás. Lo mismo ocurre con los cofundadores. Deben ser conscientes de los conflictos que pueden crear en la empresa solo expresando su opinión. Los fundadores tienen que controlar cómo se les considera, a qué reuniones asisten, qué lenguaje emplean, qué sugerencias hacen y si queda claro que son sugerencias, no directrices. Tienen que ser muy claros. En caso contrario, sin saberlo o intencionadamente, pueden crear facciones en la empresa, algunas afectas al fundador, otras al director general, y acabar todos molestos, confundidos y enfadados.

Lo vi en una empresa. El fundador dimitió y ayudó a elegir a un sucesor. Pero después el fundador se quedó, deambulaba por los pasillos y hacía comentarios a todo el mundo. Nadie sabía si era una orden o solo una sugerencia, si debían ponerse a ello o tomarlo como un consejo amistoso. «El director general siempre puede ser sustituido, pero el fundador no. Así que supongo que debería hacer caso al fundador».

El director general estaba frustrado, y el equipo, totalmente confundido. Así que establecieron un nuevo plan: el director general manejaría las cosas, y el fundador daría un paso atrás y solo se comunicaría a través del director general. Funcionó bien, todos dieron un suspiro de alivio y las cosas empezaron a mejorar.

Duró dos semanas.

De repente el fundador volvió a una reunión del equipo. A todos se les cambió la cara. «¡No, otra vez no!». La moral se les quedó por los suelos. Durante catorce gloriosos días habían sabido lo que estaban haciendo, con quién hablar y cuál era el plan. Pero el futuro volvía a estar en el aire. La gente empezó a marcharse. Nadie tenía el poder de decirle al fundador: «Sal y quédate fuera. Te queremos y nos gustan tus ideas, pero estás empeorándolo todo».

Los fundadores deben ser conscientes de que pueden socavar fácilmente el trabajo del director general y del equipo principal. Incluso si deciden ser solo miembros de la junta, deben tener cuidado. Ya no dirigirán el equipo. Se convierten en coaches, mentores o asesores. En una voz entre muchas.

Siempre es difícil. Pero es mucho peor cuando tienes que cortar todos los vínculos. Cuando lanzan a tu bebé a los lobos y lo único que puedes hacer es alejarte. Es desesperante.

Cuando iba a marcharme de Nest, convoqué una reunión de toda la empresa. Y todas esas personas increíbles, cientos de personas apasionadas y brillantes que habían construido la empresa conmigo, de la nada, de un boceto, desde un garaje con goteras y problemas con las ardillas, me miraban con expectación. Las miré y lloré. Y les dije que había terminado.

Entonces tuve que dejar que Google hiciera lo que quisiera hacer, fuera lo que fuese.

Es lo más doloroso cuando te marchas, especialmente si tu marcha es conflictiva. La nueva dirección rompe tus proyectos en pedazos solo para dejar su marca y mostrar que no queda nada tuyo. Incluso retira de las paredes las fotos de los fundadores y del primer equipo. Tienes que saber que sucederá y aun así alejarte.

Y luego lloras.

Cuando eres fundador, dejar tu empresa puede parecer una muerte. Inviertes gran parte de tu tiempo, de tu energía y de ti mismo en ese negocio, y de repente desaparece. Una extremidad amputada. Un amigo al que has querido mucho y con el que has crecido se ha ido para siempre.

Tu nueva vida te parece extrañamente vacía. Tranquila. Tenías los días y las noches ocupados y ahora... nada.

Te sentirás muy mal. Fatal. Pero no saltes de inmediato a otro trabajo para distraerte. Y resiste la tentación de preocuparte de que tu valor de mercado se reduzca cada día que no trabajes. Esta sensación suele ser producto de las dudas, no de la realidad del mercado laboral. El mundo no te juzgará por tomarte un tiempo libre. El talento es muy escaso, sobre todo el talento inteligente y dedicado en el puesto de director general; si quieres volver ahí, no creas que no puedes.

Pero tienes que pasar por el tiempo y los ejercicios mentales necesarios para procesar la experiencia, recuperarte y aprender de ella.

Hay una vida media para todo.

En mi experiencia, la mayoría de las personas tardan alrededor de un año y medio en poder empezar a pensar en algo nuevo. En algunas culturas se viste de negro durante doce meses después de que alguien muera por una razón. Es el tiempo que se necesita para aceptar este tipo de pérdida.

Los primeros tres a seis meses, mientras superas el shock inicial, la negación, probablemente la rabia, el crujir de dientes y el tirarte de los pelos al ver lo que están haciéndole a tu bebé, transcurrirán muy despacio. También te llevará ese tiempo completar la lista de cosas que querías hacer, pero que pasabas por alto por el trabajo. Solo cuando completes esa lista puedes dejar de distraerte con el pasado y empezar a aburrirte. Es un paso necesario. Es imprescindible que te aburras antes de buscar cosas nuevas que te inspiren.

Tardarás otros seis meses en empezar a volver a relacionarte con el mundo. En dejar de preocuparte tanto por lo que salió mal. En empezar a aprender cosas nuevas y en volver a encontrar tu curiosidad.

Después, en los siguientes seis meses, puedes empezar a mirar tu vida con ojos nuevos. Distraerte. Emocionarte. Empezar a pensar en lo que harás a continuación. Y no tienes que volver a la misma pista de carreras de la que saltaste el año anterior. El hecho de que hayas sido director general una vez no significa que debas volver a serlo. Siempre puedes encontrar o crear nuevas oportunidades para ti. Siempre puedes aprender, crecer y cambiar.

Tómate el tiempo que necesites para convertirte en la persona que quieres ser. Como hiciste al principio de tu carrera y en cada bifurcación a lo largo del camino.

Conclusión

Más allá de ti mismo

Al final, hay dos cosas que importan: los productos y las personas. Lo que creas y con quién lo creas.

Las cosas que haces —las ideas que persigues y las ideas que te persiguen— al final definirán tu carrera. Y las personas con las que las persigues pueden definir tu vida.

Es increíblemente especial crear algo con un equipo. De la nada, del caos, de una chispa en la cabeza de alguien a un producto, un negocio y una filosofía.

Si todo se alinea, si el momento es el adecuado, si tienes muchísima suerte, lucharás por crear un producto en el que creas, que tenga mucho de ti y de tu equipo, y se venderá. Se extenderá. No solo resolverá los puntos débiles de tus clientes. Les dará superpoderes. Si haces algo verdaderamente disruptivo e impactante, cobrará vida propia. Creará nuevas economías, nuevas formas de interactuar y nuevas formas de vivir.

Aunque tu producto no cambie el mundo entero, aunque tenga un alcance modesto y un público más reducido, puede cambiar un sector. Hacer algo diferente. Cambiar las expectativas de los clientes. Elevar el nivel. Puede mejorar un mercado y todo un ecosistema.

Tu producto, eso que creas con tu equipo, puede eclipsar tus más salvajes expectativas.

O quizá no.

Quizá fracase.

Quizá tengas tu General Magic: una visión increíble, una idea bonita que se viene abajo porque no es el momento adecuado, porque la tecnología no está madura o porque los clientes no la entienden.

O quizá tu producto prospere, pero tu negocio se desintegre. Trabajarás y trabajarás para crear tu empresa, volcarás tu vida en el molinillo interminable de problemas personales, diseño de la organización y un sinfín de reuniones. Y después entregarás esa joya reluciente a personas que prometen amarla, pulirla y ayudarla a brillar, pero que dejarán que se les resbale entre los dedos y caiga al suelo.

A veces pasa.

El éxito no está garantizado. Por grande que sea tu equipo. Por buenas que sean tus intenciones. Por maravilloso que sea tu producto. A veces todo se desmorona.

Pero, aunque tu producto o tu empresa mueran, lo que has hecho sigue siendo importante. Sigue contando. Te marcharás habiendo creado algo de lo que estás orgulloso. Habiéndolo intentado. Habiendo aprendido y crecido. Seguirás teniendo tu idea y su potencial aún no desarrollado. Seguirás aferrándote a la oportunidad de volver a intentarlo.

Y te aferrarás a las personas.

Hoy sigo trabajando con amigos a los que conocí en General Magic. En Philips. En Apple. En Nest.

Los productos han cambiado, las empresas han cambiado, pero las relaciones no.

Y ahora mi vida consiste en relaciones. Ahora mi producto son las personas.

Después de Nest monté una empresa de inversión: Future Shape. Nos llamamos a nosotros mismos «mentores con dinero». Invertimos nuestro dinero en empresas que creemos que mejorarán drásticamente la sociedad, el medio ambiente o la salud de las personas. Y luego les ofrecemos lo que todos los capitalistas de riesgo prometen pero rara vez dan: atención personalizada. Ayuda real cuando realmente la necesitan, a veces antes de que sepan que la necesitan.

Aunque las personas a las que asesoro me han enseñado mucho más de lo que yo podría enseñarles. He aprendido sobre muchos sectores y negocios diferentes, sobre agricultura, acuicultura, ciencia de los materiales, sobre cuero de hongos, bicicletas y microplásticos. Con cada equipo o fundador al que asesoro, se abre otro mundo.

Este trabajo es tan significativo como cualquier cosa que haya hecho, cualquier objeto que haya fabricado. Son personas increíbles, y las personas increíbles son el corazón de todas y cada una de las innovaciones. Van a cambiar el mundo. A arreglar el mundo. Ayudarlos, invertir en ellos y asesorarlos es probablemente uno de los trabajos más importantes que he hecho.

Cuando miro hacia atrás, me doy cuenta de que es el trabajo más importante que he hecho nunca.

Lo mejor de ser ejecutivo en Apple o director general en Nest fue la oportunidad de ayudar a personas. Fue siempre la experiencia más gratificante. Podía ayudar al equipo a cuidar de sus familias. Podía ayudar a una persona si se ponía enferma, o si sus hijos o sus padres se ponían enfermos. Y creamos una comunidad, una filosofía de la calidad, la determinación y la innovación, donde floreció mucha gente, donde personas brillantes podían crear, fracasar, aprender y prosperar juntas.

A menudo llegaban a Nest haciendo una cosa y se marchaban sabiendo que podían hacer cien.

Lo único que necesitaban era un empujón.

Lo que frena a la mayoría de las personas son ellas mismas. Creen que saben lo que pueden hacer y quiénes se supone que deben ser, y no exploran más allá de esos límites.

Hasta que llega alguien y las empuja —voluntariamente o no, felizmente o no— a hacer algo más. A descubrir un pozo de creatividad, fuerza de voluntad o brillantez que nunca se habían dado cuenta de que tenían.

Es muy parecido a superar la primera versión de un producto. Dedicas todo minuto y toda neurona a crear V1. Agotado, lo arrastras hasta la línea de meta. Pero, aunque pusiste todo de ti para hacerlo, V1 nunca es lo bastante bueno. Ves su enorme potencial. Ves que puede ser mucho más. Así que no te detienes en la línea de meta. Sigues empujando hasta llegar a V2, V3, V4 y V18. Sigues descubriendo más formas en las que este producto puede ser excelente.

Lo mismo sucede con las personas. Pero muchos de nosotros nos quedamos atascados en V1. En cuanto nos asentamos, perdemos de vista lo que podemos llegar a ser. Pero así como los productos nunca se terminan, tampoco las personas. Estamos en constante cambio. En constante evolución.

Así que presionas. Como líder, director general y mentor, presionas incluso cuando el personal te lo reprocha. Incluso cuando te preocupa la posibilidad de haber ido demasiado lejos...

Pero siempre hay una recompensa al otro lado.

Merece la pena hacer las cosas bien. Merece la pena intentar alcanzar la excelencia. Merece la pena ayudar a tu equipo, a las personas.

Y un día recibirás un correo electrónico de alguien con quien trabajaste hace dos, tres, quizá diez años. Y te lo agradecerá. Te agradecerá que lo presionaras. Que lo ayudaras a darse cuenta de lo que era capaz. Te dirá que en aquellos momentos te odiaba, que te lo reprochaba cada minuto, que no podía creerse que tuviera que trabajar tan duro, que le hicieras empezar de cero y que no te rindieras.

Pero al final se ha dado cuenta de que ese momento fue un punto de inflexión, un punto de partida. Cambió la trayectoria de toda su carrera. Las cosas que creasteis juntos le cambiaron la vida.

Y así sabrás que has hecho algo significativo.

Que has hecho algo que merece la pena.

Agradecimientos

Escribir este libro ha sido más fácil de lo que creía. Y muchísimo más difícil.

Más difícil que hacer el iPod. O el iPhone. O el Nest Learning Thermostat.

Lo fácil fue decidir sobre qué iba a escribir. Casi todos los días, un emprendedor me hacía una pregunta sobre cómo contar historias, sobre puntos de inflexión, sobre cómo hacer crecer un equipo o cómo administrar su junta. Hablábamos de su problema, le daba varios consejos y después los incluía en el libro.

Muchos temas eran sencillos, en su mayoría parecían de sentido común. Y me preguntaba si este libro era necesario. Pero al día siguiente otra persona me hacía la misma pregunta. Una semana después volvía a suceder. Y lo mismo a la semana siguiente. Sinceramente, me he cansado de escucharme contar las mismas historias una y otra vez, semana tras semana, mes tras mes.

Me quedó claro por qué lo estaba haciendo. El sentido común es común, pero no se distribuye uniformemente. No puedes adoptar el enfoque obvio para crear un equipo si nunca has creado un equipo. No puedes entender intuitivamente el marketing si has sido ingeniero toda tu vida. Si estás haciendo algo nuevo, si estás probando algo por primera vez, tienes que adquirir el sentido común. Es un conocimiento que exige esfuerzo y con el que tienes que tropezar a través del ensayo y el error, intentándolo y fracasando, o, si tienes suerte, a través de conversaciones con una persona que lo haya hecho antes. Muchas veces solo necesitas a alguien que confirme tu instinto y te dé la confianza para seguirlo.

Por eso he escrito este libro.

Y por eso Bill Campbell nunca escribió un libro.

Bill fue mejor coach y mentor de lo que nunca seré yo. Le pedían constantemente que escribiera sus consejos, pero él siempre se negó.

Creo que fue porque ser mentor o coach se reduce a la confianza, a una relación entre dos personas. Para dar buenos consejos, Bill tenía que conocerte, tu vida, tu familia, tu empresa, tus miedos y tus ambiciones. Se centraba en ayudar a una persona en el momento en que más lo necesitaba y adaptaba sus consejos a lo que estaba pasando en su vida.

En un libro eso no es posible.

Ha sido lo que más me ha costado mientras escribía: no conocer a mi público y no saber por lo que estaba pasando cada lector. Hay mucho de lo que hablar, demasiado. La primera versión de este libro tenía setecientas páginas. E incluso entonces me parecía demasiado superficial. No podía profundizar tanto como quería. Podría ofrecer reglas generales y contar historias sobre lo que a mí me ha funcionado, pero no funcionaría para todos. Y a veces serían totalmente erróneas.

Pero decidí escribir lo que sabía. Revisé todo lo que he hecho, todo lo que he aprendido en los últimos treinta y pico años, abrí las cortinas y mostré cómo se hace. Ha sido duro, pero también catártico. Me ha ayudado a procesar buena parte de lo que ha sucedido a lo largo de mi carrera.

He aceptado que a veces me equivoco. Y a veces hago enfadar a los demás. Pero si no cabreas a nadie, no estás haciendo nada que merezca la pena. Si no cometes errores, no aprendes.

Haz, fracasa y aprende.

Y espero que durante los diez años que estuve pensando en escribir este libro fracasara lo suficiente y aprendiera lo suficiente como para descubrir qué merecía la pena decir.

Y quién merecía que le diera las gracias.

En primer lugar, un sincero agradecimiento (lo digo en serio) a todos los gilipollas, los malos jefes, los pésimos compañeros de equipo, las filosofías de empresa cutres, los directores generales horrorosos, los miembros de juntas incompetentes y los constantes matones de patio de colegio. Sin vosotros nunca habría sabido lo que no quería ser. Por dolorosas que hayan sido esas lecciones, gracias, de verdad.

Me ayudasteis a motivarme para convertirme en una persona que podría hacerlo mejor. Que podría escribir este libro. Y escribirlo no habría sido posible sin los increíbles esfuerzos y la confianza de:

Mi mujer y mis hijos: gracias por estar siempre ahí, ser mi inspiración, mi apoyo y mis mentores (y sufrir todos mis gritos).

Mi cómplice en la escritura, Dina Lovinsky: conseguirlo ha sido una montaña rusa de emociones positivas y no tan positivas. Pero si no da miedo, no es divertido, ¿verdad?

Mi incansable equipo, que me ayudó con el libro: Alfredo Botty, Lauren Elliot, Mark Fortier, Elise Houren, Joe Karczewski, Jason Kelley, Vicky Lu, Jonathon Lyons, Anton Oenning, Mike Quillinan, Anna Sorkina, Bridget Vinton, Matteo Vianello, Henry Vines y el equipo de Penguin, que ha tenido que sufrir todo tipo de solicitudes y preguntas tontas.

Mi editora, Hollis Heimbouch, y su equipo de HarperCollins por aguantar a locos autores primerizos y el sinfín de retrasos por intentar alcanzar cierta (e ingenua) perfección.

Mi agente, Max Brockman, el equipo de Brockman y en especial John Brockman (por perseguirme durante más de diez años para que escribiera un libro).

Todo el aliento, el apoyo y las grandes ideas de amigos y lectores: Cameron Adams, David Adjay, Cristiano Amon, Frederic Arnault,

Hugo Barra, Juliet de Baubigny, Yves Behar, Scott Belsky, Tracy Beiers, Kate Brinks, Willson Cuaca, Marcelo Claure, Ben Clymer, Tony Conrad, Scott Cook, Daniel Ek, Jack Forester, Case Fadell, Pascal Gauthier, Malcolm Gladwell, Adam Grant, Hermann Hauser, Thomas Heatherwick, Joanna Hoffman, Ben Horowitz, Phil Hutcheon, Walter Isaacson, Andre Kabel, Susan Kare (diseñadora del famoso limón andante, entre un millón de cosas más), Scott Keogh, Randy Komisar, Swamy Kotagiri, Toby Kraus, Hanneke Krekels, Jean de La Rochebrochard, Jim Lanzone, Sophie Le Guen, Jenny Lee, John Levy, Noam Lovinsky, Chip Lutton, Micky Malka, John Markoff, Alexandre Mars, Mary Meeker, Xavier Niel, Ben Parker, Carl Pei, Ian Rogers, Ivy Ross, Steve Sarracino, Naren Shaam, Kunal Shah, Vineet Shahani, Simon Sinek, David y Alaina Sloo, Whitney Steele, Lisette Swart, Anthony Tan, Min-Liang Tan, Sebastian Thrun, Mariel van Tatenhove, Steve Vassallo, Maxime Veron, Gabe Whaley, Niklas Zennström y Andrew Zuckerman. Vuestros sinceros comentarios y consejos ayudaron mucho a dar forma a este libro y nos proporcionaron la confianza para seguir adelante en las semanas difíciles.

Los equipos de General Magic, Apple iPod y iPhone, Nest y nuestra familia de emprendedores Future Shape. Sin vosotros este libro nunca podría haber existido. He aprendido mucho de vosotros y de verdad me habéis ayudado a seguir siendo sincero.

Los amigos y compañeros de equipo que hemos perdido en el camino: Sioux Atkinson, Zarko Draganic, Phil Goldman, Allen «Skip» Haughay, Blake Krikorian y Leland Lew. Steve. Bill. Pienso a menudo en vosotros y me habría gustado que hubiéramos tenido más tiempo.

Y vosotros, nuestros lectores. Gracias por vuestra confianza en mí y por haber comprado este libro. No solo porque he trabajado duro, sino también porque apoya algo más grande. Hemos impreso este libro utilizando métodos ecológicos para que tenga un impacto mínimo en el mundo, pero utilizaremos las ganancias para impactar en otro sentido. Todo lo que gane con este libro se invertirá en Climate

Fund, una fundación administrada por mi empresa de inversiones y asesoramiento, Future Shape.

Entrad en tonyfadell.com para obtener más información.

Y gracias de nuevo. Espero que este libro os haya ayudado en algo, por poco que sea.

Os deseo muchos éxitos,

TONY

P. D.: No sé si alguna vez volveré a pasar por esto y escribiré otro libro, pero si creéis que debería profundizar, ofrecer consejos diferentes o escribir sobre algo totalmente nuevo, os escucho. Escribidme a build@tonyfadell.com.

Bibliografía

Aquí tienes, sin ningún orden concreto, algunos libros y artículos que me han ayudado a mí y han ayudado a mis amigos y mentores:

Dar y recibir: Por qué ayudar a los demás conduce al éxito, Adam Grant

El elogio de la sombra, Junichiro Tanizaki

The Monk and the Riddle, Randy Komisar

Por qué dormimos: La nueva ciencia del sueño, Matthew Walker

The Messy Middle: Finding Your Way Through the Hardest and Most Crucial Part of Any Bold Venture, Scott Belsky

The Perfect Thing: How the iPod Shuffles Commerce, Culture, and Coolness, Steven Levy

Creative Confidence: Unleashing the Creative Potential Within Us All, David Kelley y Tom Kelley

Trillion Dollar Coach: The Leadership Playbook of Silicon Valley's Bill Campbell, Eric Schmidt, Jonathan Rosenberg y Alan Eagle

Emprender y liderar una startup: El duro camino hasta el éxito, Ben Horowitz

Super Founders: What Data Reveals About Billion-Dollar Startups, Ali Tamaseb

Pensar rápido, pensar despacio, Daniel Kahneman

Ruido: Un fallo en el juicio humano, Daniel Kahneman, Olivier Sibony y Cass R. Sunstein

Beginners: The Joy and Transformative Power of Lifelong Learning, Tom Vanderbilt

Amplitud: Por qué los generalistas triunfan en un mundo especializado, David Epstein

How to Decide: Simple Tools for Making Better Choices, Annie Duke

The No Asshole Rule: Building a Civilized Workplace and Surviving One That Isn't, Robert I. Sutton

Una mente curiosa, Brian Grazer

La década decisiva: Por qué son importantes de los veinte a los treinta años y cómo sacarles el máximo partido ahora, Meg Jay

Trabajo: Una historia de cómo empleamos el tiempo, James Suzman

Crisis Tales: Five Rules for Coping with Crises in Business, Politics, and Life, Lanny J. Davis

Cruzando el abismo: Cómo vender productos disruptivos a consumidores generalistas, Geoffrey Moore

Entangled Life: How Fungi Make Our Worlds, Change Our Minds & Shape Our Futures, Merlin Sheldrake

Simple Sabotage Field Manual, U.S. Central Intelligence Agency, United States Office of Strategic Services, 1944, https://www.gutenberg.org/ebooks/26184

Lectura del rostro: Cómo los gestos faciales nos delatan, Eric Standop

«Architect behind Googleplex now says it's 'dangerous' to work at such a posh office», Bobby Allyn, NPR, https://www.npr.org/2022/01/22/1073975824/architect-behind-googleplex-now-says-its-dangerous-to-work-at-such-a-posh-office

«Why and how do founding entrepreneurs bond with their ventures? Neural correlates of entrepreneurial and parental bonding», Tom Lahti, Marja-Liisa Halko, Necmi Karagozoglu y Joakim Wincent, *Journal of Business Venturing*, 34, n.º 2 (2019): 368-388

INFORMACIÓN SOBRE LA SOSTENIBILIDAD

Este libro es lo más ecológico posible. Es importante —para mí, para el planeta y para la siguiente generación— que vayamos más allá del statu quo. El diez por ciento de papel reciclado no va a ser suficiente.

Mi objetivo era hacer un libro totalmente compostable con materiales cien por cien reciclados posconsumo, sin productos químicos nocivos y con materiales y procesos de impresión sin impacto ambiental y que utilizaran los mínimos recursos naturales. Desgraciadamente, ni siquiera pudimos acercarnos a mis ambiciones.

Información nutricional

Tamaño de la porción 1 libro (432 páginas)

Papel e impresión de la cubierta	**Papel FSC certificado con acabados reciclables. No compostable**
Papel del texto	**FSC certificado. No compostable**
Tinta de la cubierta	**Aceites vegetales renovables. No compostable**
Tintas del papel impreso interior	**Aceites minerales. No compostable**
Cola de encuadernación	**Hotmelt +/- 150/160 °C. No compostable**
Impresión	**Rotativa offset**
Socios de impresión	**Impreso lo más localmente posible**
Programas de residuos	**Certificación ISO 14001 de estándar medioambiental**

Nuestros editores trabajaron conmigo para buscar los procesos y materiales más innovadores y limpios de la industria. Pero a menudo no había opciones lo bastante ecológicas, o ni siquiera podíamos descubrir qué procesos se utilizaban. Muchas partes del negocio de hacer libros siguen siendo opacas y es preciso cambiarlas. Este sector tiene un largo camino por delante para llegar a ser cien por cien ecológico. Como todos los sectores del mundo.

Así que si tienes una idea o una tecnología innovadora en la gestión, impresión, encuadernación o reciclaje de fibra, me encantaría escucharla. Y financiarla. Ponte en contacto conmigo en tonyfadell.com.

«Para viajar lejos no hay mejor nave que un libro».

EMILY DICKINSON

Gracias por tu lectura de este libro.

En **penguinlibros.club** encontrarás las mejores
recomendaciones de lectura.

Únete a nuestra comunidad y viaja con nosotros.

penguinlibros.club

Penguin
Random House
Grupo Editorial

penguinlibros